Christina Sternbauer

Millionärin mit Herz

Wie du dein Denken veränderst und finanziellen Erfolg anziehst

DEUTSCHER
WIRTSCHAFTSBUCH
VERLAG

Bibliografische Information der Deutschen Nationalbibliothek
Die Deutsche Nationalbibliothek verzeichnet diese Publikation in der Deutschen Nationalbibliografie; detaillierte bibliografische Daten sind im Internet über dnb.dnb.de abrufbar.

Wir freuen uns auf eure Anregungen und Fragen
info@deutscherwirtschaftsbuchverlag.com

Wichtiger Hinweis
Die im Buch veröffentlichten Empfehlungen wurden von Verfasser und Verlag erarbeitet und geprüft. Der Inhalt dieses Buches beruht ausschließlich auf den persönlichen Erfahrungen des Autors und erhebt keinen wissenschaftlichen Anspruch. Die benutzten Begrifflichkeiten sind wertfrei. Eine Garantie kann dennoch nicht übernommen werden.
Ebenso ist die Haftung des Verfassers bzw. des Verlages und seiner Beauftragten für Personen-, Sach- und Vermögensschäden ausgeschlossen.

1. Auflage 2025

Christoph-Rodt-Straße 11, 86476 Neuburg an der Kammel
www.deutscherwirtschaftsbuchverlag.com

Auch wenn eine gendergerechte Sprache wünschenswert ist, gibt es aus Sicht des Verlages bisher keine befriedigende, gut lesbare Lösung. Der leichten Lesbarkeit zuliebe haben wir des Öfteren von der Doppelung männlicher und weiblicher Formen Abstand genommen. Selbstverständlich liegt es uns fern, dadurch einen Teil der Bevölkerung zu diskriminieren.

Redaktion: Christine Rechberger
Korrektorat: Anke Schenker
Satz: inpunkt|wlo, Wilnsdorf (www.inpunktwo.de)
Cover- und Umschlaggestaltung: www.b3k-design.de, © 2025 Andrea Schneider & diceindustries
Umschlagabbildung: © Sabrina Mischnik
Druck: GGP Media GmbH, Pößneck
Printed in Germany

ISBN Print: 978-3- 69066-066-2
ISBN E-Book (PDF): 978-3- 69066-068-8
ISBN E-Book (EPUB, Mobi): 978-3-69066-067-9

Inhalt

Vorwort

Millionärin mit Herz.

Wie klingt das für dich? Wie ein unerreichbarer Traum? Wie ein Luftschloss? Zu schön, um wahr zu sein? Oder doch möglich?

Mit diesem Buch lade ich dich ein, die ersten Schritte auf deinem Weg zur Millionärin mit Herz zu gehen. Ich ermutige dich, daran zu glauben, dass du deine Leidenschaft, deine Talente, dein Engagement und deine Ausdauer dafür nutzen kannst, deinen Traum, finanziell erfolgreich zu sein, umzusetzen.

In dir trägst du einen Funken, der weiß, dass es möglich ist, mit deinen Gaben, deinem Herzen und einem klugen Plan gutes Geld zu verdienen. Vielleicht Millionen oder auch erst einmal einige Tausend Euro pro Monat, die dir ein erfülltes Leben ermöglichen können.

Liebe angehende Millionärin mit Herz, dieses Buch wird dich motivieren, endlich in deine volle Größe zu gelangen. Dafür werde ich dir die Geldgesetze erklären und dich ermutigen, sie für dich zu nutzen. Ich werde dir in diesem Buch zeigen, wie du dir dein Traumleben manifestieren kannst, und zwar ohne dass du dein Haus mit Räucherstäbchen einnebeln oder bei Vollmond, nur mit einem Fell bekleidet, um ein schamanisches Feuer tanzen musst. Bitte versteh mich nicht falsch – wenn du das machen möchtest, dann »go for it«, doch nötig ist es nicht, um dein Traumleben voller Freude, Glück und Wohlstand in dein Leben zu ziehen.

Dieses Buch wird dir aufzeigen, dass alles, was du in Leichtigkeit und Freude unternimmst, dich auf deinem Weg weiterbringen kann und wird. Ich werde dir berichten, wie du es schaffen kannst, dich selbst immer wieder zu motivieren, wenn es einmal nicht so läuft, wie du es dir wünschst. Auch ich habe gelernt, eine Millionärin mit Herz zu werden und zu sein. Über viele Jahre hinweg habe ich mir die Lektionen, die ich in diesem Buch mit dir teile, erarbeitet, manchmal auch auf die harte Tour.

Ich wurde nicht mit dem goldenen Löffel im Mund geboren und war nicht immer eine Millionärin mit Herz. Als Ärztin habe ich früher sehr schlecht bezahlte Nachtschichten geschoben, so lange, bis ich fast daran zerbrochen wäre. Damals hatte ich kaum noch Zeit für meine Kinder oder meinen Mann, fühlte mich ausgelaugt und überfordert und fragte mich oft genug: »Ist das mein Leben? Habe ich dafür studiert? Das kann doch nicht alles gewesen sein!«

Heute lebe ich mein Traumleben. Ich habe Zeit für meine Familie, mein Business und mich. Mit meinen Fähigkeiten unterstütze ich zahlreiche Menschen dabei, in ihre wahre Größe zu kommen und sich genau das Leben zu kreieren, das sie sich wünschen, und zwar mit Leichtigkeit und Freude.

Ich wünsche mir für dich, dass du durch dieses Buch und die vielen Geschichten, die ich zur Inspiration mit dir teile, entdeckst, was dir Freude bereitet. Du kannst und sollst dein Leben zu einem Meisterstück machen – für dich und für andere. Je mehr du gibst, umso mehr wirst du bekommen, und gerne gebe ich dir deshalb meine Strategien für deinen Weg mit. Wenn wir alle teilen, was wir gelernt haben und wissen, dann profitieren nicht nur andere, sondern auch wir selbst. Wie du in diesem Buch erfahren wirst, ist »Geben« ein mächtiges Werkzeug, um das zu empfangen, was du möchtest. Klingt paradox? Ja, im ersten Moment vielleicht, doch du wirst bald verstehen, wie du dir dieses und viele weitere Konzepte des Reichtums und der Fülle zu eigen machen kannst.

In diesem Buch gebe ich dir alles mit auf den Weg, was du brauchst, um deine ersten Schritte in Richtung Traumleben zu gehen. Sämtliche Strategien, die ich beschreibe, wende ich täglich selbst an und vermittle sie auch allen Teilnehmern meiner Mentorings, die sie ebenfalls erfolgreich für sich anwenden. Dabei bin ich kein Fan von Chi-Chi, sondern ich werde Klartext schreiben – nur das bringt dich weiter und wird dir aufzeigen, warum so viele Menschen leider daran scheitern, sich ihr Traumleben zu manifestieren.

Gerade im Bereich Manifestation und Geld-Mindset gibt es zahlreiche »Gurus« in der Coaching-Blase, die leider mit unklaren und schwammigen Strategien arbeiten, die größtenteils nicht funktionieren. Von den Programmen dieser Menschen möchte ich mich bewusst unterscheiden: durch handfeste, kristallklare Strategien, die meine Kunden dabei unterstützen, ihr Inneres so zu verändern, dass sie Fülle in ihr Leben ziehen – und zwar nicht durch das Prinzip Hoffnung, sondern durch Handeln.

Versteh mich nicht falsch: Meditation und Visionsarbeit stellen Möglichkeiten dar, die dich dabei unterstützen können, deinem Traumleben näherzukommen, denn auch das bedeutet Handlung. Doch es sind bei Weitem nicht die einzigen. Was du brauchst, sind wirkungsvolle, praxisnahe und einfach anwendbare Strategien und das Wissen darüber, wie sie funktionieren und warum.

Das alles erfährst du in diesem Buch. Ergänzend zu alltagstauglichen und sofort umsetzbaren Tipps und Inspirationen für dein Leben als Millionärin mit Herz habe ich einige Übungen in dieses Buch hineingepackt, die dich dabei unterstützen werden, sofort in die Umsetzung zu gelangen.

Nicht alles, was ich schreiben und rund um die drei essenziellen Themenbereiche dieses Buches – Glaubenssätze, Geld-Mindset und Manifestation – in den nun folgenden Kapiteln erläutern werde, wird dir gefallen. Manches wird dich an deine Grenzen bringen, dich herausfordern, dich zweifeln und grübeln lassen. Dann lass dir gesagt sein: Dort, wo Widerstände sind, liegt immer die größte Chance für enormes Wachstum. Dort, wo du eigentlich nicht hingehen möchtest, kann der beste Weg für dich liegen. Dieser ist nicht immer geradlinig und einfach. Oft genug ist er steinig, neblig und nicht deine erste Wahl.

Viele dieser Wege bin ich selbst gegangen. Das wirst du aus den zahlreichen Geschichten in diesem Buch erfahren, die ich dir deshalb mitgeben möchte, damit du erkennst, dass der Weg zu deinem Traumleben nicht immer nur geradeaus geht. Durch all meine Geschichten habe ich gelernt, dass Wege und auch Ziele sich stetig weiterentwickeln und dass wir zwar immer nach vorne blicken sollten, jedoch nie vergessen dürfen, wo wir herkommen und wie viel wir schon geschafft haben.

Jetzt freue ich mich sehr darauf, dich auf dem Weg in deine eigene Großartigkeit zu begleiten, und gehe gerne gemeinsam mit dir die ersten Schritte in Richtung Millionärin mit Herz. Denn genau davon brauchen wir mehr auf dieser Welt: Menschen, die sich für sich selbst und andere ein gutes Leben wünschen; Menschen, die verstanden haben, dass Wohlstand Möglichkeiten bietet.

Also, lass uns loslegen und dein Leben als Millionärin mit Herz erschaffen. Ich bin an deiner Seite.

Deine Christina Sternbauer

Exklusives Geschenk für Dich als Leser dieses Buches

Das **Money Mindset Power Bundle** – komplett kostenfrei!

Scanne jetzt den QR-Code und sichere Dir die kraftvolle Morgen- und Abend-Meditation, um Dein Unterbewusstsein auf finanzielle Fülle auszurichten und Deinen Tag in der Energie von Wohlstand und innerer Fülle zu beginnen und zu beenden.

Der erste Schritt

Hättest du mir vor wenigen Jahren gesagt, dass ich einmal Millionärin sein würde, hätte ich dich für verrückt erklärt. Denn eine Million erschien mir völlig unerreichbar.

Als frisch promovierte Ärztin schob ich Nachtdienste in einer Psychiatrie – das war mein Leben. Dort hatte ich mit richtig harten Fällen zu tun: Menschen, die sich das Leben nehmen wollten; Menschen, die halluzinierten, mich beschimpften und versuchten, mich zu schlagen. Manchmal bekam ich die ganze Nacht keinen Schlaf. Und wofür? Natürlich um diesen Menschen zu helfen, schließlich hatte ich als Ärztin einen Eid geschworen. Andererseits musste ich recht schnell erkennen, dass vielen dieser Menschen einfach nicht zu helfen war. Das frustrierte mich und machte mich enorm unglücklich. Wofür schlug ich mir Nacht um Nacht um die Ohren, hatte kaum noch Zeit für meine Familie und war sowohl geistig unterfordert als auch wegen der enormen Verantwortung, die ich trug, ziemlich gestresst – und das gleichzeitig? Nur für das Geld, das ohnehin nicht allzu üppig auf mein Konto floss?

Zwar verdiente ich nicht schlecht, aber zufrieden war ich damit nicht. Als ich nach einem extrem fordernden Nachtdienst auf meine Abrechnung schaute und dort nur wenige zusätzliche Euro standen, erkannte ich, dass ich so nicht weitermachen wollte. Ich wollte ein anderes Leben, ein Leben in Leichtigkeit und Freude. Kein durchschnittliches, sondern ein richtig geniales! Ich wollte

Zeit haben für meine Familie, reisen, Menschen inspirieren, ein schönes Haus, eine glückliche Partnerschaft, gutes Geld verdienen – einfach alles. Ich beschloss, mich nicht mit weniger zufriedenzugeben, als mir zustand. Doch wie sollte ich es anfangen?

Ich träumte davon, mein Leben zu einem Meisterstück zu machen: »Von der überarbeiteten Ärztin zur Multimillionen-Unternehmerin« – das war mein Ziel.

Klingt wie der Titel eines Disney-Films, oder?

Wenn ich heute zurückblicke, dann erkenne ich, dass es mir tatsächlich ähnlich erging wie den Helden eines Disney-Films. Vermutlich kennst auch du die Handlung solcher Filme. Die Heldinnen und Helden sind anfangs ganz normale Charaktere. Sie leben ihr Leben, sind meist unzufrieden mit ihrer Ist-Situation, wissen aber gar nicht genau, warum sie nicht zufrieden sind. Irgendwann passiert dann etwas, das sie aus ihrem Leben und ihrer Komfortzone herausreißt, sei es eine Entdeckung, ein schlimmes Ereignis oder der Ruf nach etwas Höherem. Auf ihrem Weg zu einem neuen Leben und ihrer wahren Berufung überwinden sie zahlreiche Hindernisse. Nicht immer läuft alles glatt und oft genug planen sie umzukehren, zurück in ihr bekanntes Leben, zurück in ihre Komfortzone. Doch dann lernen sie ihren Mentor kennen oder erhalten eine Inspiration von außen, die sie erkennen lässt, wozu sie in Wirklichkeit fähig sind. Sie kämpfen sich durch sämtliche Widerstände, lernen zu unterscheiden, wer Freund und Feind ist, wachsen an jeder Herausforderung und sind am Schluss zu dem gereift, was sie wirklich sind: Königin, Herrscherin, Magierin und Mentorin für andere.

Doch der Weg dahin ist nicht einfach und viele dieser Heldinnen und Helden starten mit nichts. Sie haben kein Geld, keinen Namen, sind niemand, wissen nicht, was in ihnen steckt.

Genau an dieser Stelle möchte ich mit dir beginnen, denn das, was ich beschrieben habe, spiegeln viele meiner Kundinnen mir wider, wenn ich das erste Mal mit ihnen spreche. Sie fragen sich: Was kann ich schon? Wer bin ich schon? Womit soll ich denn bitte Millionen verdienen? Ich bin keine Heldin! Ich bin nur ein normaler Mensch, so wie alle anderen. Ich habe wenig Geld, schaffe es kaum, meinen Lebensunterhalt zu bestreiten, und das, obwohl ich so viele Fortbildungen gemacht habe oder bereits so lange in dem Unternehmen, in dem ich arbeite, alles gebe. Was soll ich nur tun, Christina?

Stellst du dir auch diese Fragen? Weißt du auch nicht, wie du es jemals schaffen sollst, eine Millionärin mit Herz zu werden? Dann sei dir gewiss, du bist nicht allein. Deine Heldinnenreise startet jetzt. Dort, wo du bist, mit dem, was du hast. Mit diesem Buch, das ich für all jene schreibe, die kein »nettes« Durchschnittsleben mehr leben möchten. Dieses Buch schreibe ich für Menschen, die sich in allen Bereichen ihres Lebens Fülle wünschen und erkannt haben, dass der finanzielle Bereich dafür eine große Rolle spielt.

Heutzutage kann jede Frau Millionärin und jeder Mann Millionär werden. Und zwar nicht, indem sie reich erben, sich von früh bis spät abrackern oder irgendwelchen illegalen Machenschaften frönen. Nein, sie werden Millionäre durch das, was sie mitbringen auf diese wundervolle Welt: durch ihr Wirken, ihr Sein und das Potenzial, das in ihnen steckt.

Auch du kannst Millionärin oder Millionär werden. Schneller, als du es dir jetzt gerade vorstellen kannst. Und mit deutlich mehr Leichtigkeit, als du es erwarten würdest.

Das ist kein leeres Versprechen, wie sie häufig auf dem Coaching-Markt ausgesprochen werden. Nein, es ist mein voller Ernst, denn die effektiven Strategien, die ich dir in diesem Buch mit auf deinen Weg geben werde, werden dir den Weg zur Millionärin oder zum Millionär mit Herz ebnen, genauso, wie sie mir diesen Weg bereits geebnet haben.

In diesem Buch erhältst du einen umfassenden Überblick über Themen wie Glaubenssätze, Visionen und vor allem die Kunst der Manifestation. Lass dich bitte nicht abschrecken, wenn du das Wort »Manifestation« liest, selbst wenn du damit bisher noch keine oder eher unzureichende Erfahrungen gemacht hast, denn du wirst eine völlig neue Herangehensweise an dieses Thema kennenlernen.

Als Unternehmerin, Ärztin, Mutter, Ehefrau und Millionärin bin ich Praktikerin und deshalb wird es in diesem Buch konkret. Ich halte, wie bereits beschrieben, nichts von Chi-Chi, unklaren Worten oder halbseidenen Anleitungen – nein, ich möchte, dass du vorwärtskommst! Mit den Anleitungen aus den folgenden Buchkapiteln wirst du in der Lage sein, dir die mächtigste Unterstützung bei der Verwirklichung deines Traumlebens zu sichern, die es gibt, doch – Achtung! – nur dann, wenn du bereit bist, etwas zu tun. Wenn du dieses Buch nur überfliegst, ins Regal stellst und wartest, dass das Universum, Gott, die Quelle, wie auch immer du es nennen möchtest, das Füllhorn ab sofort über dir ausschüttet, dann muss ich dich leider enttäuschen – so kommst du niemals an dein Traumleben. Bist du allerdings bereit, die Tipps und Inspirationen aus diesem Buch umzusetzen, dann wirst du deinem Traumleben jeden Tag ein Stück näherkommen.

Es gibt einen sehr machtvollen Spruch von Tommaso Campanella, einem italienischen Philosophen, dessen Bedeutung ich erst heute richtig verstehe:

Träume nicht dein Leben –
sondern lebe deinen Traum!

Genau dazu möchte ich dich in diesem Buch ermutigen. Du sollst nicht nur träumen – sondern deine Vorstellungen auch umsetzen und dein Leben so gestalten, wie du es möchtest. Dafür bekommst du Impulse und Strategien an die Hand. Es geht um praktische, alltagstaugliche Manifestationstechniken für dein Leben als Millionärin mit Herz. Denn ich wünsche mir für dich, dass du deinen Traum lebst.

Liebe Männer, bitte seid mir nicht böse, wenn ich ab sofort primär die Damen ansprechen werde, die Tipps in diesem Buch sind selbstverständlich genderneutral und alle sind willkommen, sie umzusetzen. Fakt ist, dass ich dieses Buch vorrangig für Frauen, für zukünftige Millionärinnen mit Herz schreibe. Denn täglich sehe ich wunderbare Frauen mit genialen Fähigkeiten, die bislang nicht Millionärin sind. Frauen, die entweder gefangen sind in einem Job, der sie nicht ausfüllt, oder Frauen, die so viel mehr könnten, aber aus ihren Gaben bisher nicht das herausholen, was herauszuholen wäre.

Vor allem sehe ich auch Frauen, die sich nicht trauen, ihre Großartigkeit nach außen zu tragen. Statt ihr Traumleben zu leben, machen sie sich klein, lassen sich bevormunden und werden schlecht bezahlt, entweder von den Unternehmen, in denen sie arbeiten, oder von ihren Kunden. Nicht unbedingt, weil diese nicht bereit wären, mehr zu zahlen, sondern weil die genialen Trainerinnen, Coaches, Beraterinnen oder angestellten Zauberfrauen, die Menschen und Unternehmen bei der Verwirklichung ihrer Träume oder Bewältigung ihrer Herausforderungen unterstützen, schlicht und ergreifend nicht mehr Geld für ihre Leistungen fordern. Männer haben damit meist weniger ein Problem. Deswegen richtet sich dieses Buch in erster Linie an die vielen wunderbaren Frauen, die insgeheim wissen, dass noch mehr in ihnen steckt, als sie bisher zeigen konnten, und die jetzt bereit sind, ihren Teil vom Kuchen einzufordern.

Bist du eine solche Frau? Dann beginnt jetzt und hier deine Heldinnenreise.

Durchschnitt oder Heldenreise?

Als ich begann, mein Multimillionen-Business aufzubauen, hatte ich keine nennenswerten finanziellen Mittel. Im Gegenteil, um die ersten Schritte auf dem Weg zur erfolgreichen Unternehmerin zu gehen, zapfte ich den Kredit unseres Hauses an. Ich wusste nicht, ob das, was ich vorhatte, funktionieren oder ob ich in einigen Monaten mit noch mehr Schulden dastehen würde. Geld hatte ich zwar nicht, doch dafür den unbedingten Willen zum Erfolg. Mir war klar, dass ich aus dem Angestelltendasein ausbrechen musste, sonst würde ich es niemals schaffen, ein Leben in Leichtigkeit, Freude und Selbstbestimmung zu leben. An ein

Multimillionen-Unternehmen dachte ich damals nicht, sondern daran, wie es mir gelingen könnte, aus meinem Wissen und meinen Fähigkeiten mehr zu machen als bisher. Ich wollte lernen, wie ein erfolgreiches Business entsteht und wie ich dauerhaft mit meinem Wissen Geld verdienen könnte. Ich wollte raus aus meinem Ärztinnen-Hamsterrad, wollte nachts schlafen, anstatt mir für zu kleines Geld die Nächte um die Ohren zu schlagen und dann tagsüber zu müde zu sein, um mich um meine Kinder zu kümmern. Also fasste ich den Entschluss: Ich würde mein Wissen, mein Durchhaltevermögen und meine Fähigkeiten nutzen, um mein Leben so zu gestalten, wie ich es mir erträumte.

Wir alle verfügen über enormes Wissen und geniale Fähigkeiten. Leider haben viele von uns vergessen, *wie* großartig wir sind, denn wir bekommen das weder in unseren Elternhäusern noch in der Schule und erst recht nicht im Job gesagt. Genau das möchte ich mit diesem Buch ändern. Ich möchte dir aufzeigen, wie großartig du bist und wie du es schaffen kannst, dein Wissen und deine Fähigkeiten so zu nutzen, dass sie dir und vielen anderen Menschen enormen Wert bieten. Dieses Buch ist für dich, wenn du noch angestellt bist und erfahren möchtest, wie du die ersten Schritte in Richtung Unternehmertun gehst, und es ist ebenfalls für dich, wenn du schon selbstständig, aber bisher nicht zufrieden bist, wie dein Business läuft. Allerdings wird es in diesem Buch nicht um berufliche Strategien gehen. Ich werde dir nicht die fachlichen Grundlagen mitgeben, die du kennen musst, wenn du ein Unternehmen gründest, es strukturierst und wachsen lässt. Du wirst auch keine Anleitung erhalten, wie du die nächsten Gehaltsverhandlungen führen solltest, wenn du derzeit noch angestellt bist. Ich werde dir nicht aufzeigen, welche Unternehmensform du für ein eigenes Business wählen solltest und wie Skalierung und Funnelaufbau funktionieren.[1]

---

1 Falls du dir nähere Informationen über den Aufbau eines Online-Business wünschst, dann empfehle ich dir mein Buch: *Soulposition – Digitalisierung und Online-Sichtbarkeit.*

Ich werde dir vielmehr die Basisinformationen rund um Mindset, Manifestation und Geldgesetze mitgeben. Ohne diese Kenntnisse kannst du zwar auch ein erfolgreiches Business aufbauen, doch es wird deutlich schwieriger für dich werden.

Mit diesem Buch zeige ich dir auf, welche Geld- und Manifestationsgesetze du beachten musst, um eine glückliche und zufriedene Millionärin mit Herz zu werden. Wir werden gemeinsam einige deiner Glaubenssätze zum Thema Geld, Reichtum und Erfolg hinterfragen und ich werde dich einladen, größer zu denken, als du das bisher tust. Du bist die Heldin deiner Geschichte!

Starte deinen Weg

Vielleicht fragst du dich gerade, was Geldgesetze sind? Ja, es sind tatsächlich Gesetze, die hinter unserem Geld und dessen Wirkungsweise stehen. Nichts auf unserem Planeten geschieht aus Zufall, alles folgt einem Plan und den zugehörigen Gesetzen. Wenn du verstanden hast, wie du diese Gesetze der Manifestation und des Geldes sowie dein Mindset zur Erreichung deiner Ziele nutzt, dann wird Erfolg nicht nur möglich, sondern auch mit Freude reproduzierbar.

Bevor du allerdings über Millionen nachdenken kannst, musst du erst einmal loslegen. Du musst für dich einstehen, dir überlegen, wo du hinmöchtest und was du aus deinem Leben machen willst. Bleibst du Durchschnitt, so wie die meisten Menschen? Oder wünschst du dir, etwas Großes, Einzigartiges, Besonderes aus deinem Leben zu machen? Möchtest du eine Millionärin mit Herz werden?

Sei ehrlich zu dir: Wie fühlt sich der Gedanke an, Millionärin zu sein? Zu weit weg? Unerreichbar? Oder gibt es in dir eine kleine Flamme, die schon dafür brennt, das Beste aus deinem Leben herauszuholen und dafür das durchschnittliche Leben, das die meisten leben, zurückzulassen?

Ich spreche täglich mit so vielen Menschen, die sich für Durchschnitt entschieden haben, damit jedoch nicht glücklich sind. Denn sie wissen, dass mehr in ihnen steckt, dass sie dieser Welt etwas Besonderes zu geben haben. Trotzdem sind sie festgefahren: In einem durchschnittlichen Job oder einer Selbstständigkeit, die nicht in Fahrt kommt. Sie leben in einer durchschnittlichen Wohnung, haben ein oder zwei Kinder und eine Partnerschaft, der es schon lange an Pep fehlt. Einmal im Jahr geht es in den Urlaub, mittlerweile nicht mehr nach Mallorca, sondern nur noch in die Eifel, da die Flüge in den Ferienzeiten kaum noch bezahlbar sind.

Bitte versteh mich nicht falsch: Durchschnitt ist für viele Menschen völlig okay und auch nicht verwerflich – sofern sie damit zufrieden sind. Zahlreiche Menschen haben sich bewusst für Durchschnitt und ein Leben ohne Überraschungen entschieden und sind damit glücklich. Doch es gibt eben viele andere, denen ein solches Leben nicht genügt, und ich vermute, du gehörst zu ihnen, sonst würdest du dieses Buch nicht lesen.

Auch mein Leben war lange Zeit Durchschnitt. Studium, kleine Wohnung, Arbeit als Ärztin. Partnerschaft, zwei Kinder, Hausrenovierung, Nachtdienste. Doch irgendwann kam der Punkt, da reichte mir das nicht mehr. Ich erinnere mich noch wie heute an diesen einen Moment: Nach einem besonders heftigen Nachtdienst ohne Schlaf, der mir einiges abverlangt hatte, sah ich völlig entsetzt einige Tage später auf meinem Gehaltszettel das finanzielle Ergebnis dieses Dienstes: 45 Euro. Ich hatte 45 Euro verdient? Für 45 Euro ertrug ich schlaflose Nächte, in denen ich beschimpft und bedroht wurde, und Tage, in denen ich wie ein Zombie durch die Gegend stolperte?

So hatte ich mir mein Leben nicht vorgestellt. Das war nicht meine Heldinnenreise.

Von einem Augenblick auf den anderen wurde mir damals klar: Entweder ich bleibe gefangen in diesem Job und in dieser Durchschnittlichkeit oder ich nehme den Funken, der noch in mir brennt und der mehr vom Leben will, als nur zu »überleben«, und mache etwas daraus!

Ich entschied mich für Letzteres. Aus meinem Funken wurde eine Flamme, und heute lebe ich ein Leben, das fernab von Durchschnittlichkeit ist. War der Weg dorthin immer leicht? Mitnichten. Wollte ich häufig alles hinwerfen, wenn ich wieder einmal Video um Video für meine Onlinekurse drehte? Oh ja, regelmäßig. Gab es Momente, in denen ich nicht mehr weiterwusste? Zahllose.

Trotzdem – ich würde heute genauso entscheiden wie damals. Ich würde mich wieder und wieder dafür entscheiden, alles zu geben, um dieses Leben so großartig zu leben, wie ich kann. Das, wo ich heute stehe, ist noch längst nicht das Ende, denn ich weiß, dass ich noch viel mehr erreichen kann, als ich schon erreicht habe. Und ich weiß, du kannst das auch.

Der Weg zu deinem großartigen Leben kann manchmal steinig sein. Nicht immer ist alles easy-peasy und du musst bereit sein, zu handeln und aus deiner Komfortzone herauszutreten. Bist du dazu bereit? Ja? Wirklich? Willst du Millionärin mit Herz werden? Willst du dein Leben zu einem Meisterstück machen? Oder zögerst du noch?

Ich bin kein Vogel; und kein Netz fängt mich ein:
Ich bin ein freier Mensch mit eigenem Willen.[2]

Überleg dir bitte ganz genau: Was für ein Leben möchtest du leben? Reicht dir Durchschnitt? Bist du in allen Bereichen deines Lebens zufrieden mit dem, was du hast? Falls du hierzu ehrlich und aus tiefstem Herzen »Ja« sagen kannst, dann ist das völlig okay.

Sollte aber auch nur ein klitzekleiner Funke in dir, irgendetwas tief drinnen, sich wünschen, ein außergewöhnliches, wundervolles und großartiges Leben zu leben, dann solltest du diesen Gedanken, diesen winzigen Funken, auf keinen Fall ignorieren. Irgendwann wird dieser Funke sonst zu einem Feuer der Unzufriedenheit.

---

2 Zitat von Charlotte Brontë. Sie war eine britische Schriftstellerin und eine der bekanntesten Autorinnen des viktorianischen Zeitalters. Sie ist vor allem für ihren Roman *Jane Eyre* berühmt.

Nutze ihn lieber als das, was er ist: Ein Funke des Glaubens, dass auch für dich alles möglich ist, was du erreichen möchtest. Viele Frauen vor dir haben es schon geschafft, sich ein Leben als Millionärin mit Herz aufzubauen. Jetzt bist du dran – wenn du willst.

Drei magische Buchstaben: TUN

Es gibt zahlreiche Lebensläufe von Menschen, die durch unermüdlichen Einsatz erfolgreich wurden – und diese sind keineswegs alle nur erfunden und übertrieben, so wie dies leider häufig auf Social Media der Fall ist. Da wir Vorbilder brauchen, werde ich dir in diesem Buch nicht nur einige meiner Geschichten erzählen, sondern dich auch teilhaben lassen an Geschichten meiner Kundinnen und anderer Menschen. Sie sollen dich inspirieren, aufwecken und dich dabei unterstützen, zu erkennen, was alles möglich ist. Es gibt so viele Menschen, die es geschafft haben, aus ihrer Leidenschaft etwas zu machen: Sei es ein Unternehmen, ein Vermögen oder eine Karriere. Mich inspirieren die Biografien solcher Menschen enorm.

Gibst du im Internet in einer Suchmaschine die Begriffe »Biografie« und »Buch« ein, erscheinen über 200 000 Ergebnisse, und das nur im deutschsprachigen Raum. Zudem schreiben längst nicht alle erfolgreichen Persönlichkeiten ihre Biografien – viele von ihnen fliegen unter dem Radar. Diese Menschen, ganz gleich, ob sie nun in der Öffentlichkeit stehen oder nicht, arbeiten täglich unermüdlich daran, die Welt mit ihrem Wirken und ihren Unternehmen zu einem besseren Ort zu machen. Sie handeln – sie TUN.

Auch mein Erfolg beruht darauf, zu handeln und immer weiterzumachen. Manchmal kann ich meinen Werdegang selbst kaum glauben. Noch vor wenigen Jahren wussten mein Mann und ich nicht, wie wir den Kredit für unser Haus abbezahlen sollten. Heute, zum Zeitpunkt, als ich dieses Buch schreibe, leite ich zwei

Unternehmen, eines davon erzielt bereits Millionenumsätze, das zweite ist auf dem Weg dorthin. Diese Millionenumsätze waren irgendwann einmal nur eine Vision, eine Vorstellung in meinem Kopf, ein Traum – und nun sind sie Realität. Ich habe sie mir manifestiert! In den folgenden Kapiteln zeige ich dir, wie ich das gemacht habe und wie auch du dir das manifestieren kannst, was du in deinem Leben haben möchtest – ohne Feuertanz und Räucherstäbchen, sondern so, wie es für mich funktioniert hat. Um dich in die Umsetzung zu bringen, werde ich in diesem Buch, wie bereits angekündigt, häufig Klartext schreiben.

Daher möchte ich zuerst mit einem Vorurteil aufräumen: Manifestieren hat nichts mit Esoterik zu tun! Es gibt handfeste wissenschaftliche Beweise, wie unsere Gehirne, Energie und das gesamte Universum funktionieren. Die Strategien, die ich genutzt habe und täglich nutze, und die sowohl auf Fakten als – manchmal – auch auf etwas Magie basieren, gebe ich dir in den folgenden Kapiteln gerne mit. Offen dafür sein musst du selbst. Wenn du ablehnst, was ich dir mitgebe, bleibst du dort, wo du jetzt bist. Auch das entscheidest du.

Willst du Millionärin mit Herz werden, wirst du in die Umsetzung kommen und dich zur Decke strecken müssen. Du wirst deine Komfortzone verlassen müssen. Du wirst vielleicht auch Menschen hinter dir lassen müssen, die dir nicht mehr guttun. Und vor allem musst du dieses Buch intensiv lesen, die Tipps verinnerlichen und danach handeln. Du musst die drei magischen Buchstaben (und das, was dahintersteckt) in dein Leben lassen: TUN!

Nicht nur einmal, sondern mehrmals. Setze das um, was ich dir mitgebe. Führe alle Übungen durch, die du immer wieder in diesem Buch finden wirst. Manche sind nur Gedankenspiele, andere brauchen etwas Zeit, Hirnschmalz und Stift und Papier.

Lasse dich nun von meinen Geschichten, Anregungen und meinen Worten inspirieren und dann: Komm in die Umsetzung und erschaffe dir dein Traumleben.

Money! Money! Money!

Bevor wir loslegen und uns um Geld-Glaubenssätze, Manifestationstechniken und Mindset-Arbeit kümmern, einige ernstgemeinte Fragen: Bist du bereit dafür, eine Millionärin mit Herz zu werden? Bist du bereit, aus einer Vision, die du schon hast oder mithilfe der Übungen aus diesem Buch noch entwickeln wirst, deine Wahrheit zu machen? Bist du bereit dafür, viel Geld zu verdienen?

Vielleicht denkst du jetzt: Na klar, Christina! Ich bin dermaßen bereit! Her mit dem Schotter! Her mit dem Millionärinnenleben! Aber stimmt das tatsächlich? Oder steuern dich unbewusst noch fiese kleine Glaubenssätze rund um das Thema Geld, die vielleicht sogar verhindern, dass Geld zu dir fließt? Lass uns hier einmal genauer hinsehen, denn es ist wichtig, dass du dich aus tiefster Überzeugung mit den Themen Reichtum, Wohlstand, Geld und Fülle auseinandersetzt – und zwar bevor wir an deiner grundlegenden Vision für dein Leben arbeiten. »Hakt« es an dieser Stelle noch, werden alle deine Bemühungen, dir dein Traumleben zu erschaffen, scheitern.

Ich stelle dir nun eine Frage und möchte, dass du sie ehrlich und aus dem Bauch heraus beantwortest. Nimm dir dafür bitte einen Zettel und schreibe die ersten fünf oder zehn Antworten auf, die dir auf folgende Frage einfallen:

Was würdest du tun, wenn du heute – sofort –
2 Millionen Euro geschenkt bekommen würdest?

Los geht's, schreib alles auf, was dir einfällt. Ich warte hier so lange auf dich.

Hast du fünf oder zehn Antworten für dich gefunden? Ist dir die Übung leichtgefallen oder musstest du länger überlegen? Hat es sich gut angefühlt, über ein Vermögen von 2 Millionen Euro zu verfügen, oder hast du Bauchgrummeln bekommen? Jede dieser Reaktionen ist völlig okay. Nimm sie für den Moment einfach an und lass uns nun auf deine Antworten schauen.

Vermutlich bedeuten die meisten der Antworten, die du gefunden hast, etwas Positives für dich, die Menschen in deinem Umfeld oder sogar die Welt. Vielleicht beinhalten die ersten Antworten Dinge, die du dir selbst und deiner Familie oder auch Freunden gönnen möchtest: ein Haus, ein Auto, einen schönen Urlaub, eine Fortbildung oder auch die lang ersehnte Designertasche. Je mehr Antworten du gefunden hast, umso eher kommen dann in der Regel weitere Wünsche hinzu, die nicht mehr unbedingt nur etwas mit dir und deinem engsten Umfeld zu tun haben können – eventuell Spenden, die du tätigen, eine Stiftung, die du gründen möchtest oder weitere Möglichkeiten, Menschen oder auch Tiere zu unterstützen. Die Vorstellung, 2 Millionen Euro zu besitzen und verwenden zu können, weckt in den meisten Menschen den Wunsch, etwas Gutes zu tun. Entweder sich selbst oder anderen. Und trotzdem – vielleicht hast du bei der Beantwortung dieser Frage etwas Bauchgrummeln verspürt?

Auch wenn du erkannt hast, dass du mit 2 Millionen Euro viel Gutes tun würdest, könnte es sein, dass einige negative Glaubenssätze, die du zum Thema Geld noch in dir trägst, sofort aktiv geworden sind. Beispielsweise:

- Geld verdirbt den Charakter.
- Um reich zu werden, muss man andere ausnutzen.
- Ich verdiene es nicht, reich zu sein.

- Geld ist die Wurzel allen Übels.
- Reiche Menschen sind egoistisch und habgierig.
- Ich werde nie genügend Geld haben.
- Es ist schwierig, Geld zu verdienen.
- Man kann nicht gleichzeitig reich und glücklich sein.
- Ich bin nicht gut genug, um reich zu sein.
- Geld kann man nicht einfach so bekommen, man muss hart dafür arbeiten.

Und? Welche dieser Glaubenssätze konntest du in dir wahrnehmen, als du deine Wünsche aufgeschrieben hast? Eventuell hast du sie nicht bewusst wahrgenommen, doch einen großen Widerstand dabei gespürt, 2 Millionen Euro »einfach so« geschenkt zu bekommen. Dann haben deine Geld-Glaubenssätze unbewusst in dir gearbeitet.

All diese Glaubenssätze – ganz gleich, ob sie dir schon bewusst sind oder noch nicht – sind nicht wahr. Sie existieren nur deshalb, weil die wenigsten Menschen gelernt haben, mit Geld umzugehen. Irgendwann in ihrem Leben haben sie dann solche negativen Glaubenssätze über Geld von Menschen übernommen, die selbst keines haben. Denn – glaube mir: Vermögende Menschen haben normalerweise keine negativen Glaubenssätze mehr über Geld.

Wichtig ist, dass du dir deine unbewusst in dir wirkenden Glaubenssätze bewusst machst. Denn nur dann kannst du an ihnen arbeiten und dafür sorgen, dass sie dich nicht mehr sabotieren. Und sei versichert – zahlreiche Menschen tragen unbewusste negative Glaubenssätze zum Thema Geld in sich. Genau das möchte ich mit diesem Buch und auch meinen Kursen ändern.

In meinen Seminaren bitte ich immer alle Teilnehmerinnen und Teilnehmer darum, ihre negativen Geld-Glaubenssätze aufzuschreiben. Dann lesen einige der Anwesenden ihre Glaubenssätze vor und diejenigen, die genau den gleichen oder einen ähnlichen Satz aufgeschrieben haben, melden sich. Es ist immer wieder faszinierend, wie viele Hände bei jedem einzelnen dieser Sätze nach oben gehen … es ist fast wie ein »Glaubenssatz-Bingo«.

Bitte nimm dir jetzt erneut Stift und Papier und schreibe alle negativen Geld-Glaubenssätze auf, die dir einfallen. Falls die Sätze, die ich bereits genannt habe, dabei sind, schreibe diese bitte ab. Lass dir gerne Zeit und überlege so lange, bis dir nichts mehr einfällt.

Und dann lass uns hier einmal genauer hinsehen: Was genau bedeuten die einzelnen Glaubenssätze für deinen Alltag?

Denkst du beispielsweise, dass vermögende Menschen böse Menschen oder Halsabschneider sind, dann kannst du gar nicht reich werden, da du dich in einem Wertekonflikt befindest. Schließlich möchtest du kein böser Mensch sein.

Denkst du unbewusst, dass deine Familie schon immer wenig Geld hatte und es noch nie jemand aus deiner Verwandtschaft geschafft hat, reich zu werden, dann wirst auch du mit all deinen Bemühungen scheitern, denn du kannst dich nicht aus dieser Familie lösen, du bist ein Teil von ihr.

Denkst du, dass Geld deinen Charakter verdirbt, du Reichtum nicht verdient hast, werden auch diese Glaubenssätze dich behindern – schließlich willst du kein fieser Mensch werden. Bist du der Überzeugung, dass Geld knapp ist und du anderen etwas wegnimmst, wenn du zu Geld kommst, dann veranlasst dich dieser Glaubenssatz dazu, genau so zu handeln, wie du es dir unbewusst vorstellst. Du denkst, es ist nie genug Geld da, also hast du nicht genug. Jemand anderem etwas wegnehmen möchtest du auch nicht – also schreibst du vielleicht deine Rechnungen nicht zeitnah, traust dich nicht, einen entsprechenden Preis für deine Arbeit aufzurufen oder begibst dich erst gar nicht in Situationen, in denen du anderen etwas wegnehmen könntest.

Was wäre, wenn all diese Glaubenssätze gar nicht wahr wären? Was wäre, wenn du dir einfach so, ab heute, ab jetzt, Geld erlauben dürftest? In Freude? Um damit anderen Menschen und dir selbst etwas Gutes zu tun?

Nimm deinen Zettel abermals zur Hand und überlege nun, welche positiven Glaubenssätze rund um Geld, Wohlstand und

Reichtum du kennst. Auch diese Übung mache ich gerne in meinen Seminaren. Meist fällt den Teilnehmerinnen nicht ganz so viel ein, und wenn auch dir nichts einfällt, dann schreibe folgende Sätze ab:

- Ich habe das Potenzial, finanziellen Erfolg zu erreichen.
- Reichtum ermöglicht es mir, anderen zu helfen und einen positiven Einfluss auf die Welt zu haben.
- Ich verdiene es, finanziell erfolgreich zu sein.
- Geld ist ein Werkzeug, das ich nutzen kann, um meine Träume zu verwirklichen.
- Je mehr Geld ich habe, desto mehr Gutes kann ich in der Welt tun.
- Ich bin fähig, kluge finanzielle Entscheidungen zu treffen.
- Es ist in Ordnung, Reichtum anzustreben und gleichzeitig ein guter Mensch zu sein.
- Mein Wert als Person hängt nicht von meinem Bankkonto ab.
- Ich bin dankbar für den Wohlstand und die Möglichkeiten, die ich bereits habe.
- Ich bin offen und bereit, mehr Wohlstand in mein Leben zu ziehen.

Und, wie fühlt es sich an, diese Sätze aufzuschreiben? Kannst du sie bereits glauben oder zweifelst du noch?

Ich komme später noch dazu, was genau Glaubenssätze sind, wie sie entstehen und wie du sie verändern kannst. Fakt ist: Sie sind unfassbar mächtig, ganz gleich, ob sie positiv oder negativ sind, und du kannst jederzeit entscheiden, an deinen Glaubenssätzen zu arbeiten und sie zu drehen.

»Über Geld spricht man nicht«

wird dann zu:

»Geld ist mein Freund und ich spreche wertschätzend darüber.«

Oder

»Ein Luxusleben ist nichts für mich«

wird dann zu:

»Ich lebe ein Leben voller Luxus und Freude, denn ich habe es verdient. Luxus gibt mir Energie – damit kann ich mehr Energie weitergeben und so viel mehr Beitrag für die Welt sein.«

«Reiche nehmen anderen etwas weg«

wird dann zu:

»Als vermögender Mensch kann ich Ressourcen für mich und andere schaffen.«

Gehe alle Sätze durch und drehe sie in eine positive Version. Suche dir dann deine Lieblingssätze heraus und hänge sie an einem Ort auf, an dem du sie täglich siehst. Die negativen Sätze streichst du durch und wirfst den Zettel, auf dem sie stehen, weg, zerreißt ihn oder verbrennst ihn sogar. Diese negativen Glaubenssätze brauchst du nicht mehr, denn sie dienen dir nicht.

Die neuen, dienlichen Sätze liest du dir nun täglich durch und sagst sie dir vor, sooft du bemerkst, dass wieder einmal ein negativer Glaubenssatz an die Oberfläche gelangt.

Das ist ein Anfang bei der Bearbeitung deiner Glaubenssätze. Wenn du erkannt hast, welche negativen Prägungen unter der Oberfläche liegen, erst dann kannst du damit arbeiten. Du holst sie aus dem Unbewussten hinein in dein Bewusstsein. Dort stehen sie im Licht, dort kannst du sie täglich einer Prüfung unterziehen. Glaube mir, keiner dieser Glaubenssätze besteht diese Prüfung. Denn keiner dieser Sätze ist wirklich wahr.

Wichtig ist, dass du erkennst, dass du etwas verändern kannst und musst. Schon Albert Einstein hat gesagt:

Wahnsinn ist, immer wieder das Gleiche zu tun und andere Ergebnisse zu erwarten.

Du kannst deine Glaubenssätze und Prägungen jederzeit ändern! Du bist ihnen nicht ausgeliefert. Niemand zwingt dich, die Fehler, die du in der Vergangenheit gemacht hast, stets neu zu machen. Doch du musst entscheiden, dass du etwas ändern möchtest. Du kannst jeden Tag trainieren, etwas anders zu machen als am Vortag. Manche Dinge kannst du allein ändern. Für andere Veränderungen brauchst du Menschen an deiner Seite, die immer wieder den Finger in die Wunde legen, dir klarmachen, warum du dich so verhältst, wie du dich verhältst. Suche dir gegebenenfalls Unterstützung durch einen Coach oder eine Mentorin, wenn du merkst, dass die alten Glaubenssätze und Prägungen immer wieder auftauchen. Gehe auf Persönlichkeitsseminare, tausche dich mit anderen Menschen aus, die ihr Leben auch verändern möchten. Jemanden zu treffen, der den Glaubenssatz »Geld ist wunderbar!« in sich trägt, und zu erleben, wie diese Person agiert und welche Energie sie ausstrahlt, ist sehr wertvoll für deine weitere Entwicklung.

Also ändere etwas. Fang mit deinen Glaubenssätzen an.

Möchtest du Millionärin mit Herz werden und sein, brauchst du reichlich positive Glaubenssätze über Geld. Ein erster Schritt auf deinem Weg lautet daher: Lade ab sofort Geld in dein Leben ein, indem du anfängst, positiv darüber zu denken, zu reden und auch zu schreiben (eine wundervolle Übung dazu folgt gleich). Erinnere dich noch einmal an die positiven Dinge, die du mit viel Geld tun würdest. Du brauchst kein schlechtes Gewissen zu haben, wenn du dir viel Geld in deinem Leben wünschst, rede dir das NIE wieder ein oder lass es dir einreden.

Insbesondere Frauen haben häufig ein Problem damit, mehr Geld zu haben als ihr Partner. Schließlich ist das (noch) nicht die Norm. Stattdessen ist in vielen Familien der Mann immer noch dafür zuständig, dass das Geld, also die »Beute«, heimgebracht wird. Die Frau kümmert sich dafür um die »Höhle«, die Kinder, den Haushalt. Wird das Spiel auf einmal umgedreht, können viele Männer damit nicht umgehen. Sie fühlen sich vom Ernährer, also vom Jäger, zum Hausmann degradiert. Ihr Steinzeitgehirn, der älteste Teil unseres Gehirns, wehrt sich gegen diese Degradierung – das darf nicht sein, das ist nicht »normal«.

Tatsächlich ist es so, dass der älteste Teil unseres Gehirns, das sogenannte »Reptiliengehirn« (ich nenne es liebevoll »Steinzeitgehirn«), mit vielen Aspekten unseres modernen Lebens bislang nicht zurechtkommt. Deshalb sind wir häufig überfordert von Neuerungen, von den Möglichkeiten, die sich uns bieten, und wollen wieder zurück in die Höhle, ins Vertraute und Altbekannte. Sprengt nun eine Frau die bisherige Vorstellung vom Mann als »Versorger«, dann fühlen manche Männer sich nicht mehr richtig als Mann. Was für ein Blödsinn! Geld ist es völlig egal, welches Geschlecht du hast. Geld urteilt nicht darüber, wer in der Familie es nach Hause trägt. Geld bewertet nicht, wofür es verwendet wird. Geld ist ein Mittel zum Zweck und möchte und soll genutzt werden.

Was ist Geld überhaupt?

Bevor es Geld in der heutigen Form, also als Münzen, Scheine oder als Kontostand gab, existierte der Tauschhandel. Dabei wurde ein Produkt oder eine Dienstleistung direkt gegen ein anderes eingetauscht. Die Einführung von Geld als Tauschmittel war ein bedeutender Schritt in der menschlichen Zivilisation, der Handel und Wirtschaft grundlegend veränderte. Dieses System hatte jedoch seine Grenzen, denn beide Tauschpartner mussten zur gleichen Zeit genau das Produkt oder die Dienstleistung des Gegenübers haben. Allerdings: Nicht jedes Mal, wenn der Ziegenbauer einen Haarschnitt brauchte, benötigte der Friseur auch eine Ziege. Als Lösung für diese Schwierigkeiten entstand das Geld, das die Menschen als universellen Wertmesser und Tauschgegenstand nutzen konnten, um den Handel effizienter und weniger eingeschränkt zu gestalten.

Durch die Verwendung von Geld beziehungsweise einer Währung (anfangs gab es noch keine Münzen und Scheine, sondern als Währung dienten unter anderem Muscheln oder auch Gewürze) konnten Waren und Dienstleistungen leichter bewertet, verglichen und gehandelt werden. Statt der Ziege gab es nun einen Goldtaler für den Haarschnitt – und bitte nagelt mich nicht auf die Richtigkeit dieses Preises für einen Haarschnitt im 5. Jahrhundert vor Christus fest, der Goldtaler dient nur als Beispiel.

Dieser konnte später vom Friseur gegen Brot und Käse eingetauscht werden, und zwar dann, wenn er Hunger hatte. Geld ist also ein Tauschobjekt – und nichts weiter.

Vereinfacht gesagt stellt Geld die Arbeitsenergie dar, die irgendjemand einmal für etwas aufgewendet hat: der Friseur für den Haarschnitt, der Bäcker für das Backen des Brötchens, der Coach für die Coaching-Session.

Trotzdem ranken sich um unser Geld zahlreiche Mythen. Es heißt, dass Geld den Charakter verdirbt oder den Charakter eines Menschen erst recht zeigt (erinnere dich noch einmal an die negativen Glaubenssätze, die du aufgeschrieben hast). Verrückt, dass wir Menschen einem simplen Tauschmittel so viel Macht zugestehen und so viele negative Glaubenssätze über Geld, Wohlstand und Reichtum in uns tragen. Damit möchte ich nun aufräumen. Deshalb lass uns das, was verborgen ist, an die Oberfläche holen! Wie heißt es so schön: Kennst du deinen Feind, kannst du ihn unschädlich machen.

Woran glaubst du?

Schauen wir uns einmal an, woher überhaupt negative Geld-Glaubenssätze kommen? Gefühlt waren diese »schon immer« da, oder kannst du dich noch daran erinnern, wann genau du den Glaubenssatz »Geld stinkt nicht« das erste Mal gehört und verinnerlicht hast?

Meist entstehen diese Sätze, an die wir glauben (übrigens tragen wir Glaubenssätze nicht nur zum Thema Geld, sondern zu allen möglichen Themen in uns, dazu später noch mehr), aus kulturellen oder persönlichen Überzeugungen. In vielen Kulturen und Religionen wird Geld auch heute noch als Quelle von Gier, Egoismus oder Materialismus betrachtet. »Geld ist die Wurzel allen Übels« ist ein Klassiker-Satz, der mehrheitlich über viele Generationen weitergetragen wird. Auch die Einstellungen und Überzeugungen unserer Herkunftsfamilien beeinflussen maßgeblich unsere Glaubenssätze. Wenn du in einem Umfeld aufwächst, in dem Geld als etwas Schlechtes oder gar Unwichtiges betrachtet wird (»Über Geld spricht man nicht«), dann übertragen sich diese Ansichten automatisch auf dich – ohne dass du es merkst oder möchtest.

Auch Neid und Missgunst gegenüber finanziell erfolgreichen Menschen sind leider in unserer Gesellschaft vorhanden. Viele dieser Menschen werden als Ausbeuter oder Halsabschneider betrachtet, und das, obwohl der Großteil von ihnen sich seinen Wohlstand mit harter und redlicher Arbeit erschaffen hat.

Andere Menschen, die negativ über Geld denken, haben Angst vor Ausgrenzung. Der Glaubenssatz »Geld verdirbt den Charakter« wirkt unaufhörlich in ihnen. Sie machen sich wiederholt Gedanken: Was ist, wenn ich auf einmal mehr verdiene als meine Freunde oder mein Partner? Werde ich dann verstoßen? Muss ich meine Umgebung verlassen? Habe ich dann noch echte Freunde oder wollen alle nur an mein Geld? Denken die Menschen dann, dass ich ein schlechter Mensch bin? Wird mein Partner mir den Laufpass geben?

Bedauerlicherweise zerbrechen viele Beziehungen am Thema Geld – sowohl an zu wenig Geld als auch an Reichtum. Allerdings ist dann meist nicht allein das Geld schuld. Eine stabile und gute Beziehung, egal ob zum Partner, zur Familie oder zu Freunden, kann mit Geldsegen oder auch -nöten umgehen. Scheitert eine Beziehung am Geld, dann lag vorher schon etwas im Argen.

Ein weiterer Grund, weshalb Geld negativ bewertet wird, kann die Angst vor Verantwortung sein, die mit Reichtum einhergeht. »Ich kann nicht mit Geld umgehen« ist ein Satz, den ich häufig höre. Achtung, Realtalk: Finanziellen Erfolg musst du aushalten können! Längst nicht alle Menschen, die sich Wohlstand wünschen, schaffen das. Du darfst also lernen, mit Geld umzugehen – so wie viele andere Menschen vor dir auch.

Um diese negativen Glaubenssätze zu überwinden, ist es wichtig, dass du sie dir bewusst machst und kritisch hinterfragst. Mit

»kritisch« meine ich wirklich kritisch. Geh deinen Glaubenssätzen auf den Grund. Stimmt das wirklich, was ich da denke?

Lies dir noch einmal deine negativen Glaubenssätze durch, die du notiert hast, und hinterfrage sie. Notiere dir dann Gegenbeispiele dazu: »Menschen, die Geld haben, sind keine Halsabschneider. Meine Tante Emilie hat viel Geld und ist eine zauberhafte Frau.« – »Über Geld spricht man sehr wohl, es gibt viele YouTube-Videos, in denen erklärt wird, wie Geld vermehrt werden kann.«

Hast du deine Glaubenssätze bearbeitet, dann lies diese noch einmal laut und verinnerliche sie. Dazu lies bitte auch die positiven Glaubenssätze durch, die du für dich notiert hast. Wenn du sie bisher nicht aufgeschrieben hast, dann hole das jetzt nach. Es ist wichtig, dass du diese Sätze nicht nur oberflächlich liest, sondern Wort für Wort schreibst. Das Aufschreiben aktiviert motorische Fähigkeiten und deine visuelle Wahrnehmung, was zusätzliche Gedächtnisspuren in deinem Gehirn erzeugt – ergo kannst du dir die Sätze besser merken und verinnerlichen.

Diese neuen, positiven Glaubenssätze fest in deinem Kopf zu etablieren, ist nur der Anfang. Weiter geht's auf dem Weg zu deinem Traumleben als Millionärin mit Herz.

Geld schafft Möglichkeiten

Wie du bereits erfahren hast, ist Geld also ein simples Tauschmittel, und zwar nicht nur für Haarschnitte oder Ziegen, sondern vor allem im Tausch gegen Möglichkeiten. Diese Möglichkeiten sind vielfältig, sie können materieller oder immaterieller Art sein: Erlebnisse, Erfahrungen, Dienstleistungen; Komfort oder das, was wir zum Leben unbedingt brauchen. Dazu kommt ein wichtiges Element, das für uns alle nicht unbegrenzt vorhanden ist: Zeit. Mit Geld kannst du Zeit kaufen. Sicher kennst du den Spruch »Zeit ist Geld«. Ich drehe diesen Spruch gerne um, sodass er lautet »Geld ist Zeit«.

Mit dem Geld, das ich besitze, kaufe ich meiner Familie und mir viel Zeit ein. Wir haben eine Haushälterin und Nanny angestellt, die unsere Familie 25 Stunden pro Woche unterstützt. Sie kocht und putzt für uns, sorgt dafür, dass meine Familie und ich es zu Hause schön haben und dass ich gut gestärkt meiner Arbeit nachgehen kann. Für mein Unternehmen beschäftige ich ebenfalls zahlreiche Dienstleister, die Tätigkeiten für mich übernehmen, die ich nicht mehr erledigen möchte oder in denen ich einfach nicht gut bin. Ich verwende mein Geld, um wertvolle Zeit zu kaufen. Das bedeutet, dass ich Urlaube an Orten plane, von denen ich weiß, dass sie meiner Familie und mir Freude und Entspannung bringen. Außerdem investiere ich in Möglichkeiten, die uns helfen, die Zeit, die wir haben, effektiver und erfüllender zu nutzen.

Der häufigste Weg, wie Menschen ihre Macht abgeben, besteht darin zu denken, dass sie keine haben.[3]

Einmal im Jahr gehen wir mit der ganzen Familie in einen Freizeitpark oder Aquapark. Wir kaufen einen sogenannten »Fast-Pass«, mit dem wir an der Schlange von Menschen, die regulär vor den Attraktionen anstehen, vorbeigehen können. Damit sind wir schneller dran und können die Attraktionen häufiger nutzen. Anfangs war es ein seltsames Gefühl, an all den anstehenden Menschen vorbeizulaufen, doch mittlerweile haben wir uns daran gewöhnt und wissen, wie wertvoll die »erkaufte« Zeit ist, die wir durch den Fast-Pass gewinnen. Anstatt in der Schlange zu stehen und zu warten, können wir diese Zeit besser nutzen und unseren Tag viel mehr genießen.

---

3 Zitat von Alice Walker, einer amerikanischen Schriftstellerin und Aktivistin, die für ihre Werke wie *Die Farbe Lila* bekannt ist.

Zeit ist wertvoll

Unsere Zeit ist wertvoll. Genau wie deine und die aller Menschen. Trotzdem gehen die meisten von uns damit so verschwenderisch um, als ob wir noch Extra-Lebenszeit irgendwo in der Tasche hätten. Wir verbringen Stunden vor dem Fernseher, scrollen sinnlos durch Social-Media-Kanäle oder umgeben uns mit Menschen, die uns nicht guttun oder langweilen.

Wenn du ein Business aufbauen möchtest, dann benötigst du Zeit. Viele Menschen, die zu mir kommen, sagen: »Ach, Christina, ich weiß gar nicht, wann ich das noch alles machen soll! Wie soll ich Zeit finden für die Pflege meiner Social-Media-Kanäle, für Videos und für die Akquise? Das schaffe ich nicht. Mein Tag hat auch nur 24 Stunden!« Natürlich stimmt das, auch mein Tag hat nur 24 Stunden. Doch warum gibt es Menschen, die in diesen 24 Stunden Businessimperien aufbauen, und andere, die es weiterhin nicht einmal schaffen, den Müll rauszutragen?

Wir alle können unsere Zeit sinnvoll nutzen oder verschwenden. Jede von uns hat ausreichend Zeit zur Verfügung, um das zu tun, was ihr wichtig ist. Interessanterweise finden wir genau dafür Zeit: Ist dir dein Business wichtig, findest du Zeit dafür. Ist es dir wichtig, lackierte Fingernägel zu haben, findest du Zeit dafür. Ist es dir wichtig, Sport zu treiben, findest du Zeit dafür. Wir haben nicht zu wenig Zeit, wir setzen nur manchmal unsere Prioritäten falsch.

Wenn du Millionärin mit Herz werden möchtest, musst du genau überlegen, wofür du deine Zeit – und dein Geld – verwendest. Welche deiner Tätigkeiten führt dich dorthin, wo du hinmöchtest? Welche Zeitfresser hast du noch in deinem Leben?

Ich lade dich ein, erneut etwas zum Schreiben zur Hand zu nehmen und die folgenden Fragen für dich zu beantworten:

1. Auf welche Tätigkeiten, auf die ich gar keine Lust habe oder die ich nicht gut kann, verwende ich immer noch meine Zeit?

2. Sind diese Tätigkeiten wirklich wichtig oder könnte ich sie
   - weniger häufig machen,
   - anders machen,
   - an jemand anderen delegieren? (Partner, Kinder, Eltern, Kollegen, bezahlte Personen)

3. Welche Zeitfresser lasse ich noch in meinem Leben zu?
   - Tätigkeiten (Fernsehen, Social-Media-Scrolling …)
   - Personen (die geschwätzige Nachbarin; Interessenten, die nicht kaufbereit sind; alte Freunde, mit denen du längst keine Gemeinsamkeiten mehr hast …)

Diese Übung kann unter Umständen schmerzhaft sein, wenn du erkennst, dass du viel Zeit an Dinge oder Personen verschwendest, das aber eigentlich gar nicht möchtest.

Deshalb ist es wichtig, dass du dir in einem ersten Schritt darüber bewusst wirst, wo es in deinem Leben Zeitfresser gibt. Du musst nicht sofort alle deine alten Freunde aus deinem Leben werfen, wenn du notiert hast, dass dich nichts mehr mit ihnen verbindet. Doch überlege bei allem, was du gerade aufgeschrieben hast, ob du anders damit umgehen möchtest und kannst. Wenn du dir mehr Zeit für die Dinge wünschst, die dir wichtig sind, dann musst du mit deiner vorhandenen Zeit sorgfältig umgehen. Wünschst du dir mehr Zeit, um dein Traumleben als Millionärin mit Herz zu erschaffen, dann brauchst du klare Prioritäten.

Deine Zeit musst du, genauso wie dein Geld, bewusst investieren.

Sowohl mein Geld als auch meine Zeit gebe ich sehr bewusst aus und schaue genau hin, welche Investitionen für mich Sinn ergeben. Dieser »Sinn« verändert und entwickelt sich, je nachdem, wo du gerade stehst und was deine Ziele sind. Manche Investitionen musst du ausprobieren, um zu wissen, ob sie wirklich sinnvoll sind. Es ist besser, gelegentlich Zeit oder Geld falsch zu investieren, als sich nicht zu trauen, überhaupt zu investieren. Die vermögendsten

Menschen dieser Welt haben reichlich Geld fehlinvestiert und aus jeder dieser Investitionen gelernt.

Als ich meine erste Million Umsatz gemacht hatte, dachte ich, ich müsste ab sofort immer Business Class fliegen. Schließlich war ich jetzt Millionärin! Also buchte ich für meinen nächsten Kurzstreckenflug ein Business-Class-Ticket. Damit konnte ich früher in das Flugzeug einsteigen, saß ganz vorne und bekam ein Glas Sekt – für den doppelten Preis eines normalen Tickets. Was für eine Geldverschwendung! Ich erkannte: Diese Investition ist nicht sinnvoll, auch wenn ich sie mir leisten kann. Für Kurzstreckenflüge nehme ich seitdem, sofern ich nicht mit dem Zug fahren kann, ganz normale Tickets.

Für Langstreckenflüge allerdings buche ich immer Business Class, denn ich will ausgeruht ankommen und genieße den Service, die bequemeren Sitze und die entspannte Atmosphäre an Bord. Ich habe Platz für meinen Laptop und kann, wenn ich möchte, etwas arbeiten oder schlafen – und, ganz ehrlich, wenn du einmal auf einer Langstrecke Business-Class geflogen bist, willst du nichts anderes mehr …

Geld ist ein Mittel zum Zweck, und welchen Zweck dieses Geld erfüllt, das bestimmst du. Der Zweck wiederum unterstützt das, was du erleben möchtest.

Geld unterstützt dich beim Manifestieren, denn natürlich kannst du von deiner Villa reden und träumen, doch du benötigst Geld, um diese Villa zu kaufen (oder eine Quelle, wo dieses Geld herkommt). Die Wege des Geldes sind manchmal unergründlich. Die Kunst ist, diese Wege zu erkennen und den Geldstrom, der zu dir kommen möchte, zuzulassen! Viele Menschen drehen sich den Geldhahn ab, weil sie sich gar nicht vorstellen können, dass Geld auf einem bestimmten Weg zu ihnen kommt. Und viele Menschen verhindern durch ihre nicht bearbeiteten Glaubenssätze, dass Geld zu ihnen gelangt. Deshalb meine Bitte, wenn du es bislang nicht getan hast: Führe unbedingt die Übungen in diesem Kapitel durch und öffne einen Geldhahn!

Geld = böse?

Nun möchte ich dir noch einige weitere Denkanstöße zum Thema Geld und negative Glaubenssätze mitgeben, die dich vielleicht überraschen und nachdenklich machen werden. Durch zahlreiche Gespräche mit meinen Kunden, Freunden und Verwandten habe ich erkannt, dass auf dem Thema Geld eine Menge allgemeiner negativer Bewertungen liegen, insbesondere hier bei uns in Deutschland, Österreich und der Schweiz. Diese negativen Bewertungen gehen weit über die »Standard-Glaubenssätze«, die du bereits für dich herausgefunden hast, hinaus und haben auch nur bedingt mit dir selbst und deiner persönlichen Einstellung zu Geld zu tun.

Ich habe mich lange gefragt, warum das so ist, und für mich folgende Erklärung gefunden. Mir ist bewusst, dass einige der Informationen, die ich dir jetzt mitgeben werde, durchaus kontrovers sind, doch vielleicht magst du sie einfach auf dich wirken lassen und hineinfühlen, ob du diesen Aussagen folgen kannst.

Lange Zeit, als ich schon längst meine eigenen negativen Glaubenssätze für mich erkannt und bearbeitet hatte, fragte ich mich, warum so wenige Menschen viel Geld und so viele Menschen wenig Geld haben. Mir war nicht klar, warum Geld für die meisten Menschen mit ewigem Kampf, Mangel, Ungerechtigkeiten und einem schlechten Gewissen belegt war, egal, ob sie viel oder wenig davon hatten. Und ich wollte wissen: Warum haben wohlhabende Menschen häufiger ein gutes Verhältnis zu Geld? Warum ist Geld so ungleich verteilt?

Um Antworten auf diese Fragen zu finden, habe ich tief gegraben. Ein Punkt ist aus meiner Sicht, dass die Reichen und Mächtigen dieser Welt, die nicht mit guten Absichten handeln (leider gibt es sie), nur wenig Interesse daran haben, dass die Masse zu Wohlstand gelangt. Menschen, die sich nur wenige Möglichkeiten kaufen können, sind kontrollierbarer. Menschen, die abhängig von ihrem Arbeitgeber sind, sind besser manipulierbar.

Die sozialen Systeme, in denen wir momentan leben, sind angewiesen darauf, dass Menschen ihre Lebenszeit anderen Menschen oder deren Unternehmen zur Verfügung stellen. Diese Abhängigkeit ist gewünscht, sogar notwendig, denn finanziell freie Menschen stehen nicht mehr als Arbeitskraft zur Verfügung. Sie werden eher aufmüpfig, hinterfragen Systeme und sind nicht mehr die »braven Bürger«, die das System am Laufen halten. Menschen müssen kontrollierbar bleiben, sonst funktioniert die Gesellschaft so, wie wir sie kennen, nicht mehr.

Vielleicht musst du jetzt einmal kurz durchatmen, weil dir das, was ich schreibe, ungerecht vorkommt. Dann lass dir gesagt sein: Die Kontrolle von Menschen, ja von ganzen Gesellschaften, ist nichts, was die »bösen Mächtigen« erst seit Kurzem machen, nein, das war schon immer so.

Sieh dir einmal unsere Geschichte an. Noch nie wollten Kaiser, Könige oder auch die Kirche, dass das Volk genauso mächtig wird wie sie. Geld führt zu Macht. Diese Macht lässt sich missbrauchen oder auch nutzen, um Situationen aus der Welt zu schaffen, die man nicht erleben möchte. Geld macht unabhängig und selbstbestimmt.

Wenn du dir insbesondere die Geschichte von Deutschland und Österreich ansiehst, dann erkennst du, dass Menschen mit Geld immer wieder zu »Feinden« gemacht wurden. Zur Zeit des Dritten Reiches waren es die Juden, die viel Geld besaßen, denn sie waren tüchtige Geschäftsleute und geschickt in ihren Geldangelegenheiten. Sie wurden zum Feindbild gemacht, verfolgt, gehasst und gehetzt, waren die Reichen, die Bösen, die das Geld horteten. Viele Menschen lebten damals in Armut und konnten so die Schuld für ihre Situation auf jemand anderen – in diesem Fall die Juden – schieben.

Die Alliierten kamen, kämpften und siegten. Der Krieg war vorbei, die Nazis verschwanden und damit war die Angelegenheit vermeintlich beendet. Doch das Glaubens- und Wertesystem, auf dem die damalige Verfolgung der Juden – auch – basierte, war schon vorher über Jahrzehnte aufgebaut worden und keineswegs verschwunden. Sie wurden weiterhin als Schwindler und Betrüger dargestellt, stellvertretend für »wohlhabende Menschen«. Dieses Wertesystem hält sich bis heute in unserer Gesellschaft: Reiche Menschen sind schlechte Menschen.

Auch die katholische Kirche wollte nicht, dass Menschen frei und unabhängig wurden. Sie konnte ihre Macht nur über abhängige Bürger ausüben. Alles, was außerhalb der Norm war, wurde unterdrückt. Frauen wurden auf dem Scheiterhaufen verbrannt, weil sie anders handelten als »normal«. Heilerinnen und kundige Kräuterkennerinnen wurden von der Kirche als »Hexen« betitelt und getötet. Reiche Menschen wurden enteignet, weil sie anders waren als andere.

Diese Geschichten und Werte wirken vielfach im deutschsprachigen Raum fort. Doch wir können daran arbeiten.

Bist du in Amerika reich, dann fragen die Menschen dich, wie du es geschafft hast, zu Geld zu kommen, und feiern dich. Hast du in der Schweiz einen Porsche vor der Tür stehen, dann ist das kein Problem, in Deutschland parkst du ihn besser in der Garage, damit die Neider ihn nicht täglich sehen müssen.

Falls du dich in meinen Beschreibungen auch nur ein kleines bisschen wiedererkennst, dann ist das schon ein Fortschritt, um diese Probleme zu lösen. Wenn du Millionärin mit Herz werden möchtest, musst du Geld zu deinem Freund machen und alle Begrenzungen und Glaubenssätze, die du dazu in dir trägst, sei es bewusst oder unbewusst, hinter dir lassen.

Vielleicht fragst du dich gerade, warum ich schon wieder auf das Thema Geld-Glaubenssätze zurückkomme und mit dir tief in die Geschichte des Geldes eintauche. Ganz einfach: Deine negativen Glaubenssätze in Bezug auf Geld, vermögende Menschen, Wohlstand und Reichtum, die du bereits durch die vorhergehenden Übungen identifiziert und widerlegt hast, reichen tief in dein Unbewusstes hinein. Je vielfältiger die Aspekte sind, die wir gemeinsam rund um diese Glaubenssätze betrachten, umso eher kommst du allem auf die Schliche, was dich später dabei noch zurückhalten kann und wird, dein Leben in Wohlstand zu führen. Wissen ist Macht, und Wiederholung sorgt dafür, dass Wissen sich besser einprägt.

Reiche Menschen sind in der Regel keine schlechten Menschen – egal, wo du lebst. Ja, es gibt reiche Menschen, die Arschlöcher sind, doch es gibt vermutlich viel mehr arme Menschen, die das auch sind.

Viele vermögende Menschen unterstützen soziale Projekte – arme Menschen können das nicht. Wenn du Geld hast, dann kannst du damit Gutes tun, es spenden und für Charity-Projekte einsetzen. Erinnere dich noch einmal daran, was du mit deinen 2 Millionen Euro anfangen wolltest – wofür würdest du spenden? Welches Gefühl gibt es dir, andere Menschen zu unterstützen? Fühlt es sich gut an? Kann daran etwas schlecht sein, anderen Menschen zu helfen?

Mit meinem Unternehmen unterstützen wir zahlreiche soziale Projekte und ich bin stolz darauf, dass ich es mir leisten kann, Menschen etwas zu geben, die nicht über so viel Geld verfügen. Muss ich mich deshalb schämen? Nein. Und jetzt bitte Hand aufs Herz: Müsstest du dich schämen, wenn du viel Geld hättest? Was ist die erste Antwort, die bei dir hochkommt? Kannst du bereits aus tiefster Überzeugung »Nein« sagen? Oder zögerst du noch und hörst in dir eine leise Stimme, die »Ja, ich würde mich schämen«, flüstert? Damit bist du nicht allein.

Das Thema Geld ist mit enorm viel Scham behaftet. Warum? Nun, viele von uns sind mit dem Glaubenssatz aufgewachsen: »Über Geld spricht man nicht.« Aber warum eigentlich nicht?

Haben wir ein Problem in unserer Beziehung, gehen wir zum Eheberater. Haben wir eine gesundheitliche Herausforderung, gehen wir zum Arzt, Heilpraktiker oder Therapeuten. Möchten wir fitter werden, gehen wir ins Fitnessstudio. Wir suchen uns in allen Bereichen unseres Lebens Experten, die uns weiterhelfen können, unsere Herausforderungen zu lösen. Nur über Geld sprechen wir nicht. Nicht mit unserer Familie, unseren Freunden und schon längst nicht mit Geld-Experten. »Die Leute mit Geld sind ohnehin nur Halsabschneider«, höre ich häufig. Lass dir diesen Satz bitte einmal auf der Zunge zergehen: Halsabschneider, was für ein gruseliges Wort. Geld ist und bleibt für viele ein Tabuthema, schließlich möchte niemand ein Halsabschneider sein. Daher schweigen wir lieber und geben nicht zu, dass wir viel Geld haben oder uns reichlich davon wünschen.

Doch damit soll Schluss sein. Ich wünsche mir, dass wir über Geld sprechen! Ich wünsche mir, dass sich so viele Menschen wie möglich unabhängig machen von ihren Glaubenssätzen, historisch gewachsenen Abhängigkeiten und schlechten Gefühlen, wenn sie über Geld sprechen, darüber nachdenken und es verdienen. Deshalb gebe ich dir nun einige weitere Übungen an die Hand, wie du zusätzliche Glaubenssätze zu Geld, Reichtum, Wohlstand und Erfolg offenlegen und hinterfragen kannst.

Nimm dir hierfür ein wenig Zeit und setz dich mit Schreibzeug an einen ruhigen Ort. Vielleicht magst du auch etwas Geld bereitlegen, einige Münzen und Scheine, und sie betrachten, bevor du loslegst. Eventuell möchtest du die Übung auch über mehrere Tage hinweg durchführen, dann lege deinen Zettel einfach dorthin, wo du ihn jeden Tag sehen kannst, und schreibe alles, was dir dazu einfällt, nach und nach auf. Hier kommen die Fragen:

- Welche Glaubenssätze über vermögende Menschen habe ich (immer noch)?
- Welche Glaubenssätze habe ich über Reichtum?
- Welche Glaubenssätze habe ich über Wohlstand?
- Welche Glaubenssätze zum Thema »Erfolg« sind in mir verwurzelt?

Vermutlich kommen bei der Beantwortung dieser Fragen zahlreiche negative Glaubenssätze zum Vorschein, eventuell erneut auch einige derjenigen, die du bereits aufgeschrieben und positiv widerlegt hattest. Spannend, oder? Damit erkennst du: Es reicht nicht aus, nur einmal deine Glaubenssätze aufzuschreiben und einen netten positiven Satz daneben zu schreiben. Du musst stets aufs Neue an deinen Glaubenssätzen arbeiten.

Dadurch, dass du sie aufschreibst, kommen sie an die Oberfläche und du machst sie dir bewusst. Erst dann kannst du sie bearbeiten – wieder und wieder und wieder …

Wie bereits in der vorherigen Übung ist auch hier nun der nächste Schritt, alle Glaubenssätze positiv zu »drehen«, die nicht zu der neuen Realität passen, die du erreichen möchtest. Alle negativen Glaubenssätze über wohlhabende Menschen, Reichtum, Wohlstand, Erfolg und auch Geld, die du bislang gedacht hast, ersetzt du wie gehabt durch positive, dir dienende Glaubenssätze. Es reicht nicht aus, diese Glaubenssätze aufzuschreiben, den Zettel dann wegzulegen und auf ein Wunder zu hoffen. Nein, du musst dranbleiben und wieder und wieder deinem Gehirn zu verstehen geben, dass die negativen Glaubenssätze ausgedient haben.

Schreibe dafür jetzt und in den kommenden Tagen noch einmal alle positiven Glaubenssätze auf, die dir zum Themenkreis Geld, Reichtum, Wohlstand etc. einfallen. Alternativ schreibe diejenigen noch einmal ab, die du bereits notiert hast.

Diese neuen Glaubenssätze baust du Tag für Tag in dein Leben ein und erschaffst dir damit eine neue Geld-Realität. Die neuen Glaubenssätze bilden ab sofort dein neues Mindset und damit die Basis für dein Leben als Millionärin mit Herz.

Pimpe dein Mindset

Ein gutes Mindset ist ein Denkrahmen, der zu der Realität passt, die du erleben möchtest – und das nicht nur, wenn es um Geld geht. Wenn in deinem bisherigen Mindset noch ein Glaubenssatz wie »Reiche Menschen sind böse Menschen« enthalten ist, dann musst du ihn erkennen (das erreichst du durch das Aufschreiben), überprüfen und drehen. Dir muss klar werden, dass du mit einem solchen Glaubenssatz dein Ziel, Millionärin mit Herz zu werden oder dein Traumleben zu leben (für das du vermutlich Geld benötigst), nicht erreichen wirst. Gib deinem Gehirn Futter für das Gegenteil und präsentiere ihm so lange neue, positive Glaubenssätze, bis du sie selbst glaubst. Denn, ein Glaubenssatz ist nur ein Satz, den du glaubst. Du kannst dich jederzeit entscheiden, etwas anderes zu glauben. Das, woran du glaubst, bildet dein Mindset.

Ich selbst trug lange Zeit ebenfalls den Glaubenssatz in mir, dass reiche Menschen böse Menschen seien. Heute ist mir bewusst, wo er herkam: Als ich studierte, wohnte ich im ersten Bezirk von Wien, ganz in der Nähe der juristischen Fakultät. Immer wieder begegneten mir dort Jura-Studenten, die genauso klischeehaft aussahen, wie viele sich das vorstellen: Hemd, Bluse, Kostüm, schicke Handtasche, dicke Uhr. Viele dieser jungen Menschen hatten Eltern, die Anwälte oder Unternehmer waren, und sie trugen ihren Reichtum zur Schau. Mir kamen sie arrogant und abgehoben vor. Jedes Mal, wenn ich einen von ihnen sah, dachte ich, dass Menschen, die so reich sind und es so offensichtlich zur Schau stellen, ganz bestimmt andere ausnutzen. Geld schien im Überfluss vorhanden zu sein. Das konnte nicht mit rechten Dingen zugehen.

Bei uns zu Hause hat das Thema Geld immer für Anspannung gesorgt. Es gab nie genug davon, auch wenn meine Eltern beide viel und lange arbeiteten. Reich sein konnte also gar nicht »normal« sein! Meine Eltern waren liebevolle, rechtschaffene Menschen – und wenn sie redlich nicht zu Reichtum kamen, wie gelang das dann den anderen? Für mich war klar: Die Jura-Studenten und deren Eltern mussten Bonzen, Halsabschneider, ja Betrüger sein, die sich an anderen Menschen bereicherten!

Nachdem ich viele Jahre diesen und noch weitere negative Glaubenssätze über Reichtum in mir getragen hatte, entdeckte ich meine Leidenschaft und mein Talent für Business. Das war der Zeitpunkt, an dem ich meine Glaubenssätze über Geld intensiv überdachte. Ich fragte mich, ob ich jemals mit Geld irgendjemandem etwas Schlechtes antun würde, befragte mein Gewissen, ob ich jemand anderem Geld einfach wegnehmen oder mich an anderen bereichern würde. Denn genau das war ja bisher meine Meinung gewesen: Reiche Menschen bereichern sich an anderen. Woher sollte das viele Geld sonst kommen?

Doch ich erkannte recht schnell für mich, dass ich mit meiner Einstellung über Geld und Arbeit auf dem Holzweg war. Denn ich verdiente mit meinem frisch gegründeten Business und dem, was ich leistete, bereits gutes Geld und sah mich nicht als Betrügerin. Ich schadete niemandem.

Das größte Vergnügen im Leben besteht darin, das zu tun, von dem die Leute sagen, du könntest es nicht.[4]

---

4 Zitat von Louise Brooks, amerikanische Schauspielerin und Ikone des Stummfilms der 1920er-Jahre

Schnell konnte ich meine Glaubenssätze über vermögende Menschen drehen. Mir wurde klar: Ja, ich will viel Geld mit dem, was ich der Welt zu geben habe, verdienen. Und ja, ich will damit Gutes tun, Projekte unterstützen, Menschen helfen, und zwar nicht nur, indem ich 10 Euro pro Monat an irgendeine Hilfsorganisation spende, sondern indem ich durch mein Geld einen wirklichen Unterschied mache!

Sukzessive ergründete ich: Wer bin ich überhaupt als vermögender Mensch? Was fange ich mit meinem Geld an? Wer oder was liegt mir am Herzen?

Schnell begann ich mit dem Geld, das ich hatte, Projekte und Menschen zu unterstützen, und seit ich Millionärin mit Herz bin, kann ich noch viel mehr Gutes tun.

Möchtest du ebenfalls jemand sein, der mit seinem Geld Gutes tun kann? Dann beginne damit, das zu glauben und danach zu handeln! Pole dein Mindset auf Wohlstand, Reichtum, Erfolg und darauf, dass du damit Menschen helfen kannst.

Wenn du dich entschließt, mit deinem Geld Gutes zu tun, dann musst du nicht sofort 20 000 Euro irgendwohin spenden. Du kannst auch mit kleinen Gesten schon viel erreichen. Vielleicht klingt das seltsam für dich, doch durch das Weggeben von Geld kannst du dir Geld manifestieren. Wir kommen später noch zu den Geheimnissen der Manifestation, doch hier schon einmal vorab: Stelle dir vor, du bist in einem Restaurant und bekommst die Rechnung, sagen wir über 73,50 Euro. Du bezahlst diesen Betrag und gibst dazu Trinkgeld. Die meisten Menschen würden vermutlich 75 Euro oder 77 Euro geben. Ich aber verdopple (sofern der Service gut war) dieses »normale« Trinkgeld und gebe dann mindestens 90, überwiegend sogar 95 Euro.

Das ist Manifestation. Durch diese 10 Euro mehr an Trinkgeld, die dir finanziell nicht wehtun, schaffst du ein Erlebnis für dein Gehirn. Denn du handelst bereits wie ein wohlhabender Mensch oder ein Mensch auf dem Weg in den Wohlstand. Das schafft eine gute Erfahrung, nicht nur für dich, sondern auch für andere.

Die Servicekraft freut sich – und du ebenfalls. Diese Freude ist ein Puzzlestein auf deinem Weg zu einem anderen, neuen, wohlhabenden Leben, einem Leben, das du verdient hast. Einem Leben, in dem dein neues Mindset dich unterstützt.

Lass uns nun herausfinden, wer oder was dich dabei sabotieren kann, neue Glaubenssätze und damit dein neues Mindset in deinem Leben zu etablieren.

Das habe ich nicht verdient

Kannst du dir bereits vorstellen, Millionärin zu sein? Oder, wenn diese Zahlen noch zu abstrakt für dich sind, kannst du dir vorstellen, immer mehr als genug Geld für alles, was du dir leisten möchtest, zu haben?

Kannst du dir vorstellen, in deinem Traumhaus oder deiner Traumwohnung zu leben, an einem Ort, zu dem du dich schon immer hingezogen gefühlt hast, gemeinsam mit den Menschen, die du liebst?

Kannst du dir vorstellen, dass Menschen dir viel Geld bezahlen für deine Leistung, dass Menschen mit dir zusammenarbeiten wollen, weil du sie bei ihren Herausforderungen unterstützt?

Kannst du dir vorstellen, jeden Monat fünf- oder sechsstellige Umsätze zu generieren durch deine wertvolle Arbeit? Kannst du dir vorstellen, 1 Million Euro auf deinem Konto zu haben?

Kannst du dir vorstellen, dass deine wertvolle Arbeit in deinem Unternehmen angemessen bezahlt wird und du kein schlechtes Gefühl mehr haben musst, nach einer Gehaltserhöhung zu fragen?

Wie fühlen sich diese Vorstellungen an? Hüpft dein Herz dabei? Kannst du es kaum erwarten, all das zu erleben? Oder krampft dein Bauch sich zusammen, wird dir übel und du möchtest am liebsten wegrennen?

Glaubst du bereits, dass du ein solches Leben und solche Umsätze verdient hast? Oder eher (noch) nicht? Welche Glaubenssätze kommen bei diesen Vorstellungen in dir auf? (Bitte schreibe diese unbedingt auf, du weißt mittlerweile, dass die Arbeit an deinen Glaubenssätzen und deinem Mindset eine fortlaufende Angelegenheit ist.)

Mein heutiger Glaubenssatz lautet: Fülle in allen Bereichen ist unser Geburtsrecht. Egal, an was oder wen du glaubst – sei es das Universum, Gott oder die Quelle: Es fällt mir schwer, zu glauben, dass diese schöpferische Kraft unsere Welt erschaffen hat, in der alle möglichen Vorstellungen und Möglichkeiten existieren, nur um einigen wenigen Menschen den Zugang zu diesen Reichtümern zu gewähren, während andere leer ausgehen.

Doch ich kenne auch die andere Seite. Einer der hinderlichsten und hartnäckigsten Glaubenssätze, den ich selbst viele Jahre verinnerlicht hatte und den ich häufig von meinen Kunden höre, ist der Glaubenssatz: »Das habe ich nicht verdient.« »Das« kann vieles sein: Erfolg, Geld, Kunden, eine glückliche Partnerschaft, ein schönes Zuhause, die Designertasche, das schicke Auto, der Urlaub im Fünf-Sterne-Ressort.

Wenn dieser Glaubenssatz – übrigens einer der Top-Saboteure auf deinem Weg zum Traumleben – mir bei meinen Kunden begegnet, dann bitte ich sie immer um einen Beweis. Ich bitte sie, mir einen starken, echten, validen, vor Gericht haltbaren Grund zu nennen, warum sie all das, was sie sich wünschen, nicht verdient hätten. Ich frage sie ganz direkt: »Warum haben Elon Musk, die Geissens oder ich es verdient, sich ihre Wünsche zu erfüllen, du selbst aber nicht? Erzähl mal!«

Schluckst du jetzt, weil du erkannt hast, dass du diesen Glaubenssatz auch in dir trägst? Denkst du ebenfalls, wenn auch insgeheim, dass du kein schönes Leben verdienst? Dass du Reichtum nicht verdienst? Dass du kein gut laufendes Business oder eine glückliche Partnerschaft verdienst?

Ja? Ernsthaft? Dann schreibe sofort alle Gründe auf, warum du denkst, dass ausgerechnet DU all das nicht haben darfst. Diese Gründe müssen vor Gericht haltbar sein. Wenn ein Richter dich fragen würde: »Sie denken also, Sie haben keinen Erfolg verdient, weil Sie als Kind immer dazwischengequatscht haben und dafür gemaßregelt wurden?«, dann müsstest du nicken und aus voller Überzeugung sagen: »Ja, genau deshalb habe ich keinen Erfolg verdient.«

Sorry, aber das ist kein Grund. Ich vermute, du wirst auch keinen haltbaren Grund finden. Denn es gibt keinen (außer du bist Gewaltverbrecher, aber davon gehe ich nicht aus).

Vielleicht hast du bislang geglaubt, dass du unwürdig bist, es nicht wert bist, es nicht verdienst, dein Traumleben zu leben. Doch das bist du nicht. Du hast es verdient, all das zu bekommen, was du dir wünschst!

Natürlich bist du nicht allein auf dieser Welt und wenn du dir Dinge wünschst, die anderen schaden, dann solltest du noch einmal über deine Wünsche nachdenken. Doch Erfolg, eine glückliche Beziehung, Kunden, ein funktionierendes Business, eine Gehaltserhöhung, dein Traumhaus – all das sind Wünsche, die du dir erfüllen darfst. Du darfst Millionärin mit Herz werden. Niemand kann dich davon abhalten, dir deine Träume zu erfüllen, wenn du das wirklich willst. Kein noch so tiefsitzender Glaubenssatz hat die Macht, über dein Leben zu bestimmen, wenn du sie ihm nicht zugestehst. Denn du hast es verdient, eine wohlhabende Frau, eine Millionärin mit Herz zu sein!

Der Teufel trägt …

Leider prägen die Medien und auch Filme unser Bild von den »bösen Reichen« z.B. *The Wolf of Wall Street* oder andere Filme, in denen reiche Betrüger auftreten; Comics, in denen vermögende Menschen als schlechte Menschen dargestellt werden. Doch das ist nicht die Realität. Verifiziere bitte immer, ob das Bild, das du über wohlhabende Menschen oder auch Reichtum hast, tatsächlich stimmt oder ob du vielleicht nur das siehst, was deine bisherigen Glaubenssätze unterstützt.

Dabei werden wohlhabende Männer oftmals eher akzeptiert. Man sieht sie in Hollywood-Filmen, in den Medien, als Unternehmenslenker. Wohlhabende Frauen sind a) entweder ein Anhängsel von vermögenden Männern oder b) werden sie in der Öffentlichkeit eher als »karrieregeil«, »bitchy«, »stutenbissig« oder gar als »Mannweib« dargestellt.

Sieh dir einmal einen klassischen Hollywoodfilm an: Da sitzen zwölf Menschen an einem Tisch, die eine Besprechung haben. Elf davon sind Männer in Anzügen, eine weitere Person ist eine Frau im Kostüm, die vielleicht sogar nur den Kaffee bringt. Oder denke einmal an *Sex and the City*. Zwar ist die Hauptperson, Carrie Bradshaw, Kolumnenschreiberin, aber ihr Partner, »Mister Big«, ist der Finanzguru. Miranda, die erfolgreiche Anwältin, wird als super-toughes »Mannweib« hingestellt, und die anderen beiden Protagonistinnen sind entweder schwach und hilflos oder eine Sexbombe.

Dazu kommt, dass Frauen häufiger neidisch auf andere Frauen sind, die etwas erreicht haben, als auf Männer. Sie haben ein starkes Konkurrenzdenken: Warum hat die etwas, das ich nicht habe?

Kennst du Filme, in denen Frauen eine Führungsposition haben? Falls ja, dann sind es Frauen wie im Film *Der Teufel trägt Prada*. Sie werden als machthungrig, unsympathisch und verbissen dargestellt. Mit diesen Frauenbildern wachsen wir auf. Zwar gibt es vereinzelt auch Superheldinnen und den ein oder anderen Film, in dem Frauen reich sind und Führungspositionen innehaben, meist ist es jedoch der Mann, der die »schwache« Frau rettet oder das Geld besitzt. Diese Bilder prägen sich ein – in den Köpfen der gesamten Gesellschaft. Frauen bekommen immer wieder gezeigt: »Hier ist kein Platz für eine erfolgreiche Frau. Wenn du eine vermögende Frau bist, bist du unsympathisch.« Doch es gibt mittlerweile glücklicherweise auch zahlreiche Gegenbeispiele.

Vielleicht möchtest du so sein wie Oprah Winfrey, die amerikanische Talkshow-Queen, oder Michelle Obama, die mittlerweile nicht mehr »nur« als Frau des ehemaligen amerikanischen Präsidenten gilt, sondern für viele Frauen auf der ganzen Welt durch ihre sozialen Projekte, ihr Wirken und ihren Einsatz für junge Frauen ein Vorbild ist. Du kannst auch die sozialen Medien befragen und dir ansehen, welche Frau schon dort ist, wo du noch hinmöchtest. Allerdings – prüfe genau, wem du folgst. Nicht alles, was glänzt, ist Gold – und nicht jedes Gold glänzt.

Es gibt viele Personen in den sozialen Medien, die ihren Reichtum und Wohlstand zur Schau stellen. Sie wollen bewundert werden und sammeln Likes; ob andere ihnen nachfolgen können und ob sie ein gutes Vorbild sind, ist ihnen egal. Siehst du nur noch vermögende Menschen in ihren Villen am Pool chillen, dann kann das einen negativen Effekt auf dich haben, wenn du dir dabei denkst: Das schaffe ich ohnehin nie.

Suche dir lieber authentische, ernst zu nehmende Vorbilder. Meide Stars und Sternchen, die dich nur neidisch machen und in den Vergleich führen. Damit meine ich nicht, dass du dir nicht eine große Vision vorstellen darfst, doch du solltest es mit Bedacht tun. Spornt dich das Bild vom Privatjet an, dann ist das prima. Stresst es dich, dann sieh dir andere Bilder an, mit denen du dich eher verbinden kannst.

Unterschätze niemals die Macht von Bildern! Unser Gehirn denkt in Bildern und die permanente Berieselung unseres Gehirns mit Bildern, in denen Frauen schwach, bissig oder auf ihre weiblichen Attribute begrenzt werden, wirkt. Diese Bilder führen zu Gefühlen, diese Gefühle zu Gedanken und Handlungen.

Positive weibliche Vorbilder sind daher wichtig und prägend für uns. Auch deshalb schreibe ich dieses Buch, damit du erkennst, dass es viele Menschen gibt, die schon Millionärin mit Herz sind und auch du es schaffen kannst. Leider wirken viele von ihnen im Hintergrund und gehen mit ihrem Erfolg nicht hausieren. Oft bleiben sie anonym, denn bedauerlicherweise ist unsere Gesellschaft so krank, dass Menschen für ihren Reichtum und Entdeckergeist verurteilt werden, anstatt ihre Bemühungen anzuerkennen. Auch sind reiche Menschen bemüht, ihre Privatsphäre zu schützen, und treten deshalb oft nicht in Erscheinung, um sozial akzeptiert zu werden.

Ich wurde vor einiger Zeit angefeindet, weil ich 20 000 Euro für ein Projekt gespendet habe, bei dem Bäume gepflanzt wurden. Ein Kommentar, den ich bekam, lautete: »Jetzt vermarktet sie auch noch ihren Reichtum!« Autsch – das machte mich traurig und führte dazu, dass ich das Geld, das ich kürzlich an eine Institution für ein Bauprojekt gespendet habe, nirgends erwähnte.

Jetzt, da ich diese Zeilen schreibe, macht mich diese Begebenheit erneut traurig und wütend. Denn eigentlich benötigen Frauen und Männer, die auf dem Weg sind, sich ihr Traumleben zu erfüllen, viel mehr gute Vorbilder, als zu finden sind. Umso wichtiger ist es mir, mich in diesem Buch so zu zeigen, wie ich bin, und dich zu ermutigen, loszugehen und dir dein Leben so zu manifestieren, wie du es dir wünschst, ohne auf die ganzen Hater und Neider da draußen zu hören.

Der mutigste Akt besteht immer noch darin,
für sich selbst zu denken. Laut.[5]

Lass uns nun noch einmal speziell darauf schauen, was genau Reichtum ist und was er für dich bedeutet, denn häufig sagen Menschen mir: »Christina, Geld ist nicht alles!« Und ja – damit haben sie recht.

Reich werden in der Tiefe

Reichtum bedeutet nicht, viel Geld auf dem Konto zu haben. Reichtum ist nicht das große Haus, das dicke Auto oder der Schrank voller Designerklamotten. Reichtum ist etwas anderes, tieferes, etwas, das nicht im Außen zu finden ist.

---

5 Coco Chanel, französische Modeschöpferin und Unternehmerin

Dann, wenn du genügend Geld hast für all das, was du dir leisten möchtest, dann beginnt tiefer Wohlstand. Stell dir vor, du bekommst ein richtig großes Problem. Geld unterstützt dich dabei, das Problem zu lösen. Oder du stehst im Designerladen und kannst dich nicht zwischen zwei Taschen entscheiden. Geld löst auch dieses »Problemchen«, du kaufst einfach beide. Vielleicht möchtest du anderen Menschen helfen, denen es nicht so gut geht wie dir. Alles keine Schwierigkeit, denn du hast genügend Geld, um andere zu unterstützen.

Das, was tiefen Reichtum irgendwann ausmacht, ist nicht mehr Geld. Es sind vielmehr die kleinen Momente im Alltag. Denn wenn Geld nicht mehr das Problem ist, verändert sich dein Fokus. Es gelingt dir, raus aus dem »Ich brauche mehr Geld«-Modus zu gelangen. Statt dem Geld hinterherzulaufen, kannst du dich nun um andere Dinge kümmern.

Wenn du dir dein Traumleben manifestierst – bei dem vermutlich Geld eine Rolle spielt, sonst hätte der Titel dieses Buches dich nicht angesprochen, ist es wichtig, dass du dich nie nur um das Geld an sich kümmerst, sondern immer gleichzeitig auch um dein Glück.

Aus meiner Erfahrung heraus ist es schwieriger, glücklich zu sein, wenn du kein Geld hast. Es mag einige wenige Menschen geben, für die Geld überhaupt keine Relevanz besitzt, doch für die meisten von uns auf dieser schönen Welt wird das Leben mit Geld leichter und damit auch glücklicher. Der Glaubenssatz »Geld macht nicht glücklich« ist nur ein Mythos beziehungsweise wird oft missinterpretiert. Natürlich macht der 100-Euro-Schein allein dich nicht glücklich. Doch es kann dich glücklich machen, mit diesem Geld entspannt ein vorzügliches Essen in einem Restaurant zu genießen. Ohne Geld hast du gar nicht die Möglichkeit, dieses Restaurant zu besuchen.

Es macht nicht glücklich, darum bangen zu müssen, woher du das Geld für die nächste Miete bekommst. Es macht die meisten Menschen nicht glücklich, im Discounter nur die billigsten

Lebensmittel kaufen zu können. Es macht nicht glücklich, nur des Geldes wegen einem Job nachzugehen, den du hasst.

Doch es macht glücklich, Entscheidungsmöglichkeiten zu haben. Wohlstand und Glück sorgen für eine sehr hohe Lebensqualität. Das Wissen, dass Geld nicht mehr das Problem ist, egal, was passiert, ist ein unfassbar befreiendes Gefühl.

Ein Mensch ohne Geld kann auch glücklich sein. Doch wenn irgendetwas passiert, das mit Geld gelöst werden könnte, dieses aber fehlt, dann findet dieses Glück ein schnelles Ende. Unsere Gesellschaft, die Reichtum mit Argwohn beäugt, unterschätzt aus meiner Sicht den Zusammenhang von Geld und Glück. Um tiefen Wohlstand zu manifestieren, solltest du also immer auf beiden Ebenen arbeiten: Geld und Glück.

Es ist unfassbar genial für mich, reichlich Geld zu haben, um es entspannt nutzen zu können – für mich selbst, für mein Business oder auch für andere Menschen. Geld zu investieren bedeutet für mich inneren Reichtum. Es macht mich glücklich.

Den Zusammenhang von Geld und Glück zu lernen, hat mich einige Zeit gekostet. Ich hatte nicht von einem Moment auf den anderen ein finanzielles Erleuchtungserlebnis, stattdessen habe ich stetig gelernt und an meinem Money-Mindset gearbeitet. Ich nenne dieses Geldmindset, also die Art, wie du über Geld denkst, wie viel du dir erlaubst und in dein Leben lässt, auch gerne den »Money-Schuh«.

Dein Money-Schuh

Vor einigen Wochen war ich auf dem Weg zu einem Business-Meeting. Am Flughafen Zürich angekommen, fiel mir auf, dass ich meine warme Weste vergessen hatte, die ich auf Flugreisen sonst immer dabeihabe, da es im klimatisierten Flugzeug und den Wartebereichen manchmal recht frisch ist. Ich fröstelte schon, obwohl ich noch gar nicht im Flugzeug saß. Anstatt mich zu ärgern, beschloss ich, mir eine Weste zu kaufen. Also ging ich am Flughafen zu Hermès und fand dort eine schicke Weste, die mir gefiel. Es war eine leichte, weiche Weste aus Kaschmirwolle mit wunderschönen Stickereien. Ich schlüpfte hinein, sie passte perfekt und fühlte sich unglaublich weich an – ein Traum. Ich warf einen Blick auf das Preisschild: Sie kostete 1600 Schweizer Franken.

An diesem Tag, auf dem Flughafen in Zürich, habe ich die Weste einfach gekauft – mit Freude und ohne schlechtes Gewissen. Noch vor wenigen Jahren wäre mir eine solche Ausgabe niemals in den Sinn gekommen, und hätte ich eine Geschichte wie diese damals in einem Buch gelesen, hätte ich zu mir selbst gesagt: »Die Frau hat einen Vollknall. Die kann doch nicht für 1600 Schweizer Franken eine Strickweste kaufen!« Damals war mein Money-Schuh noch so klein, dass ich nicht einmal auf die Idee gekommen wäre, zu einem Luxuslabel zu gehen. Ich hätte mich geschämt, unwohl gefühlt und niemals etwas in einer solchen Preisklasse gekauft.

Doch ich habe mich weiterentwickelt, genauso wie mein Money-Schuh. Ich habe mir erlaubt, die Weste zu kaufen, und seitdem leistet sie mir gute Dienste und ich freue mich jedes Mal darüber, wenn ich sie trage.

Und jetzt frage ich dich: In welchem Rahmen erlaubst du dir, Geld zu empfangen, zu haben und auch auszugeben? Wie groß ist dein Money-Schuh?

Momentan hast du einen Geld-Zustand X, bestehend aus deinen Glaubenssätzen und damit deinem Geld-Mindset. Dieses Geld-Mindset hat eine gewisse Money-Schuh-Größe, die dir im Außen durch das Geld, das du hast, widergespiegelt wird.

Du investierst, sparst und gibst Geld in dem Rahmen aus, der dir zur Verfügung steht. Du fährst ein Auto, das zu deinem Geldstatus passt, hast ein Haus oder eine Wohnung, die du dir leisten kannst, und fährst in Urlaube, die bezahlbar sind. So zumindest handhaben es die meisten Menschen. (Manche nehmen auch ohne Sinn und Verstand Konsumkredite auf, doch das Geld verrinnt ihnen in der Regel zwischen den Fingern. Gehen wir daher im Folgenden einfach davon aus, dass du vernünftig mit dem Geld umgehst, das du hast.) Dieses Geld-Umfeld bildet also die Größe deines derzeitigen Money-Schuhs. Er passt dir genau und ist mehr oder weniger bequem (je nachdem, ob du zufrieden bist oder dir mehr wünschst). Sinnvoll ist es nun, diesen Money-Schuh Euro für Euro zu vergrößern, ihn also gewissermaßen zu »stretchen«, und zwar so lange, bis er so groß ist, wie du ihn haben möchtest.

Warum nun Euro für Euro oder Schritt für Schritt? Wäre es nicht besser, von einem Moment auf den anderen richtig viel Geld zu besitzen? Nein, ich denke nicht.

Kaum jemand wird über Nacht reich und wenn, dann gelingt es diesen Menschen meist nicht, den Reichtum dauerhaft zu erhalten. Ihr Money-Schuh ist mit einem Mal viele Nummern zu groß für sie. Sie stolpern, können nicht mit der neuen Situation umgehen und verlieren häufig ihr Geld genauso schnell wieder, wie sie es gewonnen haben. Deshalb solltest du deinen Money-Schuh lieber stetig und langsam vergrößern.

Hier nun ein Beispiel, wie du deinen Money-Schuh vergrößern kannst: Bei deinem nächsten Einkauf kaufst du nicht, so wie sonst, immer die gleichen Dinge ein. Bislang hast du dir eine Kaffeemarke ausgesucht, die zu deinem Money-Schuh passt. Sie schmeckt dir und passt in dein Budget. Wenn du jetzt mehr Wohlstand aufbauen möchtest, dann solltest du dich in kleinen Dosen daran gewöhnen, mehr Geld auszugeben. Kaufe also das nächste Mal einen etwas teureren Kaffee. Und dann lerne, dir das Geld für diesen Kaffee zu kreieren. Denn, auch das ist mir bewusst, du kannst natürlich nicht dauerhaft einfach mehr Geld ausgeben, als dir zur Verfügung steht. Doch du kannst lernen, wie du mehr Geld in dein Leben ziehst – du kannst dir Geld kreieren. Um dir selbst zu zeigen, dass du mehr Geld brauchst, triffst du ab sofort Entscheidungen in diese Richtung. Wenn du gar nicht mehr Geld brauchst – warum solltest du dann mehr bekommen? Logisch, oder? Der Kaffee ist nur der Anfang …

Dabei musst du achtsam sein. Du darfst nicht völlig über deine Grenzen gehen und sofort den teuersten Kaffee der Welt kaufen (übrigens kostet dieser rund 2500 Euro pro Kilo). Doch du kannst statt der wöchentlichen Kaffeebohnen für 9,90 Euro ruhig einmal monatlich die für 14,90 Euro kaufen. Falls es finanziell gerade überhaupt nicht drin ist, etwas mehr Geld zu investieren, dann solltest du zumindest deine Prioritäten anpassen, und das ohne Groll oder Ärger – dann ist der Kaffee eben gerade nicht drin, aber du freust dich schon darauf, wenn du ihn dir leisten kannst, anstatt dich schlecht zu fühlen, weil du das Geld nicht hast. Dann entscheidest du bewusst: Diese Kaffeebohnen haben gerade keine Priorität. So änderst du deine Sichtweise von »Ich KANN mir diese Kaffeebohnen nicht leisten« hin zu: »Ich WILL mir diese Kaffeebohnen nicht leisten«.

Deine Prioritäten bestimmst du selbst. Bereits zu Beginn meines Unternehmertums wollte ich gerne in Fünf-Sterne-Hotels übernachten. Wenn ein Urlaub oder eine Geschäftsreise anstand, dann surfte ich auf der Hotelbuchungsplattform, sah mir die teuren Hotels an und stellte mir vor, wie es wäre, in einem solchen Zimmer zu übernachten. Gebucht habe ich dann ein günstigeres Hotel, und zwar mit dem Satz: »Ich habe gerade andere Prioritäten.« Damit war ich nicht traurig oder fühlte mich entwertet. Nein, ich traf bewusst eine Entscheidung darüber, was ich mir gerade leisten möchte. Das, was mit dem Geld, das mir zur Verfügung stand, möglich war, stretchte ich immer mehr nach oben, von der Übernachtung für 80 Euro auf die Übernachtung für 90 Euro und immer weiter.

In dem Moment, in dem du deine Realität stretchst, erlebst du etwas anderes als bisher, und irgendwann wirst du merken, dass dein Money-Schuh sich vergrößert hat. Dann kannst du alle zwei Wochen die teureren Bohnen kaufen oder das teurere Hotel buchen. Irgendwann werden diese Entscheidungen zu deinem neuen Normal. Und dann geht es weiter. Von neuem Normal zu neuem Normal.

Natürlich musst du dieses Geld kreieren, und zwar indem du etwas dafür tust. Es wird keine Fee bei dir vorbeifliegen und dich mit Geld überhäufen, und es kommt ebenfalls keine schwarze Limousine, aus der zwei Herren in Anzügen aussteigen, die dir auf die Schulter klopfen und zwei schwere Geldkoffer überreichen. Es reicht auch nicht aus, wenn du täglich stundenlang meditierst und dir vorstellst, wie es sein wird, dieses Geld zu besitzen (aber wenn das hilft und wenn du Freude an Meditation hast, dann mach das gerne). Nein, du musst ins TUN kommen! Das ist Manifestation und Geldkreation!

Viele Menschen denken (und leider wird das auf dem Markt auch von einigen Coaches suggeriert), dass es ausreicht, ganz fest an etwas zu glauben, dann würde es irgendwann in ihr Leben treten. Ich erzähle dazu gerne die Anekdote vom Lottoschein, um den Unsinn dieses Vorgehens zu verdeutlichen:

Petra wünscht sich einen Lottogewinn. Sie hat keine Lust auf harte Arbeit und hat von einem Coach gehört, dass es ausreicht, sich etwas nur ganz fest vorzustellen. Das ist nach Petras Geschmack. Einfach und ohne Anstrengung – prima! Also geht sie jeden Tag zum Lottoladen und sieht sich die bereits gezogenen Zahlen und Bilder anderer Lottogewinner an. Täglich meditiert sie und stellt sich vor, wie es sein wird, wenn ihre Zahlen gezogen werden. Sie schaut sich Villen an und konfiguriert sich ihr Traumauto. Sie fühlt förmlich schon, wie es sein wird, wenn ihre Freundinnen neidisch auf ihren Reichtum schauen. Die Wochen, Monate und Jahre vergehen – doch nichts passiert. Denn bedauerlicherweise hat Petra vergessen, einen Lottoschein zu kaufen …

Sei nicht wie Petra.

Je mehr du dir erlaubst, Geld als etwas Schönes und Tolles anzunehmen, umso mehr wächst dein Money-Schuh. Je größer dein Money-Schuh wird, umso mehr Geld kannst du empfangen und Wohlstand aufbauen.

Mein Money-Schuh ist zwar heute deutlich größer als noch vor fünf Jahren, doch auch er hat noch Grenzen. Doch diese Grenzen verschiebe ich immer weiter, ich entwickle täglich die Größe meines Money-Schuhs. Die Kaschmirweste auf dem Flughafen

Zürich passt zu meinem derzeitigen Money-Schuh, noch vor wenigen Jahren wäre eine solche Ausgabe für mich undenkbar gewesen. Und in einigen Jahren wird mein Money-Schuh noch größer sein. Du siehst: Das Geldspiel hört nie auf.

Verstehe, dass du handeln musst! Und zwar jetzt, heute und jeden weiteren Tag, so lange, bis du dein Ziel erreicht hast.

Geldmanifestation ist nichts, was nur in Gedanken passiert. Manifestation passiert im Hier und Jetzt. Wie genau Manifestation funktioniert, das erfährst du gleich. Doch vorher müssen wir noch auf die Filter eingehen, die dafür sorgen, dass du heute dort bist, wo du bist.

Tief verankert

Ich habe dir in diesem Buch schon einiges über Glaubenssätze berichtet. Glaubenssätze bestimmen nicht nur unsere Einstellung zu Geld, Reichtum, Wohlstand und Erfolg, sondern auch zu allen anderen Bereichen unseres Lebens. Glaubenssätze sind daher wie Filter, die wir in uns tragen. Filter, die uns sagen, was wir können und was nicht, was wir dürfen und was nicht, und wie wir uns selbst sehen. Es sind Filter, die uns davon abhalten können loszulegen. Sie lassen uns nicht an uns selbst und unsere Fähigkeiten glauben. Oder aber sie sorgen dafür, dass wir mutig und voller Selbstvertrauen unser Leben gestalten.

Es gibt positive und negative Filter. Leider tragen die meisten von uns viel mehr negative Filter in sich als positive. Manche Filter, also Glaubenssätze, sind sehr hartnäckig und bestimmen dein Verhalten ein ganzes Leben lang, wenn du nicht an ihnen arbeitest. Andere beseitigst du mit einem Fingerschnippen.

Als junges Mädchen war ich eine graue Maus. Ich war zwar nicht völlig schüchtern, aber auch nicht super-selbstbewusst. Während meiner Pubertät kam es so, wie es kommen musste – ich verliebte mich einige Male. Doch wenn ich den Jungs näherkommen wollte, dann hieß es immer: »Weißt du, Christina, du bist super, aber für mich bist du eher so der Kumpeltyp. Mit dir möchte ich gerne befreundet sein, aber nicht mehr.« Diese Aussagen prägten mich. Ich etablierte den Glaubenssatz für mich, dass ich zwar jemand war, mit dem man »Pferde stehlen« konnte, aber nicht mehr. Mir war klar: Ich bin nicht begehrenswert, eben nur der Kumpeltyp. Eines Tages, ich muss schon 18 Jahre alt gewesen sein, bemerkte ich, wie ein Junge mir zuzwinkerte und mich anlächelte. Ich drehte mich sofort um, um hinter mir die Person zu suchen, der er da zuzwinkerte. Ich konnte es gar nicht glauben, dass er mich meinte. Sollte ich etwa doch mehr sein als »nur« der Kumpeltyp? Als ich vermehrt von ihm und anderen Männern angeflirtet wurde, wurde mir klar, dass ich einem Glaubenssatz aufgesessen war. Ich war nicht die, für die ich mich jahrelang gehalten hatte. Nein, ich war eine schöne und begehrenswerte Frau! Als ich das verstand, konnte ich mich auf die Flirtversuche einlassen. Ich drehte den Glaubenssatz in meinem Kopf von »Ich bin nur ein Kumpeltyp« hin zu »Ich bin eine schöne, begehrenswerte Frau«.

Doch der negative Glaubenssatz hatte viele Jahre lang meine Fähigkeit beeinträchtigt, die Realität so, wie sie war, wahrzunehmen. Jeden Flirtversuch hatte ich jahrelang durch den »Ich bin ohnehin nur ein Kumpeltyp«-Filter betrachtet. Ich erlebte im Außen nicht das, was tatsächlich passierte, sondern das, was ich für mich abgespeichert hatte. Wer weiß, wie viele Jungs mich wirklich anflirteten, ohne dass ich es erkannt hatte! Heute kann ich das mit einem Schmunzeln schreiben, doch damals fühlte ich mich schrecklich.

Dieser Satz und ähnliche Glaubenssätze, die wir in uns tragen (übrigens nicht nur Frauen), ist bloß einer von vielen, der dafür sorgt, dass wir nicht das erleben, was wirklich ist, sondern das, was wir über uns, unser Umfeld und andere durch »Filter« gelernt haben.

In diesem Fall war klar, wo der Glaubenssatz, dem ich jahrelang aufgesessen war, herkam. Doch andere Prägungen entstehen bereits in der Kindheit und das meist unbewusst. Ich habe dir schon kurz von meinem Elternhaus berichtet und warum ich dachte, dass reiche Menschen »Halsabschneider« wären. Jetzt möchte ich noch einmal tiefer in meine Geschichte einsteigen.

Ich wuchs in einem Elternhaus auf, in dem Geld zwar nicht knapp war, aber auch nicht im Überfluss vorhanden. Wir waren eine klassische Mittelstandsfamilie. Mein Vater hatte einen Job als Techniker bei einem IT-Unternehmen, meine Mutter arbeitete Teilzeit. Urlaub machten wir in Ferienwohnungen oder im Campingbus. Ich wuchs sehr geerdet auf, war viel in der Natur, hatte viele Freiheiten. Geld war nie ein Thema, das in meiner Familie bewusst diskutiert wurde. Wir hatten nicht zu wenig, und trotzdem nahm ich wahr, dass das Verhältnis meiner Eltern zu Geld nicht völlig entspannt war.

Mein Vater wollte seinen Verdienst für schlechte Zeiten sparen, während meine Mutter das Geld, das hereinkam, lieber für unser Leben ausgab, zwar nicht verschwenderisch, aber mehr, als es meinem Vater gefiel. Ich erinnere mich noch gut daran, dass ich zu meiner Mutter immer sagte: »Mama, wir müssen etwas besorgen für die Schule.« Ich benutzte nie das Wort »kaufen«, das war für mich negativ belegt, denn ich hatte mitbekommen, dass mein Vater meine Mutter dazu anhielt, nicht zu viele Dinge einzukaufen, die er für unnötig hielt. Ich selbst gab gerne Geld aus, wenn ich welches hatte, doch ebenfalls nicht übermäßig. Viel Geld auszugeben war für mich nicht normal. Meine Geldrealität war also viele Jahre nicht entspannt, so lange, bis ich das Thema für mich drehen konnte. Mein Money-Schuh war recht klein, doch es gelang mir, ihn Euro für Euro zu vergrößern. Es dauerte viele Jahre, ihn dorthin zu stretchen, wo er sich heute befindet. Und ich weiß, dass er noch größer werden kann.

Ein Schlüsselerlebnis für mich war die erste Buchung einer Übernachtung in einem Fünf-Sterne-Hotel. Ich war zu einer Veranstaltung in diesem Hotel eingeladen und der Veranstalter hatte den Teilnehmern nahegelegt, im Hotel zu übernachten. Also buchte ich das für mich damals unfassbar teure Zimmer (es kostete 850 Euro die Nacht und lag mitten in einem der angesagtesten Viertel in Barcelona) mit äußerst gemischten Gefühlen. Einerseits freute ich mich, dass ich mir mittlerweile durch mein gut laufendes Business ein solches Zimmer leisten konnte, andererseits wusste ich nicht, wie man sich in einem solchen Hotel verhält, und dachte tatsächlich, ich müsste vorher noch einkaufen gehen, um für das schicke Ambiente adäquat angezogen zu sein. Also ging ich shoppen und gab viel Geld für Bekleidung aus. Trotzdem fühlte ich mich die ersten paar Tage sehr unwohl. Die Leute dort hatten schließlich alle unglaublich viel Geld und ich war nur Christina, die sich das Hotel gerade so leisten konnte!

Ich fühlte mich nicht zugehörig, denn innerlich war ich immer noch ein Mensch, der Urlaub in Ferienwohnungen oder im Camper machte und nicht in luxuriösen Hotels abstieg. Ich fühlte mich völlig fehl am Platz, bis ich morgens beim Frühstück am Nebentisch eine Familie aus England sah, die entspannt in T-Shirt und Badelatschen frühstückte und sich unterhielt – genau wie mein Mann, meine Kinder und ich das in unseren Ferienwohnungen taten. Dieser Moment war für mich ein Gamechanger, da ich von einer Sekunde auf die nächste bemerkte, dass die Menschen, die mit mir in dem Hotel saßen, eben auch nur Menschen waren! Sie waren nicht besser als ich, nur weil sie in einem Fünf-Sterne-Hotel übernachteten. Nein, es waren ganz normale Menschen, die in Badelatschen frühstückten.

Das öffnete mir die Augen, genau wie damals mit 18 Jahren, als ich plötzlich merkte, dass ich doch eine begehrenswerte Frau war. Ich hatte es genauso verdient, in diesem schicken Hotel zu sein, wie jeder andere Mensch auch! Weder war ich besser noch schlechter, ich war Gast wie alle anderen. Seitdem ist es für mich »normal« geworden, für ein Hotelzimmer 850 Euro die Nacht oder mehr zu bezahlen. Und falls du jetzt sagst: »So was brauche ich nicht!«, dann empfehle ich dir: Probiere es aus! Denn wenn du einmal den Service und den Luxus eines Fünf-Sterne-Hotels erlebt hast, wirst du vermutlich anders darüber denken.

Ab besagtem Tag, beim Frühstück im Hotel neben Menschen in Badelatschen, konnte ich viele Glaubenssätze zum Thema Geld hinter mir lassen.

Auch wenn du eine Familie hattest, in der Geld nicht im Überfluss vorhanden war, kannst du es schaffen, deinen Money-Schuh zu stretchen. Stößt du allerdings dabei immer wieder an Grenzen, gibt es noch etwas, das du wissen solltest.

Deine Vorfahren wirken in dir

Die wenigsten Menschen wachsen mit einem gesunden Money-Mindset auf. Der gesamte Themenbereich Geld, Selbstermächtigung beziehungsweise Persönlichkeitsentwicklung ist noch recht neu. Mittlerweile wissen wir, dass sich Muster und Traumata über sieben Generationen weitertragen können.

Etwas, das jemandem aus deiner Familie vor sieben Generationen passiert ist, kann in dir immer noch fortwirken – auch zum Thema Geld! Stell dir vor, deine Ur-Urgroßeltern, die du gar nicht kennengelernt hast, hatten ein Unternehmen und haben durch Kriege alles verloren. Diese Verlustangst kann immer noch in dir weiterexistieren, obwohl du nie von dieser Geschichte erfahren hast, und eventuell dazu führen, dass du selbst Angst vor einer »Pleite« hast. Das kann dich unbewusst dazu veranlassen, dich nicht selbstständig zu machen, weil du von Verlustängsten gesteuert wirst. Du sabotierst dich immer wieder, brichst deinen Weg in die Selbstständigkeit beispielsweise jedes Mal kurz vor dem Ziel ab und verstehst nicht, warum. Dieses Wissen, dass Traumata vorheriger Generationen noch lange weitergetragen werden können, gelangt zunehmend ins Bewusstsein. Mittlerweile gibt es zahlreiche Untersuchungen und auch Literatur zu diesem Thema, und es ist wichtig, dass du diese Tatsache mitdenkst, wenn du an eigene Grenzen stößt. Denn diese Traumata können sich unterschiedlich äußern.

Ich habe etwa eine Kundin, die immer wieder damit aufhört, ihren Weg weiterzuverfolgen, kurz bevor sie an den Punkt gelangt, endlich erfolgreich zu sein. Sie hört von einem Tag auf den anderen auf, Gas zu geben, oder wechselt komplett die Richtung. Als ich das mehrfach bei ihr beobachtet habe, forschten wir nach, woran dieses Verhalten liegen könnte.

Sie ist eine wundervolle Frau, die in ihrer Familie alles trägt, die nach außen stark ist und keine Schwäche zeigen darf. Jedes Mal, wenn die Gefahr zu Versagen konkret wurde, nämlich dann, wenn sie die nächsten Schritte in Richtung Erfolg hätte gehen müssen, blieb sie lieber in ihrer Komfortzone. Anstatt – möglicherweise – zu scheitern, entschied sie sich für den sicheren Weg, ging keine Risiken ein. Ihr Muster »Ich darf nicht scheitern« wirkte so stark in ihr, dass sie sich nicht in Situationen begab, in denen sie hätte scheitern können. Deshalb trat sie immer wieder auf die Bremse. Als wir dieses Muster erkannten, konnten wir daran arbeiten. Mittlerweile ist sie sehr erfolgreich.

Leider ist es schwierig, solche Muster ohne Unterstützung zu erkennen, und aus Gründen der Diskretion werde ich in diesem Fall auch nicht weiter darauf eingehen, aus welcher Kindheitssituation das Muster meiner Kundin resultierte. Merkst du allerdings bei dir selbst, dass du nicht weiterkommst, gibt es zahlreiche Bücher, Videos, Coaches und auch Seminare, die dich dabei unterstützen können, deine Prägungen und Glaubenssätze offenzulegen und, falls sie sich negativ auf dein Leben auswirken, an ihnen zu arbeiten.

Doch hier eine Warnung: Lesen allein reicht nicht aus! Bücher sind hilfreich, doch um eine wirkliche Veränderung durch ein Buch zu erzielen, brauchst du sehr viel Disziplin und absolute Ehrlichkeit dir selbst gegenüber. Auch dieses Buch kann nur ein Anfang sein und soll dich erkennen lassen, was alles möglich ist. Verändern musst du dich danach selbst und optimalerweise suchst du dir dafür Unterstützung. Du brauchst jemanden, der dir den Spiegel vorhält, der dich befragt, was du wirklich über Geld, Erfolg, Selbstermächtigung oder dein Traumleben denkst. Aufschreiben und »drehen« ist ein Anfang, doch aus meiner Sicht suchst du dir optimalerweise jemanden, der deine Glaubenssätze gemeinsam mit dir reflektiert, der nachfragt und dich nicht vom

Haken lässt, bis der wahre Grund für das, was dich noch zurückhält, zum Vorschein kommt.

Hast du eine Person an deiner Seite, die dich unterstützt, erkennst du viel schneller, wo du unbewusst noch Begrenzungen hast. Sieh es wie eine Forschungsreise in dein Inneres, die durch äußere Impulse angeregt wird. Vielleicht erkennst du, dass du den Glaubenssatz »Ich habe es nicht verdient« in dir trägst, weil dein Vater in einem toxischen Umfeld aufgewachsen ist, in dem er von seinem eigenen Vater immer wieder entwertet wurde, der wiederum großes Unrecht im Krieg erlebt hat. Mach bei dieser Entdeckungsreise nicht bei dir halt. Das, was du über dich denkst, gehört vielleicht gar nicht zu dir.

Wenn du möchtest, nimm dir in den kommenden Tagen etwas Zeit, um deine familiären Prägungen und Glaubenssätze zu erkennen. Setze dich mit Papier und Stift an einen ruhigen Ort und beantworte die folgenden Fragen – offen, ehrlich und in zwei Stufen. In der ersten Stufe schreibst du erneut alle Glaubenssätze auf, die negativ sind. Schreibe alles auf, was dir in den Sinn kommt, halte nichts zurück. Lenke den Fokus bei dieser Übung weg von dir selbst – hin zu deinem Umfeld. Vielleicht hast du schon einige Glaubenssätze für dich bearbeitet, doch dahinter liegen weitere Prägungen deiner Familie, die du dann bearbeiten und drehen kannst, wenn du sie nach dieser Übung erkannt hast:

Geld und Reichtum – Was denken meine Familie und mein Umfeld darüber?

Luxus – Was denken meine Familie und mein Umfeld darüber?

Zeit – Was denken meine Familie und mein Umfeld darüber?

Arbeit – Was denken meine Familie und mein Umfeld darüber?

Erfolg – Was denken meine Familie und mein Umfeld darüber?

Vermutlich hast du noch reichlich weitere Glaubenssätze gefunden. Nun solltest du dir jeden einzelnen ansehen und überlegen, ob dieser Glaubenssatz wirklich wahr ist. In der Regel ist keiner dieser Glaubenssätze wahr und du kannst sofort beginnen, sie zu drehen.

Starte danach Stufe zwei dieser Übung, die du bereits kennst: Schreibe die Positiv-Version der Glaubenssätze zu all diesen Themen auf. Viel Freude beim Entdecken, Erkennen und Drehen. Wichtig ist, dass du dranbleibst und diese Übung nicht nur einmal, sondern mehrmals machst. Du wirst erstaunt sein, welche Glaubenssätze du jedes Mal aufs Neue in dir entdeckst.

Wie tief manche davon in uns wirken, sodass es oft kaum möglich ist, ihnen selbst auf die Schliche zu kommen, dazu möchte ich dir im Folgenden einige Geschichten erzählen.

Prägungen & Co.

Ich hatte eine Kundin, deren Bruder an ihrem zehnten Geburtstag verstorben ist. Die ganze Familie war aufgrund dieses traumatischen Ereignisses vom einen auf den anderen Tag wie in einer Schockstarre gefangen. Die Eltern meiner Kundin zogen sich in ihre Trauer zurück, und jedes Jahr, wenn sie eigentlich Geburtstag feiern wollte, kam bei der gesamten Familie die Trauer über den Tod des Bruders wieder hoch. Die Eltern konnten die Ereignisse nicht differenzieren und so hatte meine Kundin das Gefühl, dass sie niemals richtig fröhlich und glücklich sein durfte. Denn ihr Geburtstag, eigentlich ein Anlass zum Feiern, war gleichzeitig immer ein schlimmer und trauriger Tag für die Familie. Meine Kundin übernahm diese Trauer für sich und hatte fortan das Gefühl, dass sie es nicht verdient habe, ein unbeschwertes Leben zu leben. Sie fühlte sich schuldig, dass sie Geburtstag feiern konnte, während ihr Bruder nie wieder einen Geburtstag erleben würde. Sie nahm nicht nur die Schuld für die Trauer an diesem Tag auf sich, sondern war dazu sehr bemüht, die Eltern glücklich zu machen, denn selbst konnten sie es nicht mehr sein. Jahr für Jahr rieb sie sich mehr in dieser Verantwortung auf, die kein Kind je tragen sollte.

Dieses Muster setzte sich fort und auch als Erwachsene verbot sie sich ein eigenes Leben und ihr eigenes Wesen. Sie traute sich nicht, so zu sein, wie sie war, und obwohl sie sehr talentiert war und eine großartige Businessidee hatte, lag immer eine gewisse Schwere über allem, was sie tat. Lange arbeiteten wir zusammen und fanden nach einigen Gesprächen heraus, dass sie das Gefühl hatte, sie würde ihre Eltern verraten, wenn sie glücklich wäre.

Schließlich konnten wir diese Prägung für sie drehen. Denn das, was geschehen war, war vor vielen Jahren passiert und sie konnte nichts daran ändern. Immer mehr lösten sich ihre Schuldgefühle. Sie konnte erkennen, dass der Tod ihres Bruders nicht ihre Schuld gewesen und sie zudem auch nicht verantwortlich für das Leben ihrer Eltern war. Ihr Unglück würde nichts am Verhalten ihrer Eltern ändern. Sie merkte, dass sie um ihren Bruder trauern konnte und trotzdem lebensfroh sein durfte. Seit sie das erkannt hat, hat sich ihr Leben völlig verändert. Sie hält sich nicht mehr zurück, zeigt, wer sie ist, und lebt ein glückliches Leben – für sich selbst und irgendwie auch für ihren Bruder, der das nicht mehr kann.

Eine weitere Kundin, eine feinfühlige, wundervolle und gestandene Frau Anfang 50, hatte immer wieder das Gefühl, dass sie sich bislang nicht so zeigen konnte, wie sie wirklich war. Alles rund um ihr Business fühlte sich schwer an und sie spürte großes Unwohlsein, wenn sie einen Post auf Social Media schrieb. Sie traute sich kaum, Videos zu drehen oder live zu gehen. In die Sichtbarkeit zu gehen war für sie ein innerer Kampf. Sie hatte große Angst vor Ablehnung und versuchte daher, sich zu verstecken.

In mehreren Coaching-Sessions schauten wir uns diesen Aspekt an. Woher kam die Angst, sich zu zeigen, woher das Muster des Versteckens? Wir fanden einige Hindernisse, die wir aus dem Weg räumen konnten, etwa die Angst vor der Technik oder vor fiesen Kommentaren, doch am Kern waren wir bisher nicht angelangt, das konnten wir beide spüren. Irgendwann war es so weit und wir entdeckten die Prägung hinter der Angst vor der Sichtbarkeit. Diese wundervolle Frau war als jüngstes Kind von sechs Geschwistern auf einem Bauernhof aufgewachsen. Durch die viele Arbeit, die ihre Eltern mit dem Hof und den vielen Kindern hatten, gab es wenig Zeit für jedes einzelne Kind. So lernten diese schnell, ihre eigenen Bedürfnisse zurückzustecken und stattdessen in der Gemeinschaft zu agieren. Alle mussten funktionieren, niemand durfte sich und seine Bedürfnisse in den Vordergrund stellen, sonst hätten das gesamte Familiensystem und der Hof nicht mehr funktioniert.

Dieses Verhalten und die daraus resultierende Prägung, »sich unsichtbar und klein zu machen«, hatte meine Kundin tief in ihr Wesen aufgenommen. Im Coaching arbeiteten wir daran, offenzulegen, dass diese Prägungen zwar in ihrer Kindheit wichtig gewesen waren, ihr aber heute, als erwachsene Frau, nicht mehr dienten. Immer wieder fragte ich sie in unseren gemeinsamen Gesprächen: »Wer bist du wirklich? Wie willst du dein Leben leben? Willst du dich weiter verstecken oder mit deinem ganzen Sein und deiner ganzen Kraft nach draußen gehen und dich zeigen?«

In einer Coaching-Session erzielten wir einen Durchbruch. Sie sprach offen und frei und hatte verstanden, dass die alten Muster keine Macht mehr über sie hatten. Stattdessen wollte sie sich nun zeigen, um andere zu begleiten. Alle Frauen im Call konnten ihre Energie spüren – sie hatte ihre Kraft zurückbekommen. Das war ein sehr bewegender Moment, den ich nie vergessen werde. Heute dreht sie Videos, zeigt sich, geht live und führt ein sehr erfolgreiches Onlinebusiness.

Das ganze Geheimnis der Existenz ist,
keine Angst zu haben.[6]

Die dritte Frau, von der ich dir erzählen möchte, arbeitete viele Jahre als Putzfee. Dafür war sie völlig überqualifiziert, denn sie hatte eine Reiki- und viele weitere spirituelle Ausbildungen absol-

---

6 Siddhartha Gautama – Buddha (563 v. Chr.–483 v. Chr.)

viert und verfügte über zahlreiche Fähigkeiten, mit denen sie anderen helfen konnte. Doch sie schaffte es nicht, sich zu zeigen und ihr Angebot auf dem Markt zu platzieren. Stattdessen putzte sie für einen lächerlich geringen Stundenlohn den Dreck anderer Leute weg. Doch sie trug den festen Willen in sich, etwas zu ändern. Als sie zu mir ins Coaching kam, erkannte ich sofort, wie groß sie eigentlich war. Leider war ihr Geld-Mindset grottenschlecht. Sie verdiente kaum etwas, lebte von Hartz IV und lieh sich das Geld für unser Coaching von ihren Eltern.

Wir arbeiteten zuerst gemeinsam an ihrem Angebot und es gelang ihr sogar, sich und ihre Leistungen über Social Media zu präsentieren, doch leider schaffte sie es nicht, vernünftige Preise dafür aufzurufen. Für eine Stunde Reiki nahm sie 40 Euro – viel zu wenig für die wertvolle Arbeit, die sie leistete. Doch mehr war nicht drin, wie sie mir beschrieb. »Ich schaffe es einfach nicht, mehr zu verlangen, ich fühle mich dabei unwohl«, sagte sie mir häufig. Doch gemeinsam gestalteten wir ihr Geld-Mindset und Schritt für Schritt kamen wir dahinter, warum sie sich nicht traute, mehr Geld zu nehmen.

Als sie ein Kind gewesen war, besaßen ihre Eltern ein Glas, in dem sie das gesamte Kleingeld aufbewahrten. Sie sparten dieses Geld, um sich gelegentlich ein Essen in einem Restaurant zu leisten. Meine Kundin liebte es damals, in dieses Glas hineinzugreifen und das herausgenommene Geld zwischen den Fingern wieder zurückrieseln zu lassen, es klimperte so schön. Doch ihre Eltern hatten ihr verboten, das Glas zu öffnen und mit dem Geld herumzuspielen – warum, das wusste sie nicht mehr. Eines Tages spielte sie heimlich wieder am Glas, als ihre Mutter sie erwischte. Sie schimpfte fürchterlich und gab ihr einen Klaps auf die Finger. Dieses Erlebnis hatte sich tief in das Unterbewusstsein meiner Kundin eingebrannt und wirkte ab diesem Tag als Glaubenssatz »Ich darf kein Geld nehmen« in ihr fort. Da wir nun wussten, welche Geschichte dafür gesorgt hatte, dass meine Kundin kein Geld »nehmen« wollte, konnten wir daran arbeiten.

In einem der Calls, kurz nachdem wir ihre Geschichte ergründet hatten, war es dann so weit. Sie hatte wieder einmal einige Stunden zu 40 Euro abgerechnet und war wütend über sich selbst. Sie wollte, dass sich endlich etwas änderte! Also fragte ich sie, zuerst noch sanft, später immer energischer: »Was ist dein Preis? Was bist du wert?« Sie zögerte und fand keine Antwort, doch ich blieb dran: »Was bist du wert?«, fragte ich sie immer und immer wieder, so lange, bis sie voller Überzeugung herausschrie: »Verdammt, Christina, ich bin 1200 Euro wert die Stunde!« Wow – diese Summe zu nennen war wie ein Befreiungsschlag. Endlich konnte sie ihren eigenen Wert anerkennen, einfach nur, indem sie ihn benannt hatte! Dieses Erkennen war der erste Schritt für sie, den eigentlichen Wert ihrer Arbeit zu sehen. Gemeinsam erstellten wir danach ihr Angebot. Sie verlangte zwar keine 1200 Euro die Stunde, es gelang ihr aber, endlich für sich selbst einzufordern, dass ihre wertvolle Arbeit angemessen honoriert wurde. Schon kurze Zeit später verdiente sie fünfstellig im Monat. Noch im ersten Jahr, während sie noch im Coaching war, erzielte sie sechsstellige Umsätze und lebt noch heute sehr gut von ihrem Business. Sie putzt nicht mehr, hat sich mittlerweile ein Haus gekauft und endlich erkannt, was ihre Arbeit wert ist.

All diese Geschichten haben eines gemeinsam: eine unglückliche Verknüpfung eines Ereignisses oder Zeitraumes aus der Kindheit mit einer negativen Emotion. Eine solche Verknüpfung kann zu einer Prägung führen, die, wie du in diesen Geschichten lesen konntest, bis ins Erwachsenenalter andauert.

Leider kommen solche Prägungen nicht nur in der Kindheit vor. Sie etablieren sich immer dann, wenn wir in einem emotional hoch erregten Zustand eine Verknüpfung zu etwas herstellen. Das kann Geld sein, ein Tier, ein Gegenstand oder auch eine Person. Diese Prägung muss nicht immer negativ sein, doch in vielen Fällen ist sie das ungünstigerweise. Wenn ein Kind angebrüllt wird und einen Klaps auf die Finger bekommt, weil es Geld angefasst hat, dann ist es in einem Schockzustand. Alle Nerven sind angespannt, die Stresshormone laufen auf Hochtouren. Genau in diesem Moment entstehen Verknüpfungen – in diesem Fall zwischen Geld und dem unangenehmen Gefühl durch den Klaps. Unser Gehirn versucht fortan, eine Wiederholung dieser negativen Situation um jeden Preis zu vermeiden. Das Gehirn meiner Kundin stellte folgende Verknüpfung her: Ich darf kein Geld nehmen. Geld ist schlecht. Wenn ich Geld nehme, werde ich bestraft.

Solche Prägungen und ihren Entstehungspunkt zu finden erfordert häufig Detektivarbeit. Unser Gehirn möchte uns davor schützen, uns daran zu erinnern, schließlich ist es keine schöne Erinnerung, nach der wir suchen. Doch es gibt Wege, zum Kern zu gelangen, sei es durch bestimmte Fragetechniken oder auch Hypnose.

Nimm dir unbedingt immer wieder Zeit, um über deine Gedanken und Gefühle nachzudenken, die den Bereich Geld, Reichtum und Erfolg begleiten. Wenn du bemerkst, dass du an bestimmten Situationen scheiterst, steckt vielleicht eine Prägung dahinter. Denke darüber nach, welche Ereignisse oder Erfahrungen aus deiner Kindheit heute noch in dir wirken könnten. Wenn du kannst, frage Menschen, die dich schon als Kind kannten, ob irgendwann einmal etwas passiert ist, das zur Anlage einer negativen Prägung geführt haben könnte. Deine Eltern, Geschwister oder Freunde können dir vielleicht weiterhelfen.

Möglicherweise erinnern sich deine Geschwister noch daran, dass euer Vater immer gestresst von der Arbeit war und die Mutter oft leise vor sich hingeschimpft hat, dass er zwar das Geld heimbringt, aber nie zu Hause ist. Oder du musstest immer leise sein, wenn der Papa nach Hause kam, und durftest nicht mehr spielen. Daraus hat dein Gehirn dann erkannt: Arbeit ist anstrengend. Geld verursacht nur Ärger. Arbeit darf nicht leicht sein. Dein Spielen (= dein Sein, deine Fröhlichkeit) ist nicht erlaubt, Arbeit geht immer vor.

Versuche auch ein Selbstgespräch, wenn du dich über etwas ärgerst oder nicht weiterkommst. Da du die Glaubenssätze selbst in dir angelegt hast, kommen sie in solchen Momenten leicht an die Oberfläche und du kannst sie identifizieren, wenn du achtsam auf das hörst, was du dir erzählst (oder denkst): »Immer rinnt mir das Geld durch die Finger«, »Ich bin es einfach nicht wert«, »Das bezahlt mir nie jemand«.

Erkenne, welche Glaubenssätze dich behindern, und wandle negative in positive um. Suche nach Beispielen, die diese positiven Glaubenssätze unterstützen. Führe dazu die Übungen in diesem Buch unbedingt nicht nur einmal, sondern mehrmals durch.

Bitte denke daran, dass das Aufspüren und Verändern von Glaubenssätzen nicht mit einem Fingerschnippen erledigt ist. Es kann ein langwieriger Prozess sein, und aus meiner Erfahrung heraus ist es hilfreich, dabei professionelle Unterstützung in Anspruch zu nehmen.

Mangel ist nicht natürlich

Lautet einer deiner Glaubenssätze »Es gibt nicht genügend Geld für alle?«, dann bist du einem Klassiker auf den Leim gegangen, den viele Menschen in sich tragen. Schau einmal in die Natur. Gibt es dort Mangel? Schau einmal auf die Vermögenswerte der reichsten Menschen der Welt. Sind das Zahlen, die einen Mangel an Geld zeigen? Unser Mangel-Mindset entsteht durch die vielen Nachrichten, die uns suggerieren, dass Geld immer knapp ist, sowie häufig aus unseren Geld-Prägungen, die dafür sorgen, dass wir gerade so über die Runden kommen (oder auch nicht). Du bekommst genau das gespiegelt, was du dir erlaubst. Dein Money-Schuh lässt dich nur so viel Geld in deinem Leben haben, wie du selbst zulässt. Ich weiß, das hört sich verrückt an, doch der Weg, um deinen Money-Schuh zu stretchen, besteht darin, dir mehr Geld zu erlauben, als du das bisher tust. Ich hatte bereits beschrieben, wie du durch den teureren Kaffee, etwas mehr Trinkgeld oder die Buchung eines teureren Hotels als bisher deinen Money-Schuh stretchen kannst.

Doch es gibt noch viele weitere Möglichkeiten, dein Mindset von »Geld-Mangel« auf »Geld-Fülle« auszurichten.

Mittlerweile gebe ich gerne Geld aus. Ich mag das Gefühl, mir Dinge leisten zu können, weil ich sie schön finde und weil ich es kann. Verschwenderisch bin ich dabei nicht, im Gegenteil, ich investiere sogar bewusster als früher. Denn – mal Hand aufs Herz: Wie viele Handtaschen brauchst du wirklich? Wie viele Uhren? Oder Autos? Vermehrt investiere ich mittlerweile in Gegenstände mit einer hohen Qualität, egal, ob es Möbel, Kleidung oder auch Lebensmittel sind. Hohe Qualität heißt dabei für mich nicht, dass es unbedingt ein Designerstück sein muss, nein, ich achte auf Verarbeitung und Nachhaltigkeit. Interessanterweise kaufe ich viel weniger als früher. Zwar gebe ich mehr Geld aus, aber für hochwertigere Produkte, die meist auch länger halten als irgendetwas, das billig und schnell hergestellt wurde.

Vielleicht merkst du, während du meine Worte liest, einen Widerstand in dir. Häufig bekomme ich zu hören: »Ja, klar, Christina. DU kannst dir das leisten, du hast ja auch viel Geld. Ich hingegen muss sparen.« Lies diese Aussage noch einmal und überlege dir dann, was der Satz »Ich muss sparen« mit dir macht.

Sparen an sich ist prima, wenn du es nicht aus einem Mangelgefühl heraus vornimmst, doch wenn du denkst: Ich kann mir das nicht leisten, ich muss sparen, dann ist genau das Mangel. Du gehst mit dem Gefühl »Ich kann mir das nicht leisten« durch dein Leben, und die Realität wird dir diese Tatsache widerspiegeln. Du wirst eine Realität erleben, die dir zeigt, dass du dir Dinge nicht leisten kannst und sparen musst. Doch hier die gute Nachricht: Du kannst dieses Gefühl des Mangels und den dahinterliegenden Glaubenssatz, ganz gleich, woher er kommt, jetzt sofort auflösen, indem du dir sagst: »Ich gebe mein Geld bewusst aus.«

Sprich diesen Satz laut aus und schreibe ihn einige Male auf, bis du ihn verinnerlicht hast. Wenn du zukünftig denkst, dass du dir etwas nicht leisten kannst, sagst du dir: »Ich gebe mein Geld bewusst aus«, und dann entscheidest du aus dieser Bewusstheit – und nicht aus dem Mangel – heraus, ob du kaufst oder nicht.

Dieser Satz bringt dir sofort eine andere Realität. Du entscheidest, dass du dein Geld lieber sparen möchtest, indem du die Handtasche, den Pullover oder die Uhr nicht kaufst. Dann ist es kein Sparzwang aus Mangel, sondern deine bewusste Entscheidung.

Weniger müssen, mehr freuen

Meine erste Coaching-Ausbildung war die Ausbildung zur »Glückstrainerin«. Als alle Teilnehmerinnen und Teilnehmer am dritten Coaching-Wochenende während der Pause in der Küche des Seminarhotels saßen, sprachen wir darüber, wie wichtig Dankbarkeit und Fülle sind, um unsere Gehirne auf Freude und Glück auszurichten. Ich saß auf meinem Stuhl, eine Tasse Kaffee in der Hand, zwischen lauter Menschen, die alle dafür angetreten waren, mehr Freude und Glück in die Welt zu tragen und alles darüber zu lernen, wie dies gelingen kann. Doch ich fühlte mich nicht gut. Mit jedem Wort, das gesprochen wurde, ging es mir schlechter und schlechter, und ich kam mir klein und fehl am Platze vor. Denn so sehr ich es auch versuchte, es gelang mir einfach nicht, Dankbarkeit zu fühlen. Irgendwann hielt ich es nicht mehr aus und ich sagte frei heraus, dass ich es einfach nicht schaffen würde, Dankbarkeit zu empfinden. Noch heute erinnere ich mich an die entsetzten Blicke der anderen Teilnehmer.

Ich sah zu Boden, umklammerte meine Tasse und war mir sicher, dass irgendetwas nicht mit mir stimmte. Doch mir gegenüber saß ein Mann, der trotz meines Geständnisses gar nicht geschockt schien und mich aufmerksam betrachtete. Er sah mir in die Augen und fragte: »Kannst du dich denn freuen?« Und ich sagte: »Ja, klar kann ich mich freuen! Sehr sogar!« Er erwiderte: »Nun ja, Dankbarkeit und Freude sind sich sehr ähnlich. Wie wäre es, wenn du dich über Dinge freust, anstatt dafür dankbar zu sein, wenn du das gerade nicht fühlen kannst?« Seine Worte berührten mein Herz und ich erkannte die Wahrheit darin. Ich war doch nicht falsch! Ich musste nur meine Perspektive verändern.

Der Mann, der damals diese Worte zu mir sagte, war Chris, mein jetziger Ehemann, und bis heute begleitet mich durch mein Leben sein Vorschlag, mich lieber über Dinge zu freuen, anstatt für sie dankbar zu sein. Und übrigens, auf dem Seminar verliebte ich mich in ihn, denn ich erkannte, dass unsere Werte sich vollkommen ähnelten und wir die gleiche Wellenlänge hatten.

Die Werkzeuge, die wir nutzen, um Fülle in unser Leben zu ziehen, müssen zu uns passen.

Anstatt also krampfhaft zu versuchen, ein Gefühl der Dankbarkeit zu empfinden, freue ich mich lieber darüber, dass ich am Pool unter Palmen liegen und meinen Kindern beim Spielen zusehen kann, während ich diese Zeilen schreibe. Dabei geht mir das Herz auf.

Vielen Menschen geht es ähnlich wie mir. Sie können Freude besser empfinden als Dankbarkeit, und deshalb lade ich dich ein herauszufinden, welches Werkzeug zu dir passt. Wenn es Dankbarkeit ist, dann nutze diese Emotion, wenn es Freude ist, dann diese.

Nichts muss, alles kann.

Das Wort »müssen« wirkt enorm auf die Realität, die du erlebst. Nutzt du dieses Wort oder bekommst es zu hören, dann bedeutet das für dein Gehirn: Überlebenskampf. Du gerätst sofort in Stress und dein Körper schüttet Stresshormone aus. Denn wir »müssen« eigentlich nur Dinge, die unserem Überleben dienen: atmen, essen, schnell genug vor Gefahren davonlaufen. Versuche in deinem Alltag daher, so wenig wie möglich zu »müssen«. Wenn du etwas tust, dann entscheide dich dafür, es gerne zu tun. Handle inspiriert und entspannt.

Natürlich gibt es Dinge, die sollten trotzdem erledigt werden, auch wenn sie nicht für dein Ableben sorgen, wenn du das nicht tust. Doch du kannst deine Wahrnehmung dieser Dinge verändern. Wenn du sagst: »Ich muss meine Steuererklärung noch machen«, hat das eine ganz andere Wirkung als: »Ich mache meine Steuererklärung, weil ich sie dann erledigt habe und nicht länger vor mir herschiebe.« Versuche, so oft es geht, aus dem Stress- und Überlebensmodus herauszukommen. Das kannst du üben. Achte auf deine Worte und Gedanken, insbesondere auf das Wort »müssen«.

Du entscheidest, wie du deinen Alltag gestaltest und wie du die besten Voraussetzungen für inspiriertes Handeln schaffst, ohne zu »müssen«. Dafür gibt es zahlreiche Anleitungen. Manche sagen, du musst morgens ein Dankbarkeitstagebuch schreiben. Andere empfehlen tägliche Meditation (je gestresster du bist, umso mehr davon). Wieder andere möchten dich ermuntern, morgens um 4:30 Uhr gut gelaunt aus dem Bett zu springen, um dann kalt zu duschen, eine Stunde ins Fitnessstudio zu gehen und danach ein Hafermüsli mit Früchten zu essen. Wiederum andere schlagen vor, ein Erfolgstagebuch und ein Dankbarkeitstagebuch zu schreiben, kurz bevor du einschläfst.

Wenn du Freude daran hast, diese Dinge zu tun, dann lass dich bitte nicht aufhalten. Schreib das Dankbarkeitstagebuch, geh ins Fitnessstudio oder bereite schon abends dein Müsli für morgens vor. Sobald eines dieser Dinge für dich jedoch ein »Muss« wird und es sich für dich nicht mehr stimmig anfühlt, fühl dich bitte nicht gezwungen, es zu tun. Ich beispielsweise bin nicht gut darin, regelmäßig irgendeines dieser Dinge zu erledigen. Glaube mir, ich habe es versucht. Ich habe versucht, mich jeden Tag eine halbe Stunde hinzusetzen und ein Dankbarkeitstagebuch zu schreiben. Es hat nicht funktioniert. Auch das frühe Aufstehen ist nichts für mich. Ich habe ein Unternehmen und zwei Kinder. Manchmal wache ich nachts auf, weil ich noch eine Idee habe, die ich dringend notieren muss, manchmal kommen meine Kinder zu mir, weil sie nicht schlafen können. Oft komme ich erst spät ins Bett, weil ich noch für mein Business etwas vorbereite. Soll ich dann, nach einer vielleicht unruhigen Nacht, um 5 Uhr früh aufstehen »müssen«, um Sport zu treiben? Dann habe ich unter Umständen nur vier Stunden geschlafen – das geht für mich nicht.

Für mich müssen alle Tools, die ich nutze, um zu manifestieren und mein Leben so zu führen, wie ich es möchte, alltagstauglich sein. Du musst dich nicht abends noch hinsetzen und todmüde dein Dankbarkeitstagebuch schreiben. Stattdessen kannst du dir eine dankbare Grundhaltung angewöhnen und dir immer wieder bewusst machen, dass es dir gut geht. Integriere Dankbarkeit in deinen Alltag. Das funktioniert immer und überall. Kochst du das Mittagessen, kannst du sagen: Danke, dass ich zu Hause bin und Essen kochen kann. Danke, dass wir genug Geld haben, um uns ausreichend Essen kaufen zu können. Danke, dass wir Bio-Lebensmittel kaufen können. Danke, dass der Blick aus dem Fenster so schön ist. Danke, dass das Wetter heute angenehm ist. Und schon hast du Dankbarkeit gezeigt.

Dankbarkeit ist eine mächtige Emotion. Zeigst du Dankbarkeit, bekommst du noch mehr Dinge in dein Leben, für die du dankbar sein kannst. Ärgerst du dich viel, bekommst du mehr Dinge in dein Leben, über die du dich ärgern musst. Du wählst deine Realität.

Doch es gibt noch weitere, mächtige positive Emotionen. Bei mir funktioniert Freude noch besser als Dankbarkeit. Ich freue mich darüber, dass wir etwas Leckeres zu essen haben. Ich freue mich darüber, dass ich einen blühenden Baum sehe, wenn ich aus dem Fenster schaue. Ich freue mich darüber, wenn meine Kinder aus der Schule heimkommen. Diese Freude schafft mir abermals ein anderes Gefühl für meinen Alltag.

Wenn du einmal genauer hinsiehst, wirst du entdecken, dass es so vieles in deinem Leben gibt, für das du dankbar sein und über das du dich freuen kannst. Sieh dich einmal um, dort, wo du gerade bist. Vermutlich hast du ein schönes Zuhause. Du sitzt auf einem Stuhl oder Sofa oder liegst gemütlich in deinem Bett, während du dieses Buch liest. Du bist geschützt, hast genug zu essen, vielleicht eine Tasse Tee oder Kaffee in deiner Nähe. Du hältst dieses Buch in den Händen, du kannst es lesen. Damit hast du schon reichlich Dinge in deinem Leben, über die du dich freuen und für die du dankbar sein kannst.

Wir haben verlernt, uns über die kleinen Dinge zu freuen. Doch genau diese kleinen Begebenheiten machen unser Leben aus. Es sind nicht immer die großen Ereignisse wie der Urlaub, auf den wir lange gespart haben und auf den wir uns freuen, oder der erste Monat mit fünfstelligen Umsätzen im Business. Nein, es ist das gemeinsame Essen mit der Familie, es ist der blühende Baum vor dem Fenster, es ist der saftige Apfel, in den du beißt, oder die Sonne, die durch die Wolken fällt an einem trüben Tag. Nimm diese Momente wahr. Freue dich über sie. Sei dankbar für sie. Das kannst du jederzeit und überall tun und es wird dein Leben verändern.

Lass die Vergangenheit ruhen

Oft sagen Menschen mir: »Christina, wie soll ich denn an eine gute Zukunft denken? Ich kenne keinen Reichtum, keine Häuser, habe viel Schlimmes erlebt.« Die Vergangenheit hat zweifellos einen großen Einfluss auf uns, denn etwa 98 Prozent unserer heutigen Gedanken sind die gleichen, die wir gestern hatten. Um aus diesem Kreislauf auszubrechen, ist ein intensives Training des Mindsets notwendig. Dieses Training beinhaltet ein Umdenken und ein Erlernen, anders zu fühlen. Es ist ein Prozess, der auch das Abschließen mit der Vergangenheit, mit Traumata und alten Glaubenssätzen beinhaltet.

Ein wichtiger Teil dieses Prozesses ist Vergebung. Wenn etwas passiert ist, geht es nicht darum, einfach darüber hinwegzusehen, sondern sich die Kraft zurückzuholen, die dir vielleicht während des Geschehnisses verlorengegangen ist, indem du die Vergangenheit bewusst ruhen lässt. Das gelingt, indem du deinen Fokus von der Vergangenheit nimmst. Du musst akzeptieren, dass etwas passiert ist, das nicht optimal gelaufen ist oder Narben hinterlassen hat. Du solltest es annehmen und dich auf die Gegenwart und Zukunft konzentrieren, anstatt einen Teil deiner Gedanken und deiner Kraft und Energie immer in der Vergangenheit zu lassen. Vergib dir selbst dafür, dass du in der Vergangenheit nicht alles perfekt gemeistert hast, und vergib auch anderen, die dir vielleicht Dinge angetan haben, die nicht liebevoll waren.

Mir ist bewusst, dass es viele Menschen gibt, die sehr Schlimmes erlebt haben, und niemand verlangt von einer Person, die etwa Missbrauch erfahren musste, dass sie ab sofort so tut, als wäre das nie passiert. Vergebung ist eine der schwierigsten und gleichzeitig befreiendsten Handlungen, die wir tätigen können. Sie ist ein Prozess und braucht Zeit.

Mach dich nicht länger zum Opfer deiner Vergangenheit, sondern hole dir deine Kraft zurück!

Hierzu eine Geschichte für dich: Ein junger und ein alter Mönch machen eine Pilgerreise. Irgendwann, nachdem sie schon Tage unterwegs sind, gelangen sie an einen Fluss, der eine sehr starke Strömung hat. Am Ufer des Flusses steht eine junge hübsche Frau, die sich offenbar davor fürchtet, den Fluss zu überqueren. Die beiden Mönche beobachten, wie sie immer wieder ein paar Schritte ins Wasser hineingeht, dann aber den Mut verliert und ans Ufer zurückkehrt. Ohne zu zögern geht der alte Mönch zu ihr hin, hebt sie auf seine Schultern und trägt sie zum anderen Ufer. Dort lässt er sie sanft zu Boden gleiten, während sie sich bedankt und ihres Weges geht. Auch der junge Mönch überquert den Fluss und die beiden Mönche setzen ihre Reise fort. Einige Stunden später fängt der junge Mönch an, den alten zu kritisieren. Wütend sagt er zu ihm: »Du weißt doch, dass es uns Mönchen nicht erlaubt ist, Frauen anzufassen! Wie konntest du nur gegen diese Regel verstoßen?« Der alte Mensch nickt, sieht den jungen Mönch an und erwidert: »Ich habe die Frau bereits vor Stunden am Ufer des Flusses zurückgelassen. Warum trägst du sie immer noch mit dir herum?«

Wenn etwas in der Vergangenheit passiert ist, das dich negativ beeinflusst hat, beeinträchtigt das bis zu einem gewissen Grad immer deine Gegenwart und Zukunft. Es muss nicht einmal etwas Spezifisches passiert sein, es reicht aus, wenn deine Kindheit einfach nicht sehr liebevoll war. Doch selbst wenn unsere Eltern nicht perfekt waren und wir deshalb immer wieder negative Gefühle hervorbringen oder gar behaupten, dass wir ihretwegen nicht vorankommen können – es ist wichtig, damit abzuschließen und zu sagen: Es war, wie es war, und jetzt gehe ich weiter.

Wenn du merkst, dass du alte Muster wiederholst oder einen Groll nicht auflösen kannst, oder wenn du immer wieder bei der Aufarbeitung deiner Vergangenheit an Grenzen stößt, dann suche dir Unterstützung. Einiges kannst du sicher allein meistern, schon dadurch, indem du dir und anderen vergibst, doch an die schmerzhaften Themen kommst du selbst schlecht heran. Zudem gibt es unbewusste Muster, die du allein kaum finden, geschweige denn auflösen kannst.

Ich habe lange den Glaubenssatz in mir getragen: »Ich bin nicht geliebt.« Hat ein Kunde beispielsweise im Verkaufsgespräch gesagt: »Nein, ich möchte dein Programm nicht kaufen«, dann hat mich das persönlich getroffen. Ich fühlte mich abgelehnt, ungeliebt, nicht wertvoll. Heute weiß ich, dass diese Ablehnung nichts mit mir zu tun hatte, doch es war ein harter Weg für mich, das zu begreifen.

Mein Elternhaus war (so wie alle Elternhäuser) nicht perfekt, doch meine Eltern haben mich geliebt. Trotzdem trug ich diese tiefe Angst vor Ablehnung in mir und ich habe lange gebraucht, um zu erkennen, woher diese Angst kam.

Als Kind war ich oft allein und fühlte mich unsicher. Deshalb habe ich früh gelernt, Dinge mit mir selbst auszumachen. Das machte mich stark und auch meine Eltern wussten: »Christina schafft das schon allein.« Das prägte mich nachhaltig, ich regelte schon als kleines Mädchen vieles selbst. Das führte dazu, dass es mir als Erwachsene schwerfiel, Unterstützung anzunehmen. Zudem wusste ich, dass ich mich zwar auf mich selbst verlassen konnte, doch mich bei anderen sicher und angenommen zu fühlen gelang mir kaum. Die Angst vor Ablehnung wurzelte tief in mir und hatte auch Auswirkungen auf mein Business.

Wenn du dich nicht sicher fühlst, kannst du dich nicht in deiner vollen Größe zeigen. Diese Unsicherheit trug ich in mir. Deshalb versuchte ich mich selbst zu schützen und baute unsichtbare emotionale Mauern um mich herum. Viele Menschen bezeichneten mich damals als kühl und unnahbar. Doch das war und bin ich in meinem Herzen nicht. Vielmehr sollte mich die Distanz, die ich aufbaute, vor Ablehnung schützen. Auflösen konnte ich diese Schutzmauern erst, als ich anerkannte, dass meine Kindheit so gewesen war, wie sie war. Es war meine Geschichte und ich nahm sie an, entschied aber gleichzeitig, dass ich jetzt, als Erwachsene, anders handeln konnte. Ich arbeitete dazu viel mit Coaches und konnte so meine Angst vor Ablehnung mit ihrer Hilfe und meinen Kenntnissen als Psychologin Stück für Stück auflösen.

Während dieses Prozesses führte ich einmal eine Trancereise durch, in der ich folgendes Bild sah: Ich stand in einer schönen Landschaft voller Wiesen und Felder auf einem Schotterweg, der sich vor mir gabelte. Ich wusste, ich musste einen der beiden Wege wählen, um weiterzugehen, doch ich wusste nicht, welchen! Ich sah mich um, doch weit und breit war außer mir niemand da. Nur Felder, Wiesen und der weite unendliche Himmel. Mir wurde klar, dass ich mich auf mich verlassen musste, um weiterzukommen. Es gab niemand anderen, der mir den richtigen Weg gewiesen hätte. Ich war die Einzige, die diese Entscheidung treffen konnte.

Die Erfahrung, die aus dieser Trancereise entstand, dass ich mich immer auf mich selbst verlassen und mir jederzeit vertrauen kann, ist Teil meines Erfolges. Trotzdem durfte ich auch lernen, Hilfe zuzulassen, mich zu entspannen und Verantwortung abzugeben. Es bleibt nicht bei Schwarz oder Weiß – jede Geschichte hat zwei Seiten.

Es gibt nicht immer nur Angst in dir, meist gibt es auch sehr viel Mut und du darfst lernen, beides zuzulassen.

Trägst du in dir eine ähnliche Angst vor Ablehnung wie ich damals, musst du sie auflösen, wenn du ein erfolgreiches Business und dein Traumleben führen willst. Denn du wirst abgelehnt werden, du wirst Menschen verlieren, nicht jeder Interessent wird dein Kunde und nicht jeder Kunde wird stets hundertprozentig zufrieden sein. Möchtest du Wohlstand aufbauen, wird es viele Menschen geben, die dir ihre Geldglaubenssätze und Limitierungen spiegeln werden, dir weismachen wollen, dass du nicht richtig bist, so wie du bist, und dass das, was du tust, nicht sinnvoll ist. Wenn du dich von diesen Ängsten, Prägungen und anderen Menschen abhalten lässt, wirst du nie deinen eigenen Weg gehen.

Dein Weg muss für dich Priorität haben, auch wenn das manchen nicht gefallen wird. Wenn du dich für dich selbst und deinen Weg entscheidest, wirst du Leute zurücklassen müssen oder von anderen angegriffen werden. Du musst lernen, damit umzugehen.

Suche dir dafür Unterstützung, die zu dir passt: einen Coach, Innere-Kind-Arbeit, systemische Arbeit – es gibt viele Wege, wie du die Vergangenheit anerkennen kannst, sie aber nicht dein weiteres Leben bestimmen lässt.

Wenn du sofort an deiner Vergangenheit arbeiten möchtest, dann habe ich hier eine kleine Übung für dich, die ich ebenfalls gerne durchführe, wenn alte Ängste oder Begrenzungen mich aufhalten wollen.

Dein 85. Geburtstag

Stelle dir vor, du feierst deinen 85. Geburtstag und schaust auf dein Leben zurück. Was möchtest du alles erlebt haben? Wer soll an deiner Seite sein? Wen hast du in deinem Leben berührt? Welche Spuren möchtest du auf der Welt und im Leben anderer hinterlassen haben? Welche Länder möchtest du bereist, welche Menschen kennengelernt haben? Welche Dinge sind noch in deinem Leben, die wirklich relevant sind? Wo lebst du? Wie sieht dein Tag aus? Was siehst du, wenn du aus dem Fenster blickst?

Nimm dir zur Beantwortung dieser Fragen ein Blatt Papier und schreibe dein Leben mit 85 Jahren auf. Wiederhole diese Übung regelmäßig, denn wenn sich dein Leben heute verändert, wird sich auch deine Vorstellung deines 85. Geburtstages ändern, und es macht viel Freude, »alte« Vorstellungen gelegentlich erneut zu lesen und den Unterschied zu neuen Zielen und Wegen festzustellen.

Man bereut nie, was man getan,
sondern immer, was man nicht getan hat.[7]

Wenn du bei der Beantwortung dieser Fragen an irgendeiner Stelle merkst, dass ein Glaubenssatz hochkommt, der dir weismachen möchte, dass du das, was du aufschreibst, nicht erreichen kannst, dann solltest du wie immer genauer hinschauen. Was oder wer genau hält dich davon ab, das zu erreichen, was du möchtest? Wessen Stimme hörst du in deinem Kopf, die dir sagt, dass du etwas nicht darfst, nicht gut genug bist, nicht kannst? An dieser Stelle musst du ansetzen und auflösen, was dich zurückhält. Wie bereits geschrieben, empfehle ich dir, dir dafür Unterstützung zu suchen. Manche Glaubenssätze sitzen sehr tief und sind extrem in dir verwurzelt. Wenn du sie auflöst, wird sich dein Leben verändern.

Ich stelle mir vor, dass ich an meinem 85. Geburtstag viele Menschen bei mir habe, die ich positiv beeinflussen durfte. Menschen, die in Freiheit leben, sich selbst ermächtigt haben und dankbar für ihr Leben sind. Diese Personen sind froh, dass ich nicht in meinem Arztberuf geblieben bin, sonst hätte ich nicht für sie wirken können, so wie ich es getan habe. Im Hintergrund läuft das Lied *I did it my way* von Frank Sinatra. Ich lächle, denn ich weiß, dass mein Weg der richtige Weg war. Auch wenn ich auf diesem Weg manche Menschen verloren habe, die ich gerne länger in meinen Leben gehabt hätte, war alles gut so, wie es ist. Andere Menschen sind dafür

---

7 Zitat von Marcus Aurelius, 121–180 n. Chr.

in mein Leben gekommen und haben diese Lücken gefüllt. Ich bin für mich und andere Beitrag gewesen, bin erfolgreich, glücklich und zufrieden.

Ich wünsche mir außerdem, dass ich an meinem 85. Geburtstag in einer heilen, friedlichen Welt leben kann. Am liebsten hätte ich eine Art Bullerbü für alle. Darauf arbeite ich hin, denn ich denke, dass wir Menschen fähig sind, so zu leben. Ob wir das in den kommenden Jahren schon schaffen, weiß ich allerdings nicht, denn es gibt noch viel zu tun. Gerade deshalb möchte ich Spuren hinterlassen und den Weg für ein weltweites friedliches Miteinander ebnen. Ein Teil von mir möchte helfen, und da ich nicht die ganze Welt und jeden Menschen unterstützen kann, fange ich im Kleinen an und helfe meinen Kunden sowie Menschen, die ich über Social Media mit meinen zahlreichen Posts und Inspirationsvideos erreiche – und nun hoffentlich auch dich mit diesem Buch. Jeder hat das Potenzial, ein gutes Leben zu haben, das ist meine tiefste Überzeugung, auch wenn ich den Schmerz in der Welt sehe und ihn nicht ignoriere oder kleinrede.

Als erfolgreiche Unternehmerin habe ich mittlerweile Einfluss und Reichweite und damit auch eine große Verantwortung. Das, was ich sage und schreibe, wird gehört, gelesen und gesehen. Diese Verantwortung nehme ich ernst und bin der festen Überzeugung, dass es noch viele weitere Menschen gibt, die diese Verantwortung mit mir teilen können, wenn sie sich trauen, sich so zu zeigen, wie sie sind.

Erfolg ist nicht das Ergebnis eines glücklichen Zufalls, sondern das Ergebnis kontinuierlicher Anstrengung.[8]

Es ist ein Prozess, sich authentisch zu zeigen, nicht alles geht von heute auf morgen. Auch ich habe immer wieder Zweifel, ob das, was ich tue, das Richtige ist, insbesondere dann, wenn sich Hater

8 Zitat von Amal Clooney, einer angesehenen Menschenrechtsanwältin, Aktivistin und Autorin

zeigen. Es lässt mich nicht kalt, wenn Menschen mich beschimpfen, sei es direkt oder über unschöne Kommentare auf Social Media. Doch ich habe erkannt, dass es Menschen gibt, die keinen Rat annehmen wollen. Sie hängen so in ihrem Drama fest, dass sie alles, was sie daraus lösen könnte, als Bedrohung ansehen. Es ist gemütlich in der Opferrolle, dort kennen sie sich aus, dort fühlen sie sich wohl. Ihr Schmerz der Veränderung wäre viel größer, als die Opferrolle aufzugeben, also verbleiben sie dort, wo sie sind, und jeder, der sie herausholen will, ist der Feind.

Nun habe ich dir bereits einige Tipps mitgegeben, wie du es schaffen kannst, deinen Money-Schuh zu stretchen. Doch wie kommst du an das Geld, das du benötigst, um dein Geld-Mindset auf das nächste Level zu heben? Du erinnerst dich? Erst einmal musst du etwas mehr ausgeben als bisher, um dann Euro für Euro mehr Geld in dein Leben zu ziehen. Also, lass uns Geld kreieren!

Geld kreieren

Um noch heute damit anzufangen, mehr Geld anzuziehen und in deinem Leben zu haben, kannst du jetzt sofort überlegen, was du dafür tun kannst. Ich hatte dir bereits versprochen, dass ich in diesem Buch ehrlich zu dir sein werde. Geld fliegt nicht auf wundersame Weise zu deinem Fenster herein! Viele Coaches auf dem Markt versprechen, dass du dir Geld manifestieren kannst, ohne einen Handschlag zu tun! Aber das stimmt nicht! Es ist wichtig, dass du dein Mindset auf Reichtum polst. Du solltest an deinen Glaubenssätzen und Prägungen arbeiten (was du, wenn du die Übungen in diesem Buch durchgeführt hast, bereits getan hast). Damit erkennst du, was dich noch davon abhält, dir Geld zu erlauben. Und dann musst du HANDELN! Geld kommt dann, wenn du dafür sorgst, dass es kommt. Sonst nicht.

Jetzt könntest du fragen: »Aber, Christina, wenn ich also doch wieder arbeiten muss, um Geld zu bekommen, was ist dann daran Manifestation? Ist es nicht einfach nur Arbeit?« Jein. Deine Geld-Manifestation besteht aus verschiedenen Komponenten. Ein wichtiger Teil ist die Arbeit, die du bereits erledigt hast, indem du auf einer tiefen Ebene alles beseitigt hast, was dich noch davon abhält, Geld in dein Leben zu ziehen. Ein weiterer Teil besteht darin, das zu tun, was du jetzt tun kannst, um (mehr) Geld zu kreieren.

Welche Fähigkeiten besitzt du schon heute, in diesem Moment, die du monetarisieren kannst? Vielleicht bist du Dienstleisterin. Dann überlege, ob du deinen Stundenlohn oder die Anzahl der Stunden, die du arbeitest, erhöhen kannst. Wenn du keine Zeit findest, um mehr zu arbeiten, dann versuche, Zeit zu schaffen. Vielleicht kannst du einen Babysitter engagieren und in der Zeit, in der deine Kinder betreut werden, ein Webinar geben? Oder du fragst nach, ob du in deinem Job spannende Projekte übernehmen kannst, die wichtig für das Unternehmen sind, in dem du arbeitest? Gerade in Zeiten der Digitalisierung gibt es zahlreiche Möglichkeiten, um mehr Geld zu verdienen oder mehr Arbeit in weniger Zeit zu erledigen.

Denke um die Ecke: Ich habe, als meine Kinder noch klein waren, ihre getragene und gut erhaltene Kleidung auf Ebay-Kleinanzeigen verkauft. Damit habe ich gutes Geld verdient.

Auf dem Weg zur Millionärin mit Herz zählt jeder Euro. Viele Menschen, die ein Vermögen aufbauen möchten, schielen nur auf die großen Beträge. Sie wollen sofort sechsstellig im Monat verdienen, die Villa auf Mallorca und den dicken Porsche vor der Tür. Ja, das ist alles möglich und diese Dinge kannst du dir manifestieren, wenn du bereit dazu bist. Denk an deinen Money-Schuh – er wächst gemeinsam mit dir. Also fange dort an, wo du bist, und arbeite mit dem, was du hast.

Überlege dir, was du gut kannst und gerne machst. Hier habe ich eine Liste mit Beispielen, die dich inspirieren soll. Vielleicht ist etwas für dich dabei?

1. Online-Kundenservice oder Social-Media-Management: Viele Unternehmen brauchen Mitarbeiter, die Kundenanfragen per E-Mail, Chat oder Telefon von zu Hause aus bearbeiten. Zudem gibt es zahlreiche Coaches, die Community-Manager für ihre Social-Media-Kanäle suchen. Wenn du also gerne kommunizierst, sind das perfekte Jobs für dich.

2. Kannst du mitreißend schreiben? Dann erstelle Inhalte für Blogs, Webseiten, E-Books, Newsletter …

3. Virtuelle Assistenz: Bist du zuverlässig und organisiert? In diesem Fall biete Unternehmen oder Solopreneuren administrative Unterstützung wie Terminplanung, E-Mail-Management, Reisebuchung, Erstellung von Unterlagen – die Möglichkeiten sind vielfältig.

4. Buchhaltung: Viele, insbesondere kleinere Unternehmen, suchen Unterstützung für ihre Buchhaltung.

5. Verkauf von handgefertigten Produkten oder Kunst: Du kannst schön zeichnen oder nähen? Dann biete deine Kunstwerke über spezielle Plattformen an oder nähe außergewöhnliche Kinderkleidung.

6. Bist du noch angestellt, dann überlege, wie du deinem Unternehmen weiteren Mehrwert bieten kannst. Vielleicht übernimmst du mehr Verantwortung, fragst nach besonderen Projekten oder einer anderen Stelle. Dein Engagement wird sich auszahlen.

Haben diese Beispiele dich inspiriert? Nimm dir gerne erneut etwas zu Schreiben zur Hand (ich vermute, du hast bereits einen Block oder ein schönes Heft organisiert) und notiere, was du besonders gut kannst und wie du damit Geld verdienen könntest. Lass diese Liste ein paar Tage dort liegen, wo du sie gut sehen kannst. Dir werden immer mehr Möglichkeiten einfallen. Recherchiere auch im Internet, welche Jobs es gibt oder welcher Bedarf gerade besteht.

Geld ist ein Tauschmittel für Möglichkeiten.

Du wirst sehen, es gibt zahlreiche Möglichkeiten, um Geld in dein Leben zu ziehen. Dafür braucht es nicht unbedingt den Job, den du gelernt hast. Ich bin auch Ärztin und mache heute etwas völlig anderes. Ich erreiche durch mein Wirken so viel mehr

Menschen, als ich das als Ärztin jemals gekonnt hätte. Viele meiner Kundinnen und Kunden machen heute etwas völlig anderes, als sie ursprünglich gelernt haben. Durch ihre Erfahrung, Weiterentwicklung und eine kluge Aufstellung ihres Business haben sie entdeckt, was sie der Welt geben können, und tun das mit Leidenschaft und großem Erfolg.

Entdecke neue Wege

»Wer immer tut, was er schon kann, bleibt immer das, was er schon ist.« Dieses Zitat von Henry Ford darfst du dir gerne vor Augen halten, wenn du dabei bist, deinen Money-Schuh zu stretchen und mehr Geld zu kreieren. Denn stelle dir vor: Du möchtest zwar gerne mehr Geld in dein Leben ziehen, doch du bist nicht bereit, dafür Wagnisse einzugehen. Du siehst es gar nicht ein, deine Komfortzone zu verlassen. Stattdessen tust du tagein, tagaus das, was du immer tust. Damit wirst du auch immer wieder die gleichen Ergebnisse erzielen.

Wenn du etwas verändern möchtest, dann beginnt diese Veränderung in dir – mit Entscheidungen, die dich aus deiner Komfortzone herausholen.

Ich erinnere mich noch gut daran, wie meine erste Entscheidung aussah, die finanzielle Komfortzone zu verlassen. Früher kannte ich nur Urlaub in Ferienwohnungen oder im Wohnmobil. Als unsere erste Tochter neun Monate alt war, waren mein Mann Chris und ich urlaubsreif. Unsere Tochter war herausfordernd, sie war sehr aktiv und hielt uns damals ziemlich auf Trab. Wir überlegten also, welche Ferienwohnung wir buchen könnten, die zu unserem Budget passte, doch insgeheim wollte ich etwas anderes. Schon lange träumte ich von einem Urlaub in einem Kinderhotel. Dort gab es alles – Essen, Kinderbetreuung, Wellness –, aber es war auch kostspielig. Mit 500 Euro pro Nacht lag ein solches Hotel deutlich außerhalb unseres Budgets. Wir überlegten hin und her, was wir machen sollten, denn auch mein Mann fand die Idee, ein Hotel zu buchen, genial. Einige Abende saßen wir zusammen und dachten darüber nach, was wir beide wollten. Wenn wir in eine Ferienwohnung fahren würden, müssten wir doch wieder alles selbst machen: kochen, putzen, das Kind bespaßen. Darauf hatten weder Chris noch ich Lust. Also buchten wir von dem Geld, das wir für den Urlaub gespart hatten, drei Nächte in einem Kinderhotel anstatt einer Ferienwohnung für eine Woche. Diese Entscheidung war eine Offenbarung.

Morgens, mittags und abends bekamen wir in einem schicken und trotzdem legeren Restaurant unser Essen serviert. Unsere Kleine bekam ihr eigenes Essen, wir mussten uns um nichts kümmern. Wenn sie satt war, krabbelte sie in die Spielecke, während wir in Ruhe aufessen konnten. Im Hotel gab es Rundum-Kinderbetreuung, was es uns sogar ermöglichte, einige Stunden im Wellnessbereich zu relaxen. Ich erinnere mich noch wie heute daran, wie sehr uns diese kurze Auszeit guttat, auch wenn es nur drei Tage gewesen waren. Wir waren beide entspannt, erholt und konnten wieder voller Power für unser Kind und alle Herausforderungen des Alltags da sein.

Die Entscheidung, die wir damals für das Hotel getroffen hatten, war so viel mehr als nur eine Entscheidung dafür, etwas mehr Geld auszugeben als geplant. Es war unsere Entscheidung, die Komfortzone zu verlassen und neue Erfahrungen in unser Leben zu lassen. Wir hatten unsere Money-Schuhe auf das nächste Level gestretcht. Und das Geld kam schon kurze Zeit später zurück zu uns.

Wenn du neue Erfahrungen machen möchtest, musst du diese auch zulassen. Stell es dir ein bisschen vor wie bei einem Computerspiel. Erst dann, wenn du Level 1 gemeistert hast und dich sicher fühlst, kommst du weiter in das nächste Level. So eroberst du ein Level nach dem anderen – und das in deinem Tempo. Für den einen ist das neue Level der etwas teurere Kaffee, der dazu führt, dass der Money-Schuh vergrößert wird, für den anderen ist es der Hotelurlaub statt der Ferienwohnung oder der Business-Class-Flug statt dem Economy-Ticket. Jedes Level bringt neue Erfahrungen und Herausforderungen und stretcht deine Komfortzone.

Selbstverständlich werden Zweifel bei dir aufkommen, wenn du Entscheidungen triffst, die außerhalb deiner Komfortzone liegen. Du wirst dich fragen, ob du das, was du dir leisten möchtest, wirklich brauchst, ob es nicht auch kleiner geht, ob du nicht Geld zum Fenster hinauswirfst. Diese Bedenken sind völlig okay. Du darfst sie zulassen, ernst nehmen und hinterfragen. Denn es gibt Ausgaben, die sind tatsächlich unsinnig (so wie Business-Class auf Kurzstreckenflügen), und es geht beim Stretchen deines Money-Mindsets nicht darum, Geld zum Fenster hinauszuwerfen. Frage dich immer, ob die Entscheidung, die du triffst, dich langfristig weiterbringen wird, selbst wenn sie sich im Moment (noch) nicht gut anfühlt.

Wundersamerweise kommt das Geld, das du für gute Erfahrungen ausgibst, immer wieder zu dir zurück. Natürlich kann ich dir das nicht garantieren, doch bei mir ist und war es schon immer so. Sobald ich investiere, erhalte ich meist mehr zurück, als ich ausgegeben habe. Nicht auf magische Weise, nein, weil ich dafür gesorgt habe.

Geldmanifestation fängt bei dir an. Du musst vorausgehen und eine Entscheidung treffen, um eine Erfahrung zurückzubekommen. Die Energie dahinter muss stimmen. Entscheide daher bewusst und aus vollem Herzen, ob du den teureren Kaffee kaufst, mehr Trinkgeld gibst, das Fünf-Sterne-Hotel oder den Business-Class-Flug buchst. Stehe zu deiner Entscheidung, weil du dich freust, dass du diese Erfahrung machen kannst. Gehe in deinem Tempo voran – aber gehe voran!

Lade Geld in dein Leben ein

Wie ich bereits erwähnt habe, ist Geld ein Symbol, eine Währung für eine Leistung und damit fixierte Energie. Jemand hat Energie aufgewendet, um dir die Haare zu schneiden. Dafür tauschst du dein Geld ein, das du vorher mit deiner Energie erarbeitet hast. Diese Geld-Energie können wir aktiv zu uns einladen – und genau das machen wir jetzt. Lege dir dafür schon einmal dein Notizbuch zurecht.

Stelle dir für einen Moment vor, Geld wäre ein Mensch. Wie würdest du nun einen solchen Geld-Menschen einladen, in dein Leben zu treten? Du müsstest dieser Geld-Person schmackhaft machen, dass sie zu dir kommt. Sie müsste verstehen, was sie bei dir erwartet, müsste sich wertgeschätzt und willkommen fühlen.

Auf meinen Veranstaltungen animiere ich die Teilnehmerinnen dazu, genau das zu tun: Sie sollen Geld in ihr Leben einladen. Und wie lädt man jemanden ein? Richtig, mit einer Partyeinladung. Feiere dein Leben als Party – und Geld ist der Stargast.

Beschreibe also jetzt dein Leben als riesige Geldparty! Sag dem Geld, was es auf deiner Party erwartet und wofür du es nutzen möchtest. Mache es dem Geld so einfach wie möglich, zu dir zu kommen. Sag ihm, dass du dich schon darauf freust, wenn es bei dir ist. Erzähl ihm, dass es seine Freunde mitbringen kann. Und beschreibe, was du alles wundervolles mit ihm anstellen wirst, wenn es bei dir ist.

Das hört sich vielleicht im ersten Moment lustig an, doch ich meine es nicht als Scherz. Also nimm dir dein Blatt Papier, deinen Block oder dein Heft und schreibe deine Einladung zur Geld-Party auf. Werde emotional – freue dich über das Geld, sei enthusiastisch, völlig aufgeregt, so wie vor der Party des Jahrhunderts. Beschreibe ausführlich, wo deine Party stattfindet, wer noch alles eingeladen ist, wie es dort aussieht, was es zu essen gibt, wie sich die Party anfühlt. Je detaillierter du dem Geld deine Party schmackhaft machen kannst, je mehr du dich darauf freust, dass es bei dir vorbeischaut, umso eher wird es in dein Leben treten. Denn – Geld ist Energie. Und Energie reagiert auf andere Energie. Kurz gesagt: Geld folgt deiner Freude.

Probiere es aus! Feiere gedanklich schon jetzt deine Geldparty. Das macht Spaß und gibt dir wundervolle Geld-Energie. Leg los!

Wenn du noch unsicher bist, was du schreiben sollst, dann beantworte folgende Fragen:

- Wann findet die Party statt?
- Wo findet die Party statt?
- Wer ist alles eingeladen?
- Wie ist der Dresscode?
- Was gibt es zu essen?
- Wird es Musik geben? Wenn ja, welche? Spielt eine Liveband?
- Was wird während der Party passieren? Gibt es Spiele? Tanz? Geldvermehrung?

Sei so kreativ, wie du nur kannst. Vielleicht verwandelt sich deine Party auch zwischendurch oder du feierst an verschiedensten Orten? Es ist deine Geld-Party – es gibt keine Begrenzungen, was alles möglich ist.

Und lass uns nun, nachdem du Geld ab sofort mit vollem Herzen und Freude in dein Leben eingeladen hast, genauer darauf schauen, wie dein Traumleben in Wohlstand und Fülle aussehen soll. Denn du gestaltest deine Vision und damit die Grundlage deiner Realität – in jedem Moment deines Lebens.

Gestalte deine Realität

2021, im zweiten langen Corona-Lockdown, war ich kurz davor, depressiv zu werden. Ich saß nur noch im Homeoffice, da wir in Baden-Württemberg kaum hinausgehen durften. Lediglich für wichtige Gründe durften wir das Haus verlassen, etwa um in die Arbeit zu gehen oder einzukaufen. Da ich ohnehin von zu Hause arbeite, kam ich also kaum mehr vor die Tür, und auch der gelegentliche Einkauf war mit Maske und den traurig schauenden Menschen keine schöne Abwechslung. Zudem war das Frühjahr sehr verregnet. Tag für Tag saß ich also in meinem Büro, schaute nach draußen in den Regen und wurde immer melancholischer. Auch meinen Kindern ging es nicht besser. Die Schulen hatten geschlossen, Freunde durften sie nicht mehr treffen und die Laune sank von Tag zu Tag.

Irgendwann reichte es mir dann. Mein Mann und ich packten unsere Laptops ein, die Kinder ihre Schulsachen, wir buchten einen Flug nach Mexiko und flogen für zwei Monate weg. Von April bis Juni waren wir in Mexiko. Chris und ich arbeiteten dort ganz normal, die Kinder wurden per Home-Schooling versorgt und wir verbrachten wundervolle Wochen Familienzeit in der Sonne.

Wir entschieden über unser Leben und unsere Realität. Wollten wir weiter eingesperrt sein? Nein. Wollten wir uns den Regeln, die hier in Deutschland herrschten, unterwerfen? Nein. Versteh mich nicht falsch – auch in Mexiko gab es Regeln, an die wir uns halten mussten, und das taten wir auch, schließlich wollten wir niemanden gefährden, auch uns selbst nicht. Doch dort hatten wir statt Regen und Trübsal die Sonne, das Meer und deutlich mehr Möglichkeiten, unser Leben zu gestalten, als in Deutschland.

Geld unterstützte uns dabei, diese Möglichkeiten wahrzunehmen.

Du hast immer die Chance, etwas zu ändern, auch wenn du vielleicht im ersten Moment noch nicht erkennst, wie. Ich hatte damals entschieden, dass ich nicht depressiv werden wollte. Dann habe ich geprüft, welche Möglichkeiten ich hatte, und danach für mich entschieden, wie ich mit der Situation umgehen und was ich ändern möchte.

Geld bedeutet nicht nur Luxusgegenstände oder Materielles. Nein, Geld bedeutet Freiheit und Möglichkeiten, und welche dieser Möglichkeiten du für dich nutzt, entscheidet über deine Realität.

Gerade führst du ein Leben, das dir real scheint. Du liest diese Zeilen, hältst dieses Buch oder deinen E-Reader in den Händen. Du sitzt irgendwo und nimmst die Umgebung um dich herum wahr. Doch ist das alles real? Und was bedeutet für dich Realität? Ist die Realität das, was du täglich erlebst, fühlst, siehst, hörst, schmeckst und riechst? Besteht die Realität aus der Umgebung, die du mit allen Sinnen wahrnimmst? Oder gehört noch mehr dazu? Wie ist es mit deinen Gedanken – sind auch sie Realität?

Was du denkst, bist du. Was du bist, strahlst du aus.
Was du ausstrahlst, ziehst du an.[9]

Das, was du täglich erlebst, fühlt sich wahr und echt an – so wie dieser Moment. Schließlich kannst du den Baum anfassen, der in deiner Straße steht, den Regen auf der Haut spüren, leckeres Essen riechen und schmecken. Du kannst hören, was andere Menschen sagen, kannst dieses Buch lesen, es ins Regal stellen oder

9 Siddhartha Gautama – Buddha (563 v. Chr.–483 v. Chr.)

den Text abspeichern. Doch ist das alles real? Oder ist es nur das, was du als Realität wahrnimmst?

Das Essen, das du als lecker empfindest, kann für jemand anderen scheußlich schmecken. Das, was jemand zu dir sagt, kann für dich freundlich klingen, für jemand anderen jedoch sarkastisch. Der Baum, den du als Schattenspender liebst, bedeutet für jemand anderen Laub und Dreck. Du siehst also, unsere Gedanken gestalten unsere Realität entscheidend mit.

Doch gibt es dann eine Realität, die für alle gleich ist? Ist das Essen nun lecker oder nicht? Und war das, was dein Gegenüber gesagt hat, nun nett gemeint oder nicht?

Die Realität, die wir erleben, ist nicht festgeschrieben. Wir können sie gestalten – und damit manifestieren. Unser Denken, unsere Möglichkeiten und die Filter, die wir über das »stülpen«, was wir erleben, manifestieren unsere Realität, unseren Alltag, unser Leben.

Das, was wir im Außen erleben, ist nicht das, was ist, sondern es ist so, wie wir es betrachten.

Wir als Betrachter machen durch unsere Emotionen und Gedanken aus den Informationen, die wir wahrnehmen, die Realität, die wir erfahren.

Stell dir vor, es regnet. Hattest du vor, joggen zu gehen, wird dich dieser Regen vermutlich ärgern. Du wirst denken: »Mist, heute wollte ich doch joggen gehen! Da brauche ich keinen Regen. Jetzt hab ich keine Lust mehr. So ein blöder Tag.« – Du kannst allerdings auch denken: »Oh, es regnet! Wie schön, dann brauch ich heute keine Blumen zu gießen. Ich lege eine kurze Yoga-Einheit ein und kuschle mich dann unter die Decke, um endlich mein neues Buch von Christina fertig zu lesen.«

Die Tatsache, dass es regnet, hat sich nicht verändert. Doch die Art, wie du diese Tatsache betrachtest, hat sich verändert und damit deine Realität. Du entscheidest, ob du einen guten oder schlechten Tag hast. Dem Regen ist es völlig egal, wie du entscheidest.

Wir sind auf dieser Erde umgeben von Milliarden von Informationen. Diese formen die Matrix unserer Welt – ein riesiges

Feld an Informationen, in dem alles bereits vorhanden ist. Unser Bewusstsein blendet jedoch einen Großteil dieser Informationen aus, weil sie gerade nicht relevant sind und wir auch nicht in der Lage wären, alle zu verarbeiten. Unser Gehirn bekommt jede Sekunde sehr viele Informationen aus unserem Körper und damit von unseren Sinnen – ungefähr 11 Millionen »Bits«. Ein »Bit« ist dabei eine Art Maßeinheit für Information, vereinfacht gesagt ein »Stück«. Dieses »Stück« kann nur zwei Zustände haben, wie ein Lichtschalter, der an oder aus ist.

Die Informationen kommen von unseren Sinnen: Sehen, Hören, Schmecken, Riechen und Fühlen. Unser bewusstes Gehirn kann nur etwa 40 bis 60 dieser Bits pro Sekunde verarbeiten. Wir nehmen das Wesentliche und für uns in diesem Moment Wichtige wahr, der Rest bleibt unbewusst – ist uns gerade also nicht bewusst. Trotzdem sind diese Informationen vorhanden, sie sind »an«.

Hier ein Beispiel, das du vermutlich so oder so ähnlich bereits erlebt hast. Du bist beim Einkaufen völlig vertieft in deinen Einkaufszettel und suchst etwas. Wieder einmal hat der Supermarkt alles umgeräumt. Letzten Monat stand die Marmelade noch am Eingang – wo ist sie jetzt? Du fängst an, die Marmelade zu suchen, und irrst durch den Laden, den Blick fest auf die Regale gerichtet. Während du suchst, nimmst du die Menschen um dich dabei noch wahr? Vermutlich nicht. Trotzdem sind sie da. Doch dein Fokus liegt auf der Marmelade und nicht auf den anderen Supermarktbesuchern.

Oder du fährst jeden Tag die gleiche Strecke zur Arbeit. Vermutlich wirst du während deiner Fahrt an alles Mögliche denken, vielleicht hörst du, was der Radiomoderator sagt, bemerkst, wie der Wagen hinter dir aufblendet oder dass du kein Wischwasser mehr im Tank hast. Die Bäume, die am Wegesrand stehen, wirst du jedoch nicht aktiv bemerken, trotzdem sind sie da. Auch diese Informationen sind »an«, werden aber von deinem Gehirn als »gerade nicht relevant« ausgeblendet.

Denke auch einmal daran, als du das letzte Mal verliebt und vielleicht mit deinem Schatz im Kino warst. Hast du die anderen

Menschen im Kino überhaupt bemerkt oder nur Augen und Ohren für deinen Schatz gehabt? Trotzdem waren weitere Menschen im Kino. Sie waren Teil der Matrix, der Fülle an Informationen, die unsere Welt bilden. Sie haben vielleicht sogar mit Popcorn geraschelt, getuschelt und den gleichen Film gesehen wie du. Bewusst wahrgenommen hast du sie nicht, sehr wohl aber dein Unterbewusstsein.

Viele von uns laufen völlig in Gedanken durch unsere Welt, nehmen nicht mehr wahr, wie die Jahreszeiten sich verändern, welche Menschen sich um uns herum bewegen. Damit manifestieren wir unser Leben jeden Tag gleich. Viele Menschen stehen auf, gehen ihrer Morgenroutine nach, arbeiten, essen, sehen fern und gehen ins Bett. Sie treffen jeden Tag die gleichen Personen, essen ähnliche Speisen und hören den gleichen Radiosender mit der gleichen Musik. Ihr Leben ist eine Abfolge von austauschbaren Handlungen, Gedanken und Gefühlen. Tag für Tag, Woche für Woche und Jahr für Jahr. Das ist ihre Realität, so haben sie sich ihr Leben gestaltet. Und viele Menschen fühlen sich wohl in dieser »Komfortzonen-Matrix« ihres Lebens.

Doch du willst mehr. Deshalb liest du dieses Buch. Also lass uns einsteigen in die Macht und Magie der Manifestation.

Das Doppelspalt-Experiment

Wir entscheiden also, wie wir unsere Realität gestalten – indem wir Dinge (un)bewusst ausblenden oder bemerken. So, wie du das Außen betrachtest, wird es sich für dich manifestieren. Dieses Konzept ist kein Hirngespinst, sondern wird schon seit vielen Jahren wissenschaftlich untersucht und bestätigt, zum Beispiel durch das Doppelspalt-Experiment.

Dieses faszinierende physikalische Experiment wurde erstmals im Jahr 1801 von einem englischen Wissenschaftler namens Thomas Young durchgeführt.

Er zeigte, dass Licht und subatomare Teilchen (die noch kleiner als Atome sind) sowohl Wellen- als auch Teilcheneigenschaften aufweisen können. Das ist ziemlich erstaunlich, weil wir normalerweise denken, dass etwas entweder eine Welle oder ein Teilchen ist, aber nicht beides gleichzeitig. Der Grund, warum wir das denken, liegt an unserer Wahrnehmung der Welt. Unsere alltägliche Erfahrung sagt uns, dass Dinge entweder Teilchen (wie ein Tennisball) oder Wellen (wie ein Radiosignal) sind, aber niemals beides sein können. Doch Youngs Experiment bewies das Gegenteil.

Um diesen Effekt zu demonstrieren, richtete Young Licht auf eine Barriere mit zwei sehr eng beieinanderliegenden Schlitzen. Dahinter befand sich eine Leinwand, die aufzeichnete, was passiert, wenn das Licht durch die Schlitze geht. Und jetzt wird es etwas wissenschaftlich.

Wenn nur ein Schlitz geöffnet war, sah man auf der Leinwand einen einzelnen Streifen, wie man es erwarten würde. Aber wenn beide Schlitze offen waren, entstand ein Interferenzmuster aus mehreren Streifen, das typisch für Wellen ist. Dieses Muster entsteht, wenn sich zwei oder mehr Wellen treffen und miteinander verbinden. Das kann bei Licht, Wasserwellen oder Schallwellen passieren.

Stell dir vor, du wirfst zwei Steine in einen Teich. Die Wellen, die von den Steinen erzeugt werden, breiten sich aus und treffen irgendwann aufeinander. An manchen Stellen verbinden sich die Wellen so, dass sie höher werden – das nennt man konstruktive Interferenz. An anderen Stellen heben sich die Wellen gegenseitig auf und werden kleiner oder verschwinden ganz – das ist destruktive Interferenz. Bei dem Licht, das im Doppelspalt-Experiment aufeinandertraf, entstand immer dann ein Interferenzmuster, wenn die Lichtwellen aufeinandertrafen und sich überlagerten.

Das alles nur nebenbei, denn das wirklich Erstaunliche an diesem Experiment war, dass das Interferenzmuster verschwand, sobald man versuchte herauszufinden, durch welchen Schlitz das Licht gegangen war. Dieses Phänomen wird seither als Beobachtereffekt bezeichnet und zeigt, dass die bloße Beobachtung eines Experiments das Ergebnis beeinflussen kann.

Ein weiteres Beispiel für die Veränderung von Verhalten durch Beobachtung kommt aus der Biologie. Fische ändern etwa ihr Schwimmverhalten, wenn sie eine Unterwasserkamera bemerken, und in der Soziologie gibt es den sogenannten Hawthorne-Effekt, bei dem Menschen ihr Verhalten ändern, wenn sie wissen, dass sie beobachtet werden. Dies wurde erstmals in den 1920er- und 1930er-Jahren bei einer Studie in den Hawthorne-Werken von Western Electric festgestellt, wo die Produktivität der Arbeiter stieg, einfach weil sie wussten, dass sie Teil einer Studie waren.

Das Doppelspalt-Experiment und auch die weiteren Beispiele, die ich dir beschrieben habe, haben bis heute wichtige Auswirkungen auf unser Verständnis der Realität und zeigen, dass unsere Beobachtungen und Erwartungen die Welt um uns herum beeinflussen können. Diese Erkenntnisse sind für das Konzept der Manifestation von Bedeutung, denn unsere Gedanken und Überzeugungen, die nichts anderes sind als Wellen, haben die Fähigkeit, unsere Realität zu gestalten.

Im Klartext: Du entscheidest, wie du deine Realität gestalten und erleben möchtest.

»Was?«, fragst du jetzt vielleicht. »Ich gestalte meine Realität? Mit allem Drum und Dran? Den Regen, die Sonne, Krankheiten? Ich will doch nicht krank sein und auch nicht von meinem blöden Nachbarn angeschnauzt werden oder beim Joggen nass werden! Christina, das kann nicht stimmen!« Nun ja, wie immer im Leben ist nicht alles nur schwarz oder weiß. Mir ist bewusst, dass es derzeit auf dem Coaching-Markt einige Coaches und Mentoren gibt, die dir weismachen möchten, dass du tatsächlich und ausnahmslos ALLES, was du erlebst, selbst erschaffen hast. Den Regen, den Autofahrer, der dich anhupt, deine genervte Chefin, Krankheiten oder Kunden, die nicht bezahlen.

Doch lass dir gesagt sein: Den Regen kannst du nicht beeinflussen, genauso wenig wie den Autofahrer, der einen schlechten

Tag hatte und jetzt seinen Ärger an dir auslässt. Mit dem Streit, der den Autofahrer dazu veranlasst hat, dich anzuhupen, hast du nichts zu tun. Allerdings kannst du entscheiden, wie du darauf reagierst. Ärgerst du dich darüber? Oder nimmst du es gelassen?

Lass uns einmal zwei Szenarien durchdenken. Du wirst angehupt.

Szenario 1:
Du ärgerst dich und schimpfst auf den blöden Autofahrer. Die ganze Fahrt nach Hause fragst du dich, was du falsch gemacht hast. Du bist doch normal gefahren? So ein blöder Typ. Das hast du nicht verdient! Du hast alles richtig gemacht, der andere ist der Blödmann. Als du zu Hause ankommst, bist du sauer. Du steigst aus dem Auto aus, öffnest die Haustür und trittst direkt auf ein paar Legosteine, die du wütend wegkickst. Autsch! Völlig entnervt pflaumst du deine Kinder an, dass sie endlich ihr Zeug wegräumen sollen. Dein Partner kommt um die Ecke, hört dein Gemecker und wird sofort aggressiv. Auch er hatte einen schlechten Tag und funkelt dich mit gerunzelter Stirn an. »Warum schreist du hier herum? Lass die Kinder doch spielen!« Du bist hungrig und müde und möchtest deine Ruhe. Doch dein Partner lässt nun seinen Frust an dir aus. Die Kinder schreien ebenfalls herum, denn du hast ihre Lego-Farm zerstört, die gesamte Stimmung kippt.

Szenario 2:
Du wurdest angehupt. Na und? Du denkst nicht weiter darüber nach und setzt deinen Nachhauseweg fort. Als du daheim ankommst, freust du dich schon auf das Abendessen. Die Lego-Farm auf dem Boden siehst du rechtzeitig, freust dich über die Kreativität deiner Kinder und steigst vorsichtig darüber. Deine Kinder kommen um die Ecke, strahlen dich an und bauen schnell noch ein Gehege für alle Lego-Kühe, um dann friedlich weiterzuspielen. Dein Partner hatte einen schlechten Tag und möchte mit dir reden. Du bittest um ein paar Minuten Ruhe, bevor du dich mit deiner Familie an den Tisch setzt und ihr euer Abend-

essen gemeinsam einnehmt. Die Atmosphäre ist gelöst und entspannt.

Bist du nun schuld am Gehupe des Fahrers? Nein, definitiv nicht. Doch du bist »schuld« an dem, wie du darauf reagierst. Denn beide Realitäten hast du dir manifestiert, weil du auf ein Ereignis – in diesem Fall das Gehupe einer völlig fremden Person – reagiert hast.

Du entscheidest in jedem Moment deines Lebens, was du dir manifestierst. Die verschiedenen Ereignisse, die du dann aufgrund deiner Manifestationen erlebst, gestalten deine Realität.

Stell dir dein Leben vor wie eine ständige Wahl. Du stehst wiederholt an Weggabelungen und wählst, welchen Weg du gehst. Links oder rechts? Ärgern oder entspannen? Wütend werden oder gelassen bleiben? Wählst du den Weg des Ärgers, kommst du woanders an, als wenn du den Weg der Entspannung wählst. Was du heute, in diesem Moment, erlebst, ist das Resultat von zahllosen Entscheidungen, die du bis hierhin getroffen hast. Diese Entscheidungen sind und werden stetig beeinflusst durch dein Denken und deine Emotionen.

Allerdings bist du nicht isoliert in deinem Leben. Sitzt du allein in einem Raum, dann ist alles, was du erlebst, zu 100 Prozent dein Erleben. Doch wir alle sind Teil einer Gesellschaft. Mein Familienleben gestalte ich nicht allein, sondern es gestaltet sich durch mich, meinen Mann, meine beiden Kinder und meinen Hund. Unsere erlebte Realität ist demnach immer eine Kombination der Realitäten verschiedener Menschen. Den Autofahrer, der dich angehupt hat, hast du dir deshalb nicht selbst manifestiert, egal, was manche Gurus dir einreden wollen, sondern er hatte einfach einen miesen Tag und du warst eben gerade auf der gleichen Straße unterwegs.

Viele Menschen machen leider den Fehler, dass sie das, was sie erleben, nur auf sich beziehen. Doch wir alle auf dieser Erde sind Co-Kreateure. Wir erschaffen gemeinsam. Manches hast du dir manifestiert, anderes wiederum nicht.

Ich hatte vor ein paar Wochen ein Erlebnis vor der Schule meiner Kinder, das gut dazu passt. Neben der Schule steht ein Wohnhaus mit einer Einfahrt, die natürlich freigehalten werden muss. Ich sah an besagtem Tag meine Kinder schon aus der Schule kommen und hielt kurz vor dieser Einfahrt. Meine Räder standen kaum still, da kam schon eine Dame den Gehweg entlanggelaufen, klopfte an das Fenster meines Autos und sagte: »Sehen Sie nicht, dass hier eine Einfahrt ist? Hier ist das Parken verboten!« Natürlich war klar, dass ich dort nicht parken wollte, sondern nur kurz halten, und so ließ ich mein Fenster herunter. »Bitte entschuldigen Sie, ich fahre sofort wieder weg, meine Kinder sind gleich da.« Doch der Dame war meine Entschuldigung völlig gleichgültig. Sie wetterte weiter: »Alle Eltern parken hier ständig. Man kommt gar nicht mehr vorbei an den ganzen Autos. Das ist kein Zustand. Fahren Sie jetzt sofort hier weg! Ihre Entschuldigung nehme ich nicht an. Parken Sie woanders!« Sie schimpfte noch ein wenig weiter, drehte sich um und ging. Wenige Sekunden später stiegen meine Kinder ins Auto und wir fuhren weg.

Ich habe volles Verständnis dafür, dass es nervig sein kann, wenn man neben einer Schule wohnt und ständig Autos her- und wegfahren. Doch ich hatte mich entschuldigt und stand kaum eine Minute mit meinem Wagen dort, war also weit davon entfernt, eine Einfahrt als Parkplatz zu nutzen. Doch ich konnte nichts tun, die Dame manifestierte sich ihre eigene Realität. Während ich wegfuhr, sah ich noch, wie sie weitere Autofahrer ansprach, die ebenfalls auf ihre Kinder warteten und am Gehwegrand hielten.

Die gewählte Realität der Dame war an diesem Tag (und vermutlich auch an vielen anderen Tagen): Ärger. In ihrem Ärger war ihr völlig egal, ob ich mich entschuldige oder nicht und ob ich eigentlich ein freundlicher Mensch bin. Sie nahm mich nur als Elternteil mit einem Auto wahr, das ihre Grenzen überschritt. Hätte sie sich an diesem Tag für eine andere, glücklichere Realität entschieden, hätte sie vielleicht gesagt: »Okay, Sie haben sich entschuldigt. Bitte parken Sie zukünftig woanders. Wir haben hier ein Problem, wenn die Eltern immer alles zuparken.« Vermutlich wäre ich nie wieder an der Stelle stehen geblieben. Doch so unfreundlich, wie die Dame mich behandelt hat, war ich auch verärgert. Und wir sind im Groll auseinandergegangen.

Das ist ein typisches Beispiel für eine manifestierte Realität. Ich war freundlich, hatte mich entschuldigt und die Meinung der Dame respektiert. Trotzdem hatte ich keine Chance, das zu ändern, was sie aus der Tatsache machte: dass ich nämlich nur kurz gehalten hatte, um meine Kinder abzuholen. Sie filterte ihre Realität durch ihren Ärger-Filter: »Alle Eltern sind blöd und parken die Straße zu. Die Schule nervt. Die Kinder nerven.« Da diese Filter bei ihr während unseres kurzen Wortwechsels wirksam waren, konnte sie mich gar nicht mehr als freundliche Person erleben, sondern nur als nerviges, parkendes Elternteil.

Du bist nicht allein

In unserer Gesellschaft leben wir in einem Kollektiv. Wenn in diesem Kollektiv Angst vorherrscht, beispielsweise durch die Klimakrise, dann kannst du dieses kollektive Angstklima zwar nicht verändern, aber du kannst sehr wohl entscheiden, wie du darauf reagierst. Somit kannst du dir zu jeder Zeit einen Rahmen schaffen, in dem du fähig bist, so auf die äußeren Umstände zu reagieren, wie DU es möchtest.

Du kannst immer und in jeder Situation entscheiden, worauf du deinen Fokus, deine Gedanken und deine Energie lenkst und wie du das, was im Außen geschieht, bewertest. Den Regentag oder die Frau, die dich anraunzt, kannst du nicht ändern. Doch du kannst entscheiden, wie du damit umgehst, und dir durch diese Entscheidung ein gutes Leben – oder zumindest einen guten Tag – manifestieren.

Vergiss bitte nie, dass du Teil des genannten Kollektivs bist. Wenn zwei Menschen zusammentreffen, haben beide zu je 50 Prozent die Situation kreiert. Du kannst nicht über das Erleben, die Wünsche, Gedanken und Taten einer anderen Person bestimmen. Wir alle besitzen die gleiche Kraft.

Kommen zehn Menschen zusammen, beispielsweise in einem Meeting, dann kreieren auch alle diese Personen mit. Dann hast nicht du allein das Geschehen bestimmt, sondern alle. Trotzdem entscheidest du allein für dich, wie du das Meeting erlebst. Fokussierst du dich nur auf die negativen Aspekte, sei es von anderen oder dir selbst, wirst du das Meeting als zäh, langweilig oder schleppend erleben. Fokussierst du dich auf positive Beiträge, wird dir das Meeting am Ende positiv und bereichernd erscheinen. Deine Aufmerksamkeit und Energie folgen dem Fokus und andersherum. Vielleicht hast du in diesem Zusammenhang den Begriff »selektive Wahrnehmung« schon einmal gehört?

Wir wollten uns vor einigen Jahren unseren ersten Tesla kaufen. Plötzlich sahen mein Mann und ich überall nur noch Teslas. Sogar meine Tochter sagte eines Tages während einer Autofahrt: »Mami, ich sehe überall nur noch Teslas!« Vielleicht hast auch du Kinder und warst irgendwann einmal schwanger. Dann schien es dir gewiss so, als ob nur noch Schwangere herumliefen. Dein Erleben im Außen folgt den Aspekten, die du im Inneren fokussierst – du selektierst, welche Wahrnehmung du zulässt.

Aus dieser fokussierten Wahrnehmung heraus resultiert auch, dass wir Situationen völlig unterschiedlich erleben. Wie wir sie erleben, ist durch unsere Muster, Prägungen aus der Kindheit und unsere Glaubenssätze gefiltert. Wenn dein Kollege, Herr Meier, nach dem Meeting zu dir kommt und sagt: »Hast du auch bemerkt, wie bissig Frau Huber heute war?«, dann kann es sein, dass du davon nichts mitbekommen hast, weil du mit neuen Ideen beschäftigt warst oder sogar weißt, dass Frau Huber gerade eine schwere Zeit hat, weil ihre Mutter krank ist, und du deshalb nachsichtig mit ihr bist. Deinem Gehirn und deiner Aufmerksamkeit war es wichtiger, sich die neuen Ideen zu fokussieren, während Herr Meier schon immer Probleme mit Frau Huber hatte, weil die beiden völlig unterschiedliche Lebensanschauungen haben.

Unser Gehirn schützt uns durch diesen Fokus. Hierfür gibt es sogar einen Mechanismus, das sogenannte »Aufsteigende retikuläre Aktivierungssystem«, kurz ARAS-System. Es funktioniert wie ein Filter und lässt nur die Dinge in dein Bewusstsein, die dir gerade wichtig sind. Wenn wir alles bewusst wahrnehmen würden, was unsere Sinne wahrnehmen, würden wir verrückt.

Erinnerst du dich noch? Unser Gehirn empfängt über die Sinnesorgane jede Sekunde etwa 11 Millionen Informationen, die »Bits«. Von dieser enormen Menge an Daten kann das menschliche Gehirn nur etwa 40 bis 60 Eindrücke pro Sekunde bewusst verarbeiten. Das bedeutet, dass der Großteil der Sinnesinformationen, die wir aufnehmen, unbewusst verarbeitet wird.

Diese gewaltige Diskrepanz zeigt, wie effizient unser Gehirn ist, wenn es darum geht, aus der Informationsflut die relevantesten und wichtigsten Details herauszufiltern. Und dabei nutzt es die bereits genannten Filter oder auch die Aufmerksamkeit für das, was gerade wichtig ist. Das geschieht in Sekundenschnelle und unbewusst – und das ist gut so, was folgendes Beispiel verdeutlicht.

Stell dir vor, du fährst gerade mit deinem Auto auf der Autobahn. Du hast das Fenster geöffnet und hörst laute Musik. Neben dir hast du einen Strauß frischer Blumen, der wundervoll duftet. Leider hast du zu viel gegessen und dein Magen drückt ein wenig, du fühlst dich unwohl. Auf einmal siehst du aus den Augenwinkeln, wie ein LKW vor dir auf deine Spur schert. Du erschrickst und reagierst intuitiv, indem du auf die Bremse trittst. Dein Herz klopft, alles noch mal gut gegangen. In diesem Moment der Gefahr hast du vermutlich die Musik, den Duft der Blumen oder gar die Magenschmerzen nicht wahrgenommen. Nur das, was für dein Überleben wichtig war, ist zu dir durchgedrungen.

Glücklicherweise sind solche Extremsituationen nicht häufig, doch ich denke, damit wird sehr gut klar, was es mit Fokus und Aufmerksamkeit auf sich hat.

Du möchtest einen Tesla? Du siehst nur noch Teslas. Du hast die Absicht, dich vegan zu ernähren? Plötzlich siehst du überall vegane Kochbücher, Artikel über vegane Ernährung und Freunde sprechen dich auf das Thema an. Oder du willst im Urlaub nach Spanien? Mit einem Mal läuft sehr viel spanische Musik im Radio, du siehst im Internet lauter Angebote für Hotels auf Mallorca und deine Freunde geben dir Urlaubstipps.

Das ist Manifestation. Du nimmst die Welt so wahr, wie du sie haben willst, und gestaltest dir damit deine Realität. Bewusst und auch unbewusst. Und damit bist du viel mächtiger, als du es vielleicht jetzt noch denkst.

Raus aus der WG!

Die unglaubliche Kraft der Manifestation erlebte ich das erste Mal, als ich 25 Jahre alt war. Damals studierte ich Medizin in Wien und zum Ende des Studiums hatte ich keine Lust mehr auf die WG, in der ich wohnte. Ich hatte keine Freude mehr an den ständigen Partys, und die Lautstärke, die stetig in unserer WG herrschte, nervte mich zusehends von Tag zu Tag. Ich liebte zwar Wien und die Stadt, andererseits wollte ich meine Ruhe. Damals hatte ich einen Hund und ich fand es schade, dass ich mit ihm nicht auf einer großen Weide herumtoben konnte. Die ganze Stadt war mir zu voll, zu laut, zu wuselig. Ich wünschte mir mehr Ruhe und Frieden, und trotzdem wollte ich nicht allzu weit fahren müssen, um in die Uni zu kommen. Also stellte ich mir vor, wie es wäre, etwas weiter außerhalb zu wohnen. Am besten fünf Minuten von einer U-Bahn-Station entfernt, eine Pferdekoppel in der Nähe, dazu einen eigenen Garten. Ich wollte Natur und trotzdem schnell in der Stadt sein.

Ich dachte also permanent daran, wie schön es wäre, einen Pferdehof in der Stadt zu haben, auf dem ich wohnen könnte. Insgeheim wusste ich zwar, dass so etwas wohl kaum möglich sein würde, doch ich versuchte, nicht zu sehr auf meinen Verstand zu hören, und fing an, mir Anzeigen im Internet anzusehen. Schon zwei Tage später traute ich meinen Augen kaum, als ich

Folgendes las: »WG-Zimmer auf Fiakerhof[10] zu vermieten.« Ich konnte es nicht glauben – genau das wollte ich! Als ich weiterlas, stellte sich heraus, dass es sich um ein Zimmer auf einem alten Pferdehof handelte, sieben Gehminuten von der nächsten U-Bahn-Station entfernt. Ich rief sofort dort an, vereinbarte einen Besichtigungstermin und fuhr schon am nächsten Tag hin. Als ich ankam, war ich der tiefen Überzeugung, dass das kein Zufall sein konnte! Dieses Gebäude samt seiner Umgebung war wie für mich gemacht, und als ich schließlich in besagtem Raum stand und aus dem Fenster schaute, wusste ich es sicher: Das war mein Zimmer. Direkt gegenüber gab es eine Obstbaumwiese und ein paar Schritte weiter lagen die Donauauen. Ich verhandelte ein wenig mit dem Vermieter, bekam das Zimmer und wohnte über ein Jahr dort. Es war genau so, wie ich es mir erträumt hatte. In der Ruhe konnte ich fantastisch lernen und mein Studium abschließen. Mein Traum hatte sich manifestiert – und das in Windeseile.

Viele Menschen denken, dass sie stundenlang über ihren Wünschen meditieren müssten und es lange dauern würde, bis diese dann in Erfüllung gehen. Wenn dich Meditieren inspiriert, dann meditiere, doch es ist kein Muss, wie du an meiner Geschichte erkennen kannst. Ich bin damals mit der absoluten Überzeugung, dass das Zimmer mir gehört, zur Besichtigung gegangen. Anstatt nur zu hoffen, dass ich es bekomme, wusste ich es bereits. Ich gab meinem ganzen Körper Signale, dass ich auf diesem Hof wohnen würde, fühlte mich vom ersten Moment an wohl und spürte: Ja, hier bin ich zu Hause.

Manche Menschen würden bei einer solchen Begebenheit von einem Wunder sprechen. Denn tatsächlich können solche »Blitz-Manifestationen« von außen betrachtet aussehen wie ein Wunder. Andere würden sagen: »Wow, hast du Glück gehabt.« Doch mit Glück hatte diese Manifestation nichts zu tun. Mehr und mehr wurde mir klar: Dieses Wunder hatte ich mir selbst erschaffen.

---

10 »Fiaker« ist das österreichische Wort für Pferd.

Durch meine feste Überzeugung, meine Emotionen und die Vorstellung, dass ich bereits in dieser Wohnung wohnte, sorgte ich dafür, dass ich eine so starke Energie entwickelte, auf die das Außen entsprechend reagierte.

Damit sind wir wieder beim Doppelspalt-Experiment. Die Lichtteilchen, die ich beobachtete und auf die ich meinen Fokus richtete (in diesem Fall die Wohnung auf dem Fiakerhof), veränderten sich so, wie ich sie haben wollte. Ich erschaffte mir meine Realität so, wie ich sie erleben wollte. Damals war mir noch nicht völlig bewusst, welches System dahintersteckte. Doch mittlerweile weiß ich um die Kraft der Gedanken, Visionen und Emotionen. Das, was ich geschafft habe, wird auch dir gelingen, wenn du meine Tipps aus diesem Buch umsetzt und fest an dich selbst und deine Macht glaubst, die Realität zu gestalten.

Vielleicht kennst du den Film *Matrix* mit Keanu Reeves? In diesem Film leben die Menschen in einer Welt, die eigentlich eine Computersimulation ist. Sie denken nur, dass sie ein normales Leben leben, aber eigentlich sind sie in einem großen Computerprogramm gefangen. Einige der Personen im Film können das Spiel hacken und die Regeln ändern, als wären sie Programmierer eines Videospiels und würden den Programmiercode kennen.

Zwischen dem Film *Matrix* und dem Doppelspalt-Experiment gibt es eine Verbindung, und zwar die Frage: Was ist wirklich real? Das Doppelspalt-Experiment hat aufgezeigt, dass sich die Welt auf mikroskopisch kleiner Ebene verändert, je nachdem, ob wir hinschauen oder nicht. *Matrix* wirft die Idee auf, dass unsere ganze Welt vielleicht nur ein großes Computerspiel ist. Lass dich für die kommenden Kapitel einmal auf diesen Gedanken ein und erforsche, welche Möglichkeiten diese Erkenntnis dir bietet.

Your life – your rules!

Die Wohnung auf dem Fiakerhof, die ich mir manifestiert hatte, war mein Einstieg in die Welt der Realitätsgestaltung. Das Thema ließ mich nicht mehr los, und als ich 27 Jahre alt war, absolvierte ich meine erste Coaching-Ausbildung und lernte dort, wie wir Menschen in der Lage sind, unser Leben zu gestalten.

Du entscheidest in jedem Moment deines Lebens, wie dein Leben dir »passiert«. Du entscheidest, ob du dich über den Regentag ärgerst oder dich unter eine Decke kuschelst und ein gutes Buch liest. Das ist Lebensgestaltung und Manifestation, und nachdem ich dir nun von meinen Erlebnissen und auch dem Doppelspalt-Experiment erzählt habe, folgende Frage an dich: Was denkst du – ist die Realität immer gleich oder ändert sie sich, je nachdem, wie wir sie sehen?

Hältst du günstige Zufälle für ein Wunder? Oder schaust du ab sofort genauer hin und entdeckst, dass du in der Lage bist, dir deine Realität so zu manifestieren, wie du sie haben möchtest?

Erfolgreiche Manifestation besteht nicht darin, dir große, ja riesige Träume von heute auf morgen zu erfüllen. Viele Coaches wollen dir weismachen, dass nur große Ziele zählen. Sie suggerieren, dass du Manifestation nur dann beherrschst, wenn die Million wie von Zauberhand auf deinem Konto erscheint, der Schlüssel für deine Traumvilla automatisch in deinem Briefkasten landet, der Traumjob dir vor die Füße fällt oder dein Business sich nur durch Gedankenkraft mit Kunden füllt. Vielleicht funktionieren solche Manifestationen in dem ein oder anderen Fall – doch das, was das Leben der meisten von uns ausmacht, sind nicht die großen weltbewegenden Ereignisse. Es sind vielmehr lauter kleine Puzzleteile, die ineinandergreifen.

Du entscheidest jede Sekunde deines Lebens, welche Qualität diese Puzzleteile haben. Jedes für sich kannst du gestalten – jederzeit. Entscheidest du dich dafür, morgens aufzustehen und sofort in einen »Hustle-Modus« zu geraten, weil deine Kinder in die Schule müssen, du die Schmutzwäsche noch fix in die Maschine stopfen und dich dann beeilen musst, weil du schon um 8 Uhr den ersten Termin hast, dann beginnst du den Tag mit einigen hektischen Puzzleteilchen. Vermutlich kommen im Laufe des Tages noch weitere solcher Puzzleteile hinzu, denn deine Energie folgt der Aufmerksamkeit. Richtest du deinen Fokus auf die Tatsache, dass dein Leben hektisch ist und du nie genug Zeit hast, dann bekommst du genau das weiter in dein Leben gespiegelt: zu wenig Zeit und Hektik.

Startest du deinen Tag entspannt, setzt du dein erstes Puzzleteilchen völlig anders. Puzzleteil für Puzzleteil entstehen deine Minuten, Stunden, Tage und schließlich daraus dein gesamtes Leben. Das ist deine Realität – von dir selbst erschaffen durch lauter »Kleinigkeiten«.

Um zu manifestieren, reicht es leider nicht aus, wenn du dir Dinge nur vorstellst, so wie das ebenfalls einige Coaches propagieren. Es hätte für mich nicht ausgereicht, mir eine Wohnung vorzustellen, weiter in meiner alten WG zu sitzen und darauf zu warten, dass die neue Wohnung auf magische Weise in mein Leben fliegt. Nein, ich las Anzeigen im Internet, nahm den Hörer in die Hand und rief auf dem Fiakerhof an, dann fuhr ich dorthin. Ich handelte – und Handlung ist die Grundlage jeder Manifestation.

Manifestation ganz praktisch

Das Verb »manifestieren« leitet sich vom lateinischen Wort »manifestare« ab, was »offenbaren« oder »zeigen« bedeutet. Es setzt sich zusammen aus »manus«, dem Wort für »Hand«, und »festus«, was »greifbar« oder »offenbar« bedeutet. In diesem Sinne heißt »manifestieren« also, etwas handgreiflich oder offenbar zu machen. Das bedeutet: Du musst handeln! Nur denken, überlegen oder visionieren reicht nicht aus, um das, was du haben möchtest, in dein Leben zu holen, es »handgreiflich« zu machen.

Manifestieren findet nicht nur im Kopf statt. Leider schaffen viele Menschen den Schritt aus dem Kopf, von der reinen Energie eines Gedankens, nicht hin zur Realität, in unsere Welt. Sie denken, visualisieren, meditieren, durchdenken und meditieren nochmals. Trotzdem passiert nichts. Bitte versteh mich nicht falsch – es ist wichtig, dass du dir Gedanken darüber machst, was du in dein Leben ziehen möchtest. Mehr dazu, wie du Visionsarbeit sinnvoll durchführst, erfährst du deshalb noch im weiteren Verlauf dieses Buches. Du darfst und sollst selbstverständlich durchdenken, wie dein Leben aussehen soll, wie du dir dein Business wünschst, wie deine Partnerschaft oder deine Beziehung zu deinen Kindern aussehen soll. Doch dann musst du handeln! Sonst passiert nichts, der Prozess des Manifestierens kann dann keinen Abschluss finden. Deine Manifestationen bleiben ein Gedankenspiel und schaffen es nicht in diese Realität.

Ich nutze gerne den Begriff der »inspirierten Handlung«, um das Konzept des Denkens und Handelns näher zu erläutern. Du erschaffst dir zuerst in deinem Kopf ein Bild davon, was du in deinem Leben haben möchtest. Dann stellst du dir vor, wie es sein wird, wenn du das, was du haben möchtest, bereits in deinem Leben hast. Ich habe mir damals genau vorgestellt, wie es sein wird, wenn ich aus dem Fenster meiner Wohnung ins Grüne schauen werde, habe mir die Ruhe und den Frieden vorgestellt. Anschließend habe ich gehandelt. Durch meine Vorstellung freute ich mich schon auf diese Wohnung und wusste tief in mir, dass sie bald in meinem Leben sein würde. Diese Vorstellung und die damit verbundenen angenehmen Gefühle inspirierten mich dazu, zu handeln und die richtige Wohnung zu finden.

Viele Menschen machen den Fehler, zu sehr auf ihre Gedankenkraft zu vertrauen und nicht inspiriert zu handeln. Manchmal ist ihr Alltag so voller Herausforderungen, dass sie nicht erkennen, wenn eine Inspiration um die Ecke kommt. Oder die altbekannten Glaubenssätze verhindern inspirierte Handlungen – bewusst oder unbewusst. So ging es mir auch vor einiger Zeit.

Als meine Familie und ich in jüngster Vergangenheit ein neues Haus suchten, hätten meine Glaubenssätze (ja, auch ich trage noch hinderliche Glaubenssätze in mir) mich fast davon abgehalten, inspiriert zu handeln. Wir waren schon länger auf der Suche nach einem neuen Haus. Eines hätten wir fast gekauft, doch glücklicherweise machten uns die Nachbarn rechtzeitig auf Mängel aufmerksam, sodass wir vom Kauf zurücktraten. Entsprechend frustriert waren wir nach einiger Zeit, denn die Suche zog sich in die Länge. Trotzdem wusste ich tief in mir, dass das richtige Haus kommen würde. Ich gab also nicht auf und recherchierte regelmäßig im Internet nach aktuellen Angeboten. Eines Tages war die Anzeige da, auf die ich gewartet hatte – da war es, das perfekte Haus. Nur der Zeitpunkt war nicht perfekt, denn als ich es entdeckte, waren wir gerade auf dem Weg in den Urlaub.

Meine Glaubenssätze meldeten sich sofort: So ein großartiges Haus würde sicher schnell vom Markt verschwinden, wir konnten es wegen des Urlaubs nicht kurzfristig besichtigen, würde es überhaupt Sinn ergeben, die Verkäufer anzurufen? Doch ich schüttelte diese Gedanken ab, rief die Verkäufer an und vereinbarte, dass ich mich direkt nach dem Urlaub wieder melden würde. Der Verkäufer stimmte zu, doch als wir zurück waren, vergaß ich im Alltagstrubel der ersten Tage, dass ich dort noch mal anrufen wollte, bis mich ein paar Tage später eine Mail des Verkäufers erreichte, in der er fragte, ob wir noch Interesse hätten. Ich hatte innerlich schon mit dem Haus abgeschlossen, da ich nach unserem Urlaub und den verstrichenen Tagen der festen Meinung war, dass das Objekt zwischenzeitlich ohnehin verkauft worden war.

Doch ich durfte an dieser Geschichte erneut erfahren, dass wir uns unsere Realität nie allein manifestieren. Die Verkäufer wollten ihr Haus an eine Familie verkaufen, die die Verkaufsabwicklung zügig vornehmen konnte – und das waren wir. Wir vereinbarten also einen Besichtigungstermin und heute wohnen wir in diesem schönen Haus.

Mein Glaubenssatz »Das Haus ist ohnehin weg, wenn wir aus dem Urlaub kommen« hätte diese Manifestation fast scheitern lassen. Dieser Glaubenssatz hielt mich davon ab, zu handeln. Trotzdem funktionierte meine Manifestation in diesem Fall glücklicherweise noch. Du siehst: Es ist notwendig, deine Glaubenssätze, also deine Gedanken darüber, wie die Realität ist, immer wieder zu hinterfragen. Mache dir außerdem immer wieder bewusst, dass du die Realität nie allein gestaltest, sondern dass diese immer eine Co-Kreation ist.

Denk nicht nur daran ...

Manifestieren findet nicht nur im Geiste statt. Es reicht nicht aus, dass du dich bequem hinsetzt, dir vorstellst, was du möchtest, und schon klingelt es an der Tür und der Postbote bringt einen Karton voller Geld, Glück, Liebe oder Gelegenheiten vorbei.

Gedankenarbeit ist wichtig, ohne Zweifel. Doch erst das, was dahintersteht, das, was nach der Gedankenarbeit passiert, das bringt dich wirklich weiter. Wenn es um außergewöhnlichen Erfolg in Business und Leben geht, brauchst du Disziplin, musst inspiriert handeln, wiederholt Neues lernen und vor allem deine Ängste in den Griff bekommen.

Wenn du dir dein außergewöhnliches Traumleben als Millionärin mit Herz manifestieren möchtest, dann musst du eine Menge

Dinge neu lernen. Deine Persönlichkeit und deine Skills, also deine Fähigkeiten, dürfen sich stetig weiterentwickeln. Das ist zunächst anstrengend und braucht Disziplin. Es ist fast so, als ob du eine neue Sprache lernst.

Erinnerst du dich noch an deine Schulzeit? Dort hast du vermutlich eine oder mehrere Fremdsprachen lernen müssen oder solltest in Mathematik Berechnungen anstellen. Du musstest Vokabeln pauken und immer wieder die gleichen Rechnungen durchführen, bis der Knoten bei dir geplatzt war. Doch wie viel weißt du heute noch von dem, was du damals in der Schule gelernt hast? Hast du deine Fähigkeiten nicht regelmäßig genutzt, sind sie wahrscheinlich zwischenzeitlich verkümmert.

Ich beispielsweise habe in der Schule Französisch gelernt, es aber fast vollständig vergessen, da ich es nach der Schule nicht weiter nutzte. Im Sommer 2023 jedoch verbrachten wir unsere Ferien in Südfrankreich und anfangs war es schwierig für mich, etwas zu verstehen. Nach zwei Wochen allerdings konnte ich mich gut verständigen. Meine Sprachkenntnisse waren nicht komplett verschwunden, nur eingeschlafen, und dadurch, dass ich sie wieder benutzte, kamen sie zum Vorschein.

Auch du trägst alles in dir, was du brauchst, um dein Traumleben zu leben! Du hast viele Fähigkeiten, die dich heute schon dabei unterstützen, den nächsten Schritt zu machen, um dorthin zu gelangen, wo du hinwillst. Und vor allem besitzt du die Fähigkeit, zu lernen und dranzubleiben.

Du brauchst in jedem Bereich deines Lebens die Disziplin, jeden Tag weiterzumachen, um deine Ziele zu erreichen. Egal, was im Außen passiert, egal, welche Steine du in den Weg gelegt bekommst, es heißt dranbleiben. Ich lese gerne die Biografien berühmter Menschen. Diese haben eines gemein: All diese Menschen haben hart an ihren Zielen gearbeitet, waren diszipliniert, hatten schlaflose Nächte und sind die Extra-Meile gegangen. Keiner dieser Menschen hat sich einfach aufs Sofa gesetzt, Netflix angeworfen (auch wenn ich dir das später noch explizit empfehle, sei gespannt) und gewartet. Nein, sie haben gehandelt. Jeden Tag aufs Neue.

Diejenigen Coaches, die dir erzählen, dass Manifestieren wie »von selbst« ginge, verdienen genau deshalb Geld, weil sie den Traum von Leichtigkeit verkaufen, den so viele Menschen glauben wollen. Leider funktioniert dieses System nur für genau eine Person, nämlich den Coach. Alle anderen haben bedauerlicherweise Pech gehabt.

Gedankenarbeit ist trotzdem wichtig, denn ohne sie geschieht keine Manifestation. Du musst erst einmal wissen, wo du hinmöchtest und was du erreichen möchtest – das legst du gedanklich fest. Erst danach gehst du in die Umsetzung. Manifestation besteht aus zwei Teilen: der gedanklichen, inneren Arbeit und der Umsetzung dieser Gedanken in deine Realität.

Unsere Motivation bestimmt
die Früchte unseres Handelns.

Der innere Teil dieser Arbeit hat einen großen Stellenwert. Du brauchst ein Ziel, auf das du im Außen hinarbeitest, ansonsten galoppierst du in irgendeine Richtung, in die du vielleicht gar nicht möchtest. Du brauchst etwas, für das du diszipliniert sein kannst, und du musst deine Werte kennen. Für wen und was möchtest du überhaupt dranbleiben? Wofür machst du das alles?

Kennst du deine Werte?

Meine Werte

Mein Unternehmen ist in den vergangenen Jahren stark gewachsen. Unser Umsatz hat sich 2022 verdreifacht und auch 2023 sind wir gewachsen. Dieses Wachstum kommt nicht von ungefähr – mein Team und ich arbeiten täglich an diesem Erfolg, und wir wissen auch, wofür.

Oft kommen Menschen zu mir, für die sich die tägliche Arbeit oder das eigene Business schwer anfühlen. Sprechen wir dann über ihre Vision und ihre Werte, sind diese Personen oft unklar in ihren Aussagen.

Überlege einmal: Wenn du nicht weißt, wofür du Wachstum haben möchtest, keine Vision hast, dir nicht klar ist, warum du das tust, was du tust, dann ist es sehr wahrscheinlich, dass der Tag kommt, an dem du morgens aufstehst und dich fragst: »Wofür eigentlich? Warum sollte ich aufstehen? Das bringt doch alles nichts. Da bleibe ich lieber im Bett.«

Genau hier kommen deine Vision, das große Ganze und die eigenen Werte ins Spiel.

Ich habe eine klare Vision für mein Unternehmen und mein Leben, die ich gerne an dieser Stelle mit dir teilen möchte, um dich zu inspirieren:

Mein Plan ist es, ein Imperium zu erschaffen. Ich träume von mehreren Unternehmen, die Zeiten und Generationen überdauern, und ich wünsche mir, dass meine Enkelkinder noch von dem profitieren können, was ich erschaffen habe. Wenn ich jetzt aufhören würde, mit meinen Unternehmen zu wachsen, dann würde das Vermögen, dass wir bereits erschaffen haben und das wir für uns arbeiten lassen, für meinen Mann und mich und vermutlich auch noch unsere Kinder reichen, wenn sie erwachsen sind. Doch ich möchte mehr. Ich möchte einen wirklichen Impact mit meinen Unternehmen hinterlassen, ein Vermächtnis. Daran habe ich Freude, denn Wachstum ist einer meiner Hauptwerte, genauso wie das Ausschöpfen meines vorhandenen Potenzials. Das Interessante an diesem Wachstum ist, dass viele, die es von außen betrachten, sagen: »Mensch, Christina, Wahnsinn, was du schon alles erreicht hast.« Ja, das stimmt, ich habe viel erreicht. Trotzdem sage ich mir jeden Tag: »Da geht noch mehr! Du hast längst noch nicht alles erreicht, was möglich ist. The sky is not the limit!«

Hättest du mir vor fünf Jahren erzählt, wo ich heute stehe, hätte ich ungläubig den Kopf geschüttelt und vermutlich nur »Wow« gesagt. Heute erkenne ich täglich, dass es noch so viel mehr »Wow« gibt, das ich erreichen möchte. Es wartet noch so viel mehr Glück, Wohlstand und Fülle auf mich, denn beides ist unbegrenzt! Ja, du liest richtig: Glück und Fülle sind unbegrenzt. Alle Begrenzungen, die wir Menschen in diesen Bereichen haben, sind selbst gemacht. Das bedeutet aber auch, dass wir diese Begrenzungen selbst einreißen können.

Wenn du dir nur einen gewissen Grad an Wohlstand erlaubst, wirst du danach leben und genau diesen Wohlstand erleben. Vielleicht spiegelt diese Erlaubnis dir das wider, was die Gesellschaft als »normal« akzeptiert. Ein Häuschen, ein Mittelklassewagen, der Urlaub einmal im Jahr an der deutschen Küste oder in den Bergen. Das ist normal, das ist anerkannt, damit trittst du niemandem auf die Füße. Damit bist du zufrieden, lebst dein bescheidenes Leben, mal glücklich und mal nicht. Ist doch »normal«, oder? Dein Money-Schuh hat Schuhgröße 39, die Schuhgröße, die die meisten Frauen in Deutschland, Österreich und der Schweiz tragen.

Erlaubst du dir nur einen gewissen Grad an Glück, wirst du nicht mehr Glück erreichen als dieses vorgegebene Level. Ja, ich weiß, das klingt seltsam. Schließlich würden die meisten von uns sagen, dass sie so »richtig« glücklich sein wollen. Doch können wir das aushalten? Erlauben wir uns das volle, übersprudelnde, unendliche Glück? Bist du bereit dafür, dein glücklichstes Leben zu leben? Oder hältst du dich zurück, weil du niemandem auf die Füße treten möchtest?

Auch hier gilt, wie bei allem: Du entscheidest. Wenn du bereit bist – wirklich bereit –, dir keine Begrenzungen mehr aufzuerlegen und dein bestes Leben zu leben, dann musst du im Innen und Außen daran arbeiten. Du beginnst mit der Innenarbeit des Manifestierens und stellst dir dein Traumleben in allen Facetten vor. Dieser Prozess darf Spaß machen, denn dann wird er dich durch die harten Tage tragen, die im Außen so sicher kommen werden wie das Amen in der Kirche. Lass dich nicht von den Easy-Peasy-Manifestationscoaches blenden. Auch bei denen ist nicht immer alles easy-peasy, sie zeigen es nur nicht.

Es gibt auch in meinem Leben Tage, die sind nicht lustig. Doch diese Tage kommen – und sie gehen auch wieder. Ich weiß, wie meine Vision aussieht, deshalb kann ich diese Tage als das erkennen, was sie sind: Chancen, um zu wachsen. Mir ist bewusst, dass nach jeder Herausforderung eine Zeit kommt, die wieder ruhiger verläuft.

Unser Leben ist ein Auf und Ab. Wenn es nur noch eine gleichförmige Linie zeigt, weißt du vermutlich, was das bedeutet.

Dein Leben, dein Business und alles, was du in deinem Leben haben möchtest, soll dir Freude machen! Ich möchte mich nicht durch mein Leben quälen müssen, und du musst das auch nicht. Wenn sich dein Leben nach Quälerei anfühlt, dann ist es umso wichtiger, dass du reflektierst, was du wirklich willst und wie dein Traumleben aussehen soll. Und dann beginnst du mit der Manifestation – im Innen und im Außen.

Manifestieren ist Tagträumen

Du weißt bisher nicht genau, wo es für dich hingehen soll? Du hast zwar eine diffuse Idee von deiner glorreichen Zukunft, aber so ganz greifbar sind deine Träume bislang nicht und du weißt daher nicht, was genau du dir wünschen sollst?

Dann träume dein Leben. Ja, das darfst du, ich erlaube es dir hiermit ausdrücklich!

Tagträumen ist ein wertvolles Tool, um zu erkennen, was du wirklich möchtest. Dafür brauchst du nicht zu meditieren oder Räucherstäbchen anzuzünden, nein, dafür kannst du bei deiner nächsten Autofahrt darüber nachdenken, wie es wäre, jetzt in dem schicken Flitzer zu sitzen, den du kürzlich im Schaufenster des Autohauses gesehen hast. Male dir genau aus, wie es sich anfühlt, wenn sich dein Körper in die Sportsitze schmiegt. Fühle den Wind, der dir um die Nase weht, wenn du in deinem schnittigen Cabrio sitzt. Beim Tagträumen geht es genau darum – zu fühlen. Du sollst erfühlen, ob etwas das Richtige für dich sein könnte.

Mein erstes Auto war ein roter Ford Escort, den ich für 800 Euro gekauft hatte. Er tat seinen Dienst, doch ich fuhr immer mit der Sorge herum, dass ich irgendwo liegen bleiben könnte. Deshalb tauschte ich ihn gegen einen soliden Škoda Fabia ein, sobald ich genug Geld dafür zusammenhatte. Auch der Škoda tat seinen Dienst und brachte mich von A nach B. Doch während ich in meinem Škoda saß, träumte ich regelmäßig davon, wie es wäre, in einem großen, schicken Auto zu sitzen. Mein Traum war damals ein Porsche – Tesla gab es noch nicht. Ich überlegte, wie es sich anfühlen würde, richtig viele PS unter der Haube zu haben, stellte mir vor, wie ich auf Leder-Sportsitzen entspannt durch die Gegend fahren würde. Ich träumte davon, wie ich mit meinem Porsche die Einfahrt zu meinem Traumhaus entlangfuhr, meinen Traumpartner an der Seite. Die Energie, die mir diese Tagträume gaben, wurde von Tag zu Tag größer. Förmlich spürte ich den Wind in meinen Haaren, konnte den Kies der Auffahrt zu meinem Haus knirschen hören, die Hand meines Partners in der meinen spüren. Ja, so wollte ich leben. Es fühlte sich großartig an.

Wie soll sich dein neues Leben anfühlen?

Woran würdest du erkennen, dass das Leben, das du lebst, dein Traumleben ist? Würdest du es an einem neuen großen Haus erkennen? An der Art, wie du arbeitest? Daran, dass du an einem Montag nicht arbeiten gehen musst, sondern einen Kaffee mit deiner Freundin trinken kannst? Daran, dass *du* entscheidest, wann und mit wem du arbeitest, und nicht deine Chefin oder dein Chef?

Woran würdest du deine optimale Beziehung erkennen? Daran, dass dein Partner und du ein gemeinsames Hobby habt? An aufregenden Reisen? Daran, dass ihr zusammen etwas Schönes in eurem Haus kocht oder regelmäßig in schicken Restaurants essen geht? Welche Werte würdet ihr teilen? Wie sollte euer Liebesleben aussehen?

Wie sähe dein Traumhaus aus? Oder würdest du lieber viel reisen und nur noch in Fünf-Sterne-Hotels an den schönsten Orten der Welt logieren?

Stell dir dein Leben vor wie einen Traum. Erschaffe dir Bilder und fühle mit allen Sinnen, wie dein Leben aussehen soll. Dann schreibe, zeichne, male auf, wie dein Leben sein wird. Je genauer du weißt, was du willst, umso eher kannst du es erlebbar machen und dir manifestieren.

Viele Jahre lang wollte ich gerne reiten. Ich habe Pferde geliebt und fast täglich davon geträumt, wie es sein würde, regelmäßig zu reiten. Ich stellte mir vor, wie Pferde riechen, sah mich in der Box stehen, das Pferd striegeln, es satteln, aufsteigen und die Kraft dieser wundervollen Tiere spüren. Trotzdem dauerte es lange, bis ich mir endlich einen Hof suchte und mit dem Reiten begann, denn ich war schon einmal vom Pferd gefallen und hatte Angst, dass das wieder passieren würde. Doch meine Leidenschaft, mein Wunsch nach dem Reiten, war größer als all meine Ängste. Die Freude, die ich in meiner Vorstellung am Reiten hatte, überwog mein Zögern, und heute reite ich wieder regelmäßig und habe viel Freude daran.

Du kannst dir jederzeit dein neues Leben erträumen und damit die Grundlagen dafür manifestieren. Das gilt für jeden Lebensbereich.

Lass uns einmal auf deinen Körper schauen. Es gibt Studien, die besagen, dass nur 50 Prozent von dem, was wir essen, ausmachen, welche Figur wir haben. Den Rest macht unser Körperbild aus. Gedanken gestalten Realität, auch in diesem Bereich. Denke an eine schöne, saftige Zitrone, in die du beißt. Wenn nur der Gedanke an eine Zitrone es schafft, dass der Speichel in deinem Mund zu fließen beginnt, was ist dann noch alles möglich? Solltest du nicht von der Kraft der Gedanken überzeugt sein, so schadet es sicherlich nicht, wenn du dir vorstellst, dass du gesund, schlank und fit bist, auch wenn du es nicht bist. Sagst du dir immer wieder: »Ich bin zu fett, zu hässlich, zu unfit«, erlebst du genau das in deiner Realität.

Immer noch nicht überzeugt? Hier ein weiteres handfestes Beispiel für die Wirkung der Gedanken.

Eine Studie[11] von Dr. Robert Duke von der University of Texas fand heraus, dass mentales Üben dazu beitragen kann, musikalische Fähigkeiten zu verbessern. In dieser Studie wurden Klavierspieler gebeten, ein bestimmtes Stück zu üben. Einige davon übten physisch, andere nur mental – sie stellten sich ausschließlich vor, wie ihre Finger über die richtigen Noten am Klavier gleiten würden, anstatt tatsächlich zu spielen. Beide Gruppen zeigten dann in einem Praxisvergleich ähnliche Verbesserungen ihres Klavierspiels. Ist das nicht verrückt? Mentales Üben ist eine effektive Methode, musikalische Fähigkeiten zu verbessern.

Auch Sportler wissen bereits, dass nicht nur physisches, sondern auch mentales Training wichtig ist. »Gewonnen oder verloren wird zwischen den Ohren« ist eine gängige Aussage im Sportbereich. Vielleicht hast du schon einmal ein Skirennen gesehen. Bevor die Fahrer den Berg hinuntersausen, stehen sie häufig mit geschlossenen Augen am Startpunkt und gehen in Gedanken die Strecke durch. Die Fahrer mit dem stärksten Mindset sowie der stärksten Vorstellung, dass sie erfolgreich sein werden, kombiniert mit körperlicher Fitness und Technik, gewinnen das Rennen. Sie erschaffen ihre Realität: den Sieg.

Überfordere dich nicht

Entwickle jetzt eine Vorstellung deiner Zukunft, an der du Freude hast. Denke dafür zurück an deine Kindheit. Was wolltest du früher werden? Wie wolltest du leben? Wolltest du in einem Schloss leben? Ein Einhorn haben? Auf einer Insel leben, so wie Robinson und Freitag? Woran hattest du Spaß?

---

11 Duke, R. A., & Davis, M. D. (2006). Procedural Memory Consolidation in the Performance of Brief Keyboard Sequences. *Journal of Research in Music Education*, 54(2), 111–124. https://doi.org/10.1177/002242940605400203

Diese kindliche Freude darfst du wiederentdecken – und zwar jetzt.

Schreibe dafür, so wie früher ans Christkind oder den Weihnachtsmann, einen Wunschzettel an dein Leben. Es gibt kein Richtig oder Falsch dabei. Niemand bewertet deine Gedanken, niemand kann dir sagen: »Das ist aber unrealistisch. Jeder nur ein Einhorn bitte.« Trau dich, verrückt zu sein, fühle hinein, welche Wünsche dir ein Kribbeln im Bauch verursachen. Wünsche dir frei von der Leber weg alles, was du dir vorstellen kannst, egal, wie verrückt es klingen mag. Diese Energie brauchst du, um zu manifestieren, und dazu den festen Glauben, dass all das, was du dir wünschst, in Erfüllung geht.

Wenn du Kinder hast, dann kennst du diese Kombination aus unerschütterlichem Glauben und etwas Verrücktheit: Sie sind völlig überzeugt davon, dass zu Weihnachten ihr gewünschter Lipizzaner vor der Tür steht. Sie zweifeln nicht im Geringsten daran, dass ihre Wünsche in Erfüllung gehen. Als Erwachsene haben wir diese Zuversicht und den Glauben daran, dass alles möglich ist, verlernt. Wir sind rational und, ja, ich gebe zu, manche Dinge unterliegen den Naturgesetzen. Daher wissen wir, dass einige Wünsche nie in Erfüllung gehen können, denn auf dieser Erde gibt es keine Einhörner (zumindest soweit ich weiß) und wir können nicht einfach unsere Arme ausstrecken und losfliegen.

Doch es gibt so viele andere Dinge, die real sind! Es gibt einsame Inseln, die von Milliardären bewohnt werden. Es gibt sechs-, sieben- oder gar achtstellige Monatsumsätze. Es gibt die Villa mit Indoorpool, Gärtner und selbstreinigender Küche. Es gibt Menschen, die eine Garage voller Autos haben. Es gibt Menschen, die führen ihr Business aus der Hängematte, weil sie Freude daran haben. Warum also sollte all das ausgerechnet für dich nicht möglich sein?

Bleib dran. Selbst dann, wenn deine Wünsche nicht sofort in Erfüllung gehen. Sei wie ein Sportler, der so lange trainiert, bis er die Leistung bringt, die er erbringen möchte. Michael Jordan spielte 15 Jahre professionell Basketball. Neun Jahre davon war er nicht der Überflieger und Gewinner. War diese Zeit deshalb für ihn verloren? Nein, sie hat ihn dort hingebracht, wo er heute steht.

Im Sport ist es üblich, dass man manchmal gewinnt und manchmal verliert. So ist es auch im Business und im Leben. Viele Menschen hören auf, zu manifestieren und an ihrem Traumleben zu arbeiten, weil sich das von ihnen gewünschte Ergebnis nicht sofort einstellt. Sie wollen alles – und das am besten auf der Stelle.

Du weißt allerdings nun, wie wichtig es ist, Disziplin zu haben und durchzuhalten. Du suchst so lange deine Puzzleteile zusammen und platzierst diese Stück für Stück an der richtigen Stelle, bis sich das Gesamtbild ergibt. Passt ein Puzzleteil mal nicht gleich, dann wirfst du es auch nicht einfach weg und hörst auf zu puzzeln. Nein, du machst weiter, bis alle Teile an ihrem Platz sind.

Viele Menschen hören vorher auf zu puzzlen, also ihrer Vision zu folgen, bevor sich das Gesamtbild zeigt. Sie begeben sich in die Opferrolle. »Ja, ich konnte halt nicht weitermachen, weil …« Das stimmt nicht! Sie konnten nicht weitermachen, weil etwas nicht passiert ist. Sie haben nicht so lange weitergemacht, bis das, was sie haben wollten, sich gezeigt hat. Es ist genau andersherum: Weil sie aufgehört haben, hat sich das Ergebnis nicht gezeigt!

Auch bei mir hat anfangs nicht alles funktioniert. Ich spiele auf meinen Veranstaltungen gerne Videos von meinen Anfängen ab, um zu zeigen, dass auch ich große Schwierigkeiten hatte, meine Botschaft in die Welt zu tragen. Diese Videos sorgen immer wieder für Lacher, denn sie sind schrecklich. Ich schaue nicht in die Kamera, wirke wie ein graues Mäuschen, verhasple mich immer wieder und habe im Allgemeinen kein Charisma, das Menschen berührt. Wenn Menschen, die mich heute kennen, diese Videos sehen, dann können sie gar nicht glauben, dass ich das sein soll. Heute erinnern diese Artefakte aus den Anfangszeiten meiner Tätigkeit als Unternehmerin mich daran, was ich schon alles auf meinem Weg geschafft habe. Selbst wenn der Spruch abgedroschen klingt – er ist wahr und trägt viel Weisheit in sich: Der Weg ist das Ziel.

Ich habe lange dafür gebraucht, richtig durchzustarten. Oft sehe ich andere Menschen, die viel schneller und mit deutlich mehr Leichtigkeit loslegen, als ich das geschafft habe. Sie sind nach zwei Jahren intensiver Arbeit dort, wo ich heute nach fünf Jahren bin. Vielleicht brauchst du noch länger dafür, oder es gelingt dir schon in einem Jahr. Wichtig ist, dass du dich nicht beirren lässt und dein Bestes gibst.

Jeder von uns hat eine Vorgeschichte, jeder fängt woanders an. Du fängst dort an, wo du stehst, und arbeitest mit dem, was du hast.

Bei all dem »höher, schneller, weiter«-Geschreie auf dem Markt ist es erforderlich, dass du dich nicht zu sehr vom Außen beeinflussen lässt. Akzeptiere, wo du stehst, und dann mach das Beste daraus! Verliere dein Ziel nicht aus den Augen und nimm dir die Zeit, die du brauchst, um durchzustarten. Manchen gelingt es schneller, andere brauchen länger. Wieder andere schaffen es leider gar nicht, weil sie aufgeben.

Unser Leben ist kein Wettbewerb oder gar Konkurrenzkampf. Irgendwann gehen wir alle nach Hause, weg von dieser Erde, treffen uns im himmlischen Café und führen dort vielleicht ein Gespräch wie dieses: »Toll, du hast ja einen krassen Ride in deinem Leben hingelegt. Bei mir hat es viel länger gedauert, meine Ziele zu erreichen.« Und dann antworte ich vielleicht: »Ja, ich habe gute Voraussetzungen mitbekommen. Bei mir ging es darum, Gas zu geben und sehr viel in kurzer Zeit zu lernen. Das hat prima funktioniert, war aber echt zäh am Anfang. Ich habe viele alte Glaubenssätze mitbekommen, die ich zunächst auflösen musste. Wie lief es bei dir? Erzähl mal.«

Wir können alles schaffen, wenn es uns gelingt, aus der Zeitfalle auszubrechen. Nichts »muss« bis zu einem bestimmten Termin passiert sein. Nein, es passiert dann, wenn du bereit bist und losgehst. Und selbst wenn du losgegangen bist, kann es sein, dass du noch gar nicht bereit bist für das, was passiert. Dann gilt es, mit der Situation in dem Moment, in dem sie auftritt, umzugehen.

Als wir unseren ersten Millionenlaunch durchgeführt haben, war ich völlig überfordert. Mein ganzes System rebellierte: So viele neue Kunden auf einen Schlag! So viel Geld! So viele Menschen, die mir vertrauen! Von einem Tag auf den anderen kamen alte Glaubenssätze hoch, von denen ich dachte, ich hätte sie bereits bearbeitet und überwunden. Trotzdem zeigten sie sich wieder, diesmal auf einer anderen, tieferen Ebene, die ich bisher nicht aufgelöst hatte. Ich war überfordert mit der Realität, fragte mich, ob ich das verdient hatte, und war unfassbar müde, wollte nur noch schlafen. Zwar freute ich mich über die Kunden und auch den Umsatz, doch nun war mein Traum Realität geworden und mein System musste das erst einmal kapieren und nachziehen. Es dauerte einige Zeit, bis ich bewusst mit der neuen Situation umgehen konnte. Aus dem unguten Gefühl »Das ist zu gut, um wahr zu sein« wurde ein bejahendes »Wow, es ist wirklich passiert, genial«.

Manchmal passieren Dinge, bevor du dafür bereit bist. Dann hast du zwei Möglichkeiten. Entweder du lehnst die Situation ab, begibst dich in den Jammermodus und steckst den Kopf in den Sand, um zu warten, bis alles wieder vorbei ist. Oder du gehst die Herausforderung an. Du lernst zu schwimmen, wenn du ins kalte Wasser geschubst wirst, und hast Vertrauen, dass du nicht untergehst.

Lebensgestaltung bedeutet, dir selbst zu vertrauen. Du weißt, dass du schwimmen musst. Zwar weißt du nicht, wie das gehen soll, aber du weißt, dass du es schaffen wirst. Anfangs zappelst du noch und schnappst nach Luft, doch dann schwimmst du und merkst, dass das Wasser ruhiger wird. Du erkennst: Ich kann es schaffen! Das Ufer ist nicht so weit weg, wie ich dachte! Du schwimmst, erreichst das Ufer und erkennst: Ich kann alles schaffen, wenn ich will.

Lass dir deine Kraft und deinen Glauben an dich niemals nehmen! Auf deinem Weg wird es Hater geben, Menschen, die dich bewusst verletzen wollen, und andere, die es unbewusst tun. Es wird Menschen geben, die neidisch sind, Menschen, die dich auf ein Podest stellen, und auch jene, die gemein werden. Von solchen Menschen darfst du dir niemals die Kraft rauben lassen!

Wenn wir alle daran arbeiten, uns zu unterstützen, und Hass und Gemeinheiten keine Chance geben, dann wird die Welt jeden Tag ein wenig besser. Deine, meine und unsere.

Entdecke deine Vision

Viele Menschen, die mich kennenlernen, fragen mich, woher ich meine Kraft nehme und wie ich es schaffe, immer weiterzumachen, auch wenn schwierige Zeiten kommen. Ich konnte diese Frage anfangs gar nicht nachvollziehen, denn ich habe Freude an dem, was ich tue, und daher auch sehr viel Power dafür. Genau darin liegt das Geheimnis: Ich habe Lust am Erschaffen, Freude am Prozess, Spaß daran, eine Idee in der Wirklichkeit entstehen zu lassen. Zudem möchte ich entdecken und erfahren, was das Leben alles zu bieten hat. Ich möchte die Erfahrung machen, wie es ist, in den Rolex-Laden hineinzuspazieren, mich umzusehen und nach kurzer Bedenkzeit zu sagen: »Ich hätte gerne diese Rolex Oyster Perpetual. Packen Sie sie bitte schön ein, ich beschenke mich heute selbst.« Ich möchte gerne in Luxushotels übernachten und erfahren, wie es sich anfühlt, Weihnachten am Strand zu verbringen. Das sind einige meiner Träume und ich habe noch reichlich weitere.

Eine Zeit lang habe ich ausprobiert, nur zwei Stunden in der Woche zu arbeiten. Rein organisatorisch war das möglich, es wurde mir aber schnell viel zu langweilig. Dauerhaft nur mit einem Buch in der Hängematte herumzuliegen, das ist nichts für mich. Wenn es für jemand anderen erstrebenswert ist, so zu leben, ist das völlig okay für mich und ich würde mir niemals ein Urteil darüber erlauben. Meine Vision für mein Leben sieht anders aus.

Doch was ist überhaupt eine Vision? Wie findest du heraus, was deine Vision ist? Und wie erlaubst du dir, größer zu denken, als du es jemals vorher getan hast?

Wie ich in einem der vorherigen Kapitel bereits geschrieben habe, kannst du deine Vision dadurch entdecken, dass du deinen Tagträumen Raum gibst. Du kannst dir vorstellen, wie du in deinem neuen Haus lebst oder wie dein Leben in völliger Freiheit aussehen wird. Die Gedanken sind frei. Trotzdem haben viele Menschen Schwierigkeiten, aus den Tagträumen (die oftmals für meinen Geschmack noch viel zu bescheiden ausfallen) in die Umsetzung, also Manifestation ihrer Vision zu kommen. Und daher erfährst du in diesem Kapitel, wie du deine ganz persönliche Vision entwickeln und entdecken kannst und wie du am besten damit beginnst, sie in der Realität zu manifestieren.

Dazu habe ich eine Geschichte für dich:

Südlich von Savatthi[12] gab es einen großen Fluss, an dessen Ufer eine kleine Siedlung mit etwa 500 Häusern lag. Eines Tages setzte sich der Buddha unter einen Baum und begann, den Dorfbewohnern zu predigen. Auch Sariputta, einer der Schüler Buddhas, der Savatthi vor einiger Zeit verlassen hatte, verspürte den Wunsch, den Buddha erneut predigen zu hören. So beschloss er, den Fluss zu überqueren, um den Buddha zu treffen. Als Sariputta an den Fluss kam, wo das Wasser tief und die Strömung enorm stark war, sagte er: »Dieser Strom wird mich nicht aufhalten!« Er trat auf das Wasser, das plötzlich unter seinen Füßen so fest wie eine Granitplatte war. Als er am anderen Ufer ankam, waren die Bewohner des Dorfes erstaunt, Sariputta völlig unversehrt zu sehen, schließlich kannten sie die Kraft des reißenden Wassers. Sie scharten sich um ihn und fragten ihn, wie er es geschafft hatte, den Strom zu überqueren. Sariputta antwortete: »Ich lebte in Unwissenheit, bis ich die Stimme Buddhas hörte. Ich habe den Fluss

12 Savatthi, heute Shravasti, ist ein frühes buddhistisches Zentrum im heutigen Bundesstaat Uttar Pradesh im Norden Indiens.

überquert und bin über seine unruhigen Wasser gegangen, weil ich jetzt Saddha (den Glauben) habe.« Die Dorfbewohner staunten sehr und Sariputta hörte die Worte Buddhas.

Die Moral dieser Geschichte? Mit starker Entschlossenheit und Glauben – also einer Vision – ist alles möglich. Du musst ja nicht sofort über einen reißenden Fluss wandeln. Doch deine Vision muss stark sein und nicht beim ersten Widerstand zusammenbrechen.

Wie also gelingt es dir, eine Vision zu entwickeln, die zu dir passt? Wie findest du heraus, was du wirklich möchtest? Und wie sollst du dir ein Leben vorstellen, von dem du bislang noch keine Ahnung hast? Denn auch wenn unsere Gedanken frei sind, ist unsere Vorstellungskraft oft begrenzt. Wenn du Millionärin mit Herz werden möchtest, ist aber genau das deine Aufgabe: die Grenzen des Vorstellbaren zu sprengen.

Dafür musst du mit dem beginnen, was du hast, und denken, so weit du kannst.

Vor fünf Jahren, als mein Business ins Laufen kam, hatte ich bereits eine Vision. Ich stellte mir vor, dass ich 20 000 Euro pro Monat verdienen wollte. Das war für Chris und mich unfassbar viel Geld und eine Summe, die damals unerreichbar schien. Ich dachte groß – für meine damaligen Verhältnisse – und fühlte mich irre und abgehoben, als ich die Summe eines Tages auf ein Blatt Papier schrieb. Heute, wenn ich dieses Buch schreibe, sind meine Monate sechsstellig und es gab auch schon siebenstellige. Hätte ich mir das vor fünf Jahren vorstellen können? Niemals.

Heute kann ich mir vorstellen, jeden Monat 1 Million Euro Umsatz zu machen, denn ich weiß, dass das möglich ist. Und vielleicht denke ich in fünf Jahren, dass 10 Millionen pro Monat machbar sind?

Je mehr du erlebst, dass deine Vorstellungen zur Realität werden, umso mutiger wirst du beim Visionieren.

Startest du damit, deine Vision zu definieren, musst du dir nicht sofort einen Monatsumsatz von 1 Million Euro vorstellen (außer, du möchtest das). Nimm bei deiner Vision ein Ziel ins Visier, das sich verrückt anfühlt, aber nicht völlig unmöglich. Prüfe für dich, was du glauben möchtest. Wären beispielsweise 20 000 Euro Monatsumsatz für dich eine Summe, die aus deiner jetzigen Sicht heraus absolut unerreichbar scheint? Oder gibt es tief in dir eine Stimme, die sagt: »Hm, ist zwar sehr viel, aber ich weiß, dass es viele Menschen gibt, die das schaffen. Also warum sollte ich es nicht schaffen?« Dann nimm diese Summe als Vision! Du musst noch nicht wissen, wie du an das Geld gelangst, du musst nur wissen, dass du es möchtest. Wichtig ist, dass du dabei ein gutes Gefühl brauchst. Dein Bauch muss hüpfen vor Freude an den Gedanken, jeden Monat diese Zahl auf deinem Konto zu sehen.

Bist du einer der Menschen, für den Zahlen nicht vorstellbar sind, dann kannst du auch mit Bildern arbeiten. Was würden 20 000 Euro Umsatz für dich bedeuten? Wäre es die Putzhilfe, die du dir gönnst? Der Urlaub im schicken Hotel? Die Reise auf die Malediven? Die Tasche, die du dir schon immer leisten wolltest? Oder denkst du eher an die Villa mit Fitnesscenter und Indoorpool? Was bringt dein Herz zum Hüpfen? Wenn du diese »bildliche« Vision hast, übersetze sie in Zahlen.

Dafür kalkulierst du genau durch, wie viel Geld du für das, was du haben möchtest, benötigst, und zwar täglich, monatlich und auch jährlich. Hast du die jährliche Summe ermittelt, dann teilst du sie durch 12 Monate und du weißt, was du erreichen musst (bitte denk hierbei an deine Steuern). Das ist natürlich sehr vereinfacht dargestellt, doch es geht mir an dieser Stelle nicht darum, mit dir einen Businessplan zu erstellen oder dir eine Anleitung für das nächste Gehaltsgespräch zu geben. Ich möchte, dass du verstehst, dass du eine visionäre Grundlage für deine Manifestation benötigst. Wenn du nicht weißt, wo du hinmöchtest, dann schlägst du vielleicht den falschen Weg ein oder rutschst schnell wieder in deine Komfortzone zurück.

Deine Vision darf mit dir wachsen. Je mehr du wächst, umso mehr wachsen auch dein Vorstellungsvermögen und deine Vision. Dieser wachsenden Vision zu folgen, das ist deine Aufgabe.

Gute Visionen bringen deinen Bauch zum Grummeln und dein Herz zum Hüpfen, du bist gespannt, freudig, aufgeregt und möchtest unbedingt erreichen, was du dir vorstellst. Aus diesem Gefühl heraus musst du handeln und deine Träume in die Realität umsetzen.

Dabei musst du noch gar nicht wissen, wie die einzelnen Schritte hin zu deinem Traum genau aussehen. Wichtig ist, dass du eine Richtung festlegst und losgehst. Während du an deinem Traum arbeitest, zeigt sich häufig der nächste Schritt.

Überfordere dich dabei nicht. Dein Mindset und deine Glaubenssätze über Geld, Fülle, Reichtum und das, was du »verdienst«, müssen die Chance haben, mit deiner Vision und dir mitzuwachsen.

Nicht alle können sofort mit viel Geld umgehen. Hier ein Beispiel, das es verdeutlicht: Sicher kennst du die Geschichten über Lottogewinner, die es nicht schaffen, ihr Geld zu behalten? Zahlreiche Menschen, die im Lotto gewonnen haben, befinden sich meist schon wenige Jahre nach ihrem Gewinn wieder auf dem finanziellen Niveau wie vorher. Einige sind sogar verschuldet und unglücklicher als zuvor. Ihr Mindset hat es nicht geschafft, mit ihrem plötzlichen Geldsegen mitzuhalten.

Ein Business zu gründen und erfolgreich zu führen ist definitiv nachhaltiger als ein Lottogewinn, denn dein Mindset – und vor allem du als Person – wächst mit deinen Herausforderungen und Visionen. Allerdings brauchst du, gerade auch dir selbst gegenüber, radikale Ehrlichkeit, was deine Vision betrifft, und wenn du ein Business haben möchtest, auch diesem gegenüber. Viele Unternehmerinnen und Unternehmer wünschen sich eine Menge Kunden, hohe Umsätze und sie wollen »ausgebucht« sein, denn genau das wird auf dem Markt als Ideal suggeriert. Doch was passiert, wenn du von Tag eins an ausgebucht bist? Ja, du machst viel Umsatz und verdienst vermutlich gut, doch ist es dein Ziel, Kunden wie am Fließband abzuwickeln? Oder möchtest du lieber Schritt für Schritt wachsen, deine Prozesse entwickeln, in deinem Tempo Kunden gewinnen und vorwärtsgehen?

Ich gebe meinen Kunden immer wieder folgenden Satz mit auf den Weg, wenn sie ihr Business und ihre Visionen planen und wachsen wollen: »Du bekommst das, was du vertragen kannst, und lernst auf dem Weg, damit umzugehen.« Ich lade sie ein, groß zu denken und diese Vision auch zu verfolgen, doch nicht mit der Brechstange. Vor allem ermutige ich sie, bei Rückschlägen nicht aufzugeben, denn diese gehören dazu.

Netflixe dich reich!

Die meisten Menschen kommen aus ihrem »Normal« nicht hinaus. Sie sind gefangen in ihren finanziellen Strukturen, die sie oftmals von ihren Eltern übernommen haben. Sie leben in ihrem sozialen Umfeld, weil sie nichts anderes kennen, und fühlen sich dort überwiegend auch wohl. Doch du möchtest mehr, sonst würdest du dieses Buch nicht lesen. Ich habe dir schon einige Inspirationen mitgegeben, wie du deine Vision, dein Traumleben, dein »Mehr-als-normal« für dich konkretisieren kannst. Trotzdem kann es für dich noch zu abstrakt sein, dir vorzustellen, in einer Villa zu leben. Vielleicht siehst du dir Bilder von einer Villa an, doch du verbindest keine Emotionen damit. Genau diese Emotionen sind allerdings wichtig, um deine Vision zu manifestieren. Also, was tun? Die Antwort ist nur einen Knopfdruck entfernt: Netflix.

Hier ein Beispiel: Du willst Millionärin mit Herz werden. Dafür benötigst du mehr Geld, denn noch hast du keine Millionen. »Mehr Geld« haben zu wollen, ist zu abstrakt für unseren Verstand und auch für unsere Emotionen. Unser Verstand ist begrenzt. Es lässt sich schwer greifen, wie sich »mehr Geld« auf dem Konto anfühlt. Deshalb ist es für viele Menschen kein Antrieb, immer »mehr Geld« haben zu wollen. Wichtig ist daher vielmehr zu wissen, wofür dieses »mehr Geld« stehen soll. Mehr Freizeit, um diese mit deiner Familie zu verbringen? Mehr Freiheit, dorthin zu reisen, wohin du schon immer einmal wolltest? Mehr Möglichkeiten, von überall auf der Welt aus zu arbeiten? Oder das Gefühl, entspannt bei einem Luxuslabel zu shoppen, und zwar ohne dass du dich fehl am Platze fühlst?

So weit, so gut – das ist die Theorie. Die Schwierigkeit bei der Definition unserer Träume ist, dass die meisten Menschen sich eben nicht vorstellen können, wie es sich anfühlt, einfach so in einen Louis-Vuitton-Laden hineinzulaufen und eine Tasche für 3000 Euro zu kaufen. Sie wissen nicht, wie es ist, in einem Fünf-Sterne-Hotel zu übernachten oder wie es sich anfühlt, Business- oder First-Class zu fliegen. Das Gefühl, eine siebenstellige Summe auf dem Konto zu haben, haben sie noch nie erlebt. Und die wenigsten Menschen kennen Millionäre, bei denen sie sich zum Champagnerfrühstück auf die Yacht einladen können, um etwas Millionärs-Energie zu tanken. Sie wissen einfach nicht, wie es sich anfühlt, Millionärin zu sein.

Unser Gehirn braucht Bilder für unsere Vision und deren Umsetzung in die Realität. Bilder, die optimalerweise mit positiven Emotionen belegt sind. In einem der vorherigen Kapitel habe ich dich bereits dazu ermuntert, deinen Tagträumen nachzugehen. Doch manchmal reicht das nicht aus, um das nötige Feuer in dir zu entfachen, um alle Widerstände, die dir begegnen werden, aus dem Weg zu räumen. Deine Träume sind dafür noch zu klein. Sie basieren auf dem, was du bislang schon kennst. Wenn du aber Millionärin mit Herz werden möchtest, brauchst du enorm große Träume – und genau hier kommt Netflix ins Spiel.

Auf Netflix findest du reichlich Serien und Filme, die dich beim praktischen Manifestieren unterstützen können. Ich sehe mir gerne Serien an, durch die ich in neue Welten eintauchen kann. Ich liebe insbesondere Dokumentationen über Luxus-Immobilien (etwa *Million Dollar Listing*). In dieser Serie zeigen Makler aus Malibu, Hollywood und Beverly Hills, welche Immobilien sie an die Superreichen verkaufen. Und es werden nicht nur unfassbar schicke Villen gezeigt, sondern auch deren Käufer. Das sind Menschen, die Designerkleidung tragen, schicke Autos fahren und Villen für

10, 15 oder noch mehr Millionen Dollar, mit In- und Outdoorpool und goldenen Wasserhähnen in der Küche kaufen. Der Immobilienmakler verdient pro Kauf rund eine halbe Million Dollar, je nach Objekt.

Diese Bilder unterstützen mich beim Manifestieren, denn mein Verstand kann sie erfassen. Ich liebe es, Reichtum und Luxus zu sehen, und stelle mir vor, wie es wäre, wenn ich so ein Haus kaufen würde. Ich fiebere mit den Protagonisten mit und bin immer sehr gespannt, für welche Villa sie sich entscheiden. Dann überlege ich im Anschluss, welches dieser Häuser ich gekauft hätte. Eher das Anwesen auf dem Land mit riesigem Grundstück? Oder die schicke Penthouse-Wohnung in der Stadt? Eher die Villa mit Pool und Rutschenlandschaft für die Kinder? Oder doch lieber das Objekt mit dem eigenen Kinosaal?

Ich freue mich bei jeder Folge für die Menschen, die in der Lage sind, sich solche Objekte zu kaufen. Ich beneide sie nicht oder denke: Wow, was für blöde Bonzen, müssen die ihren Reichtum so zur Schau stellen? Nein, ich gebe durch diese Serie meinem Gehirn Bilder, Ideen und Inspiration: »Schau, lieber Verstand, so hätte ich es gerne.« Ich fühle hinein, wie es wäre, ein solches Haus zu besitzen, einen Interior-Designer zu beauftragen, der es mir einrichtet, so wie ich es gerne hätte, und dem Gärtner Anweisungen zu geben, welche Blumen er in den Garten pflanzen soll. Die Bilder, die durch diese Vision vor meinem geistigen Auge entstehen, inspirieren mich.

Doch ich netflixe nicht nur, um jeden Tag an der Vision meines Traumlebens zu arbeiten – das ist nur ein Puzzleteil. Letztlich darfst auch du entdecken, welche Puzzleteile für dich dazu führen, dass du dir ein neues, geniales Leben vorstellen kannst. Wie du bereits weißt, lese ich Biografien von Menschen, die es geschafft haben, Wohlstand aufzubauen, und nehme an Mastermind-Gruppen teil, in denen es um Businessaufbau, Erfolg und Glück geht. Gerne probiere ich neue Dinge aus, um mich täglich erneut in den Reichtums-Modus zu bringen und immer wieder das nächste Level zu spüren. Ich gestalte mir ein gedankliches Vision Board und erschaffe und erfühle mir damit mein neues »Normal«, das ich, sooft ich kann, in der Realität unterfüttere, und zwar durch Taten unterschiedlichster Art, die meinen Money-Schuh stretchen.

Ich buche in unserem Familienurlaub immer einen Hubschrauberflug. Das erste Mal, als ich einen solchen Flug buchte, ging es primär darum, Fotos für mein Marketing anzufertigen. Damals flogen wir über die Dolomiten in Südtirol, und obwohl ich Höhenangst habe, war das Erlebnis so genial, dass ich nun jede Gelegenheit nutze, um mit dem Heli zu fliegen.

Je öfter ich mit dem Heli fliege, umso eher ist es für mich normal. Das bedeutet nicht, dass es seinen Zauber verliert, doch meinem Verstand wird damit mehr und mehr bewusst: Heli-Fliegen ist mein neues Normal.

Allerdings ist mein Normal nicht deines und du darfst selbst für dich erkennen, wie dein neues Normal aussehen soll. Wenn du dich dafür entscheidest, dein Leben zu ändern und vielleicht Millionärin mit Herz zu werden, dann überlege für dich: Was willst du in deinem Leben haben? Möchtest du Heli fliegen? Willst du eine schicke Villa? Eine Designeruhr? Eine teure Handtasche? Einen Sportflitzer?

Schreibe dir immer wieder auf, was du dir alles wünschst. Sei dabei grenzenlos, denn dein Traumleben hat keine Grenzen – außer diejenigen, die in deinem Kopf bestehen.

Und dann gib deinem Gehirn Bilder dazu. Sieh dir Dokumentationen an, folge entsprechenden Kanälen auf Social Media. Schneide Bilder aus und klebe sie dort auf, wo du sie jeden Tag sehen kannst (ein sogenanntes Vision Board). Netflixe dich in das Gefühl hinein, wie es sein wird, das Leben zu leben, das du dir erträumst. Lasse diese Bilder auf dich wirken und dann arbeite daran, dieses Leben zu erreichen.

Ja, du musst daran arbeiten! Denn das ist Manifestation. Wenn du nur netflixend auf dem Sofa liegst oder pausenlos auf dein Vision Board starrst, wird dein Leben sich nicht ändern und nichts passieren. Doch, es wird etwas passieren: Du wirst unzufrieden werden. Also, lass dich inspirieren – und dann heb deinen Allerwertesten vom Sofa und arbeite für deine Träume. Jedes Mal, wenn du zweifelst, rufe dir die Bilder in den Kopf, wie dein Leben sein soll. Jedes Mal, wenn es schwer wird, denke an deine Träume. Jedes Mal, wenn es so aussieht, als ob nichts vorwärtsginge, netflixe ein wenig.

Oder stelle dir die richtigen Fragen.

Geheimtipp: Frage, und du erhältst Antworten

Fragen sind mächtige Manifestationstools. Stellst du die richtigen Fragen, erhältst du oft geniale Antworten, die dich dabei unterstützen werden, dein Traumleben zu realisieren. Manchmal erhältst du Antworten von Personen, manchmal durch eine Anzeige in einer Zeitung, ein Lied oder sie erscheint in deinen Gedanken.

Unser Gehirn sucht ständig nach Antworten. Meist stellen wir aber nicht die richtigen Fragen, und deshalb hier praktische Tipps für dich, wie du dir ab sofort die richtigen Fragen stellen kannst, um das, was du möchtest, in dein Leben zu ziehen. Wenn du dir also Klarheit darüber wünschst, wie die nächsten Schritte für dich sein können, dann frage einfach! Frage das Universum, Gott, die Quelle, dein Higher-Self, deine Seele, deinen unendlichen Geist, den Himmel, einen Engel – also eine Instanz, die allwissend ist:

- Liebes Universum, wie fühlt es sich an, Millionärin mit Herz zu sein?
- In welcher Energie muss ich heute sein, um Herzensbeziehungen in mein Leben zu ziehen?
- Welche unendlichen Möglichkeiten gibt es, damit [XYZ] in mein Leben tritt?

Trau dich, zu fragen! Diese Fragen kannst du in Gedanken stellen oder, wenn du gerne schreibst, auf einem Blatt Papier notieren.

Die Antwort kommt auf unterschiedlichsten Wegen zu dir. Sei offen und erwarte nicht, dass du sofort eine Antwort erhältst oder sich die Tore des Himmels öffnen und eine schmetternde Stimme sagt: »Die Antwort auf deine Frage ist …« Achte stattdessen auf Zeichen und Hinweise. Diese können groß und mächtig sein, aber auch klein und bescheiden und dir jederzeit begegnen. Sei achtsam und geduldig. Die Antwort kommt. Alles geschieht genau zur richtigen Zeit.

Häufig, wenn ich koche, frage ich in Gedanken, wie ich eine Herausforderung lösen kann. Mein Verstand ist dann damit beschäftigt zu kochen, und so kann mein Unterbewusstsein hervorragend nach einer Antwort suchen. Manchmal, wenn ich gar nicht weiterweiß, dann bitte ich das Universum oder mein geistiges Team, mir Antworten zu geben. Auch in meinem Leben gibt es Momente, in denen ich keine Antworten finde, dann gebe ich die Frage an eine allwissende Instanz ab und gehe in die Zuversicht, dass die richtige Antwort mich finden wird.

Dafür brauche ich keine Räucherstäbchen, keine endlosen Meditationen, muss mich nicht siebenmal bei Vollmond linksherum ums Feuer drehen. Ich habe ein Business und eine Familie, für mich muss alles praktikabel sein. Stattdessen stelle ich Fragen, begebe mich in eine gute Energie und erwarte eine Antwort. Ich bin sicher, dass diese kommt. Manchmal geht es schnell, manchmal dauert es ein wenig. Doch gekommen ist die Antwort bisher immer.

Wenn du gerne meditierst, in der Natur bist, wenn Steine, Kartensets, Mandalas oder ein schamanisches Feuer dich in eine gute Energie bringen, dann nutze diese Tools! Mein Weg ist sehr praktikabel und trotzdem spirituell. Dein Weg kann völlig anders aussehen. Alles, was dich in eine gute Energie bringt, ist wertvoll und richtig.

Wenn du merkst, dass du nicht vorankommst und die Antworten auf deine Fragen sich nicht zeigen, dann versauere nicht im stillen Kämmerlein. Tausche dich lieber mit anderen aus, das mache ich auch regelmäßig. In solchen Situationen bespreche ich mit verschiedensten Menschen das Thema, so lange, bis alle Fragen geklärt sind. Ich habe Coaches, die mich unterstützen, bin in Masterminds und nutze meine Mentoren zum Austausch.

Um Antworten zu empfangen, gibt es zahlreiche Möglichkeiten und Wege. Wichtig ist, dass du die Fragen stellst und deine geistigen Antennen auf das Empfangen einer Antwort ausrichtest. Dafür ist es hilfreich, zur Ruhe zu kommen. Gehe hinaus in die Natur, lege dein Smartphone weg, schalte den Fernseher aus. Wenn dein Geist entspannt ist, zeigen sich die Antworten, nach denen du suchst, und das meist viel leichter, als wenn du stetig im »Hustle-Modus« bist.

Deine Vision in der Praxis

Nun habe ich dir schon viele Tipps mitgegeben, wie du eine Idee davon bekommen kannst, wie dein Leben zukünftig aussehen kann. Vielleicht hast du auch schon eine passende Netflix-Serie für dich gefunden, die zu deiner Vision passt? Falls ja, viel Freude beim Visionieren!

Um etwas in deinem Leben zu verändern, ist es wichtig, dass du dein Leben zuerst genau betrachtest, sozusagen den Status deines Lebens für dich erhebst und daraus eine Vision ableitest, wo du hinmöchtest. Ein klassisches Beispiel, um das zu verdeutlichen, ist dein Auto-Navigationssystem. Wenn dein Navi nicht weiß, wo du dich gerade befindest, kann es dir auch nicht den richtigen Weg zu deinem Ziel zeigen. Lass uns also einmal darauf schauen, von wo aus du losfährst in Richtung neues Leben.

Magst du dein derzeitiges Leben? Lebst du nach deinen Werten? Welche Werte lebst du bereits und welche möchtest du leben? Hast du Spaß an deinem Leben? Wie geht es dir mit deinen Beziehungen, deinem Business, deiner Familie? Hast du die Menschen in deinem Leben, die du in deinem Leben haben möchtest? Wie sieht es mit deinem Körper aus? Wie geht es dir mit deiner Spiritualität? Wo lebst du und bist du glücklich dort?

Das sind viele Fragen, das ist mir bewusst. Beantworte sie in Ruhe für dich und finde heraus, in welchen deiner Lebensbereiche du bereits zufrieden bist und in welchen es noch Verbesserungsbedarf gibt. Du kannst in jedem deiner Lebensbereiche jederzeit Veränderungen anstreben. Um genauer festzustellen, wo du stehst und welche Abweichungen es zu deiner Vision gibt, kannst du das Lebensrad nutzen.

So arbeitest du mit dem Lebensrad:

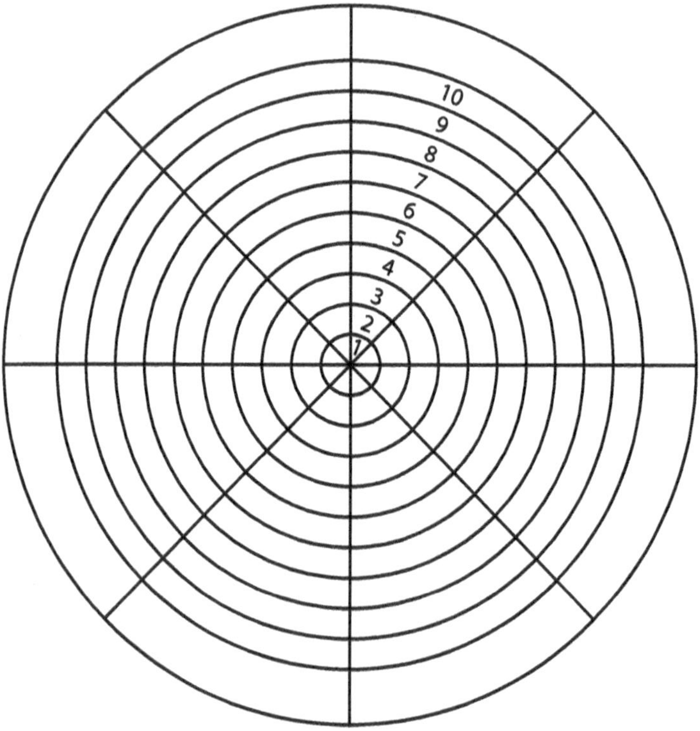

1. Bereiche definieren: Zuerst musst du die Bereiche deines Lebens definieren, die du bewerten möchtest. Das könnten unter anderem Beruf/Business, Beziehungen, Gesundheit, Finanzen, Freizeit, persönliche Entwicklung, Spiritualität sein – du entscheidest, in welche Bereiche du dein Leben einteilen möchtest. Bewertung: Für jeden dieser Bereiche gibst du dann auf einer Skala von 1 (sehr unzufrieden) bis 10 (sehr zufrieden) an, wie zufrieden du gerade bist.

2. Eintragen in das Lebensrad: Jeder Lebensbereich bekommt ein Segment auf dem Lebensrad. Beschrifte zuerst das Segment (dafür ist der breitere Bereich in der Vorlage vorgesehen, der über der 10 liegt). Dann trägst du deine Bewertung für jeden Bereich als Punkt in das entsprechende Segment ein und verbindest alle Punkte miteinander. Die »1« steht für »großes Verbesserungspotenzial«, die »10« steht für »alles top, es soll so bleiben, wie es ist«.

3. Analyse: Schau dir nun dein ausgefülltes Lebensrad an. Ist es ausgeglichen oder gibt es Bereiche, die besonders gut oder besonders schlecht abschneiden? Wo siehst du Verbesserungspotenzial?

4. Ziele setzen: Überlege dir nun für die Bereiche, in denen du unzufrieden bist und die noch nicht auf einer »10« stehen, konkrete Ziele. Was ist dein Ziel in diesem Bereich? Welcher Status quo hätte eine »10« verdient? Formuliere diesen Wunsch konkret. Was möchtest du bis wann erreichen? Wo willst du hin? Denke groß und brich dann deine großen Ziele in kleinere Schritte herunter. Du willst Millionärin mit Herz werden und innerhalb der nächsten drei Jahre jeden Monat sechsstellig verdienen? Dann fang damit an herauszufinden, wie du dein Herzensbusiness aufbauen kannst.

5. Umsetzung: Du weißt nun, wo du hinmöchtest und welche Bereiche bisher nicht so laufen, wie du es dir vorstellst. Fange mit dem ersten Schritt an, in Richtung deiner Vision zu gehen, und wenn er noch so klein ist. Stillstand bringt dich nicht voran.

6. Veränderungen überprüfen: Wiederhole deine Einschätzung darüber, wie es läuft, für alle Bereiche. So siehst du, ob du Fortschritte machst. Beschrifte dafür dein Lebensrad mit einem

Datum. Wenn du regelmäßig (also beispielsweise alle drei Monate) sämtliche Bereiche deines Lebens reflektierst, wirst du zügig Veränderungen feststellen.

Das Lebensrad unterstützt dich dabei, deinen Weg zu reflektieren und deine Vision noch genauer festzuzurren – wenn du das möchtest oder wenn du bemerkst, dass es dir nicht ausreicht, nur eine vage Idee von deiner Vision zu haben.

Wenn du nicht weißt, wo du hinwillst, manifestierst du dir vielleicht etwas, das gar nicht zu dir passt. Ich möchte die schicke Villa am Strand und ich möchte viel Geld spenden können. Das ist meine Vision, doch deine kann völlig anders aussehen. Jede Vision hat ihre Berechtigung und je spezifischer du deine Vision definierst, umso besser kannst du in die Manifestation starten.

Sei deshalb bei deiner Vision, der »10«, die du erreichen möchtest, sehr spezifisch. Gibst du deinem Navi ausschließlich die Anweisung: »Ich möchte ans Meer«, weiß es nicht, an welches Meer du möchtest. Das kann die Ostsee, die Adria oder auch das Steinhuder Meer sein. Sagst du deinem Gehirn nur: »Ich will ein neues Haus«, dann kann es sein, dass deine Manifestation dir ein Haus in Frankfurt serviert, obwohl du doch insgeheim lieber im Wald wohnen möchtest. Dein Gehirn ist dein Navigationssystem und es braucht genaue Vorgaben, wo es langgehen soll, um dich in die richtige Richtung zu lenken.

Allerdings hier noch ein Hinweis: Wenn du offen für das Ergebnis bist, gibst du dem Universum etwas Spielraum bei der Erfüllung deiner Wünsche. Das kann sehr spannend sein. Wünschst du dir etwa »mehr Liebe« in deinem Leben, bekommst du vielleicht einen neuen Partner oder dein bisheriger Partner entwickelt neue, liebevolle Seiten, es kann aber auch sein, dass dir ein Hund zuläuft oder du schwanger wirst. Du sendest dann die Energie von »mehr Liebe« aus, auf die andere Energien reagieren werden. Achte darauf, was du dir wünschst, und sei immer offen für das Ergebnis, selbst wenn es sich vielleicht etwas anders zeigt, als du es dir gewünscht hast.

Sei dir ebenfalls bewusst darüber, dass sich deine Visionen auf dem Weg ändern werden. Einiges wirst du schnell erreichen, dann brauchst du neue Ziele. Anderes erscheint dir nach einiger Zeit kein erstrebenswertes Ziel mehr. Vielleicht bemerkst du, dass du doch keine Villa in Dubai brauchst, sondern dass dir eine Wohnung im Süden Spaniens ausreichen würde. Dann ändere deine Vision! Traue dich unbedingt, dir einzugestehen, dass du auf dem Weg falsch abgebogen bist. Es ist besser, damit aufzuhören, etwas hinterherzulaufen, dass du gar nicht (mehr) wirklich möchtest, als stur an deiner Vision festzuhalten.

Dein Vision Board

Zur Unterstützung deiner Vision kannst du zusätzlich mit einem Vision Board arbeiten. Hierfür nimmst du dir ein großes Blatt Papier, einen stabilen Karton oder du nutzt eine App. Ich empfehle dir, dieses Vision Board physisch herzustellen, denn allein der Prozess, Bilder deines Traumlebens zu suchen, diese auszuwählen und aufzukleben, ist sehr emotional.

Wenn du deine Ziele festgelegt hast, dann suche dir entsprechende Bilder dazu heraus. Die Villa im Süden, die Yacht, den Umsatz, den du möchtest, den neuen Job, deinen Traumkörper, schicke Designertaschen, ein neues Auto, deine Hobbys, gutes Essen, das Häuschen am Meer, Urlaube in schicken Hotels oder im Camper, Zeit für deine Familie, deinen Traumpartner, eine Stiftung, die du gründen möchtest – einfach alles, wovon du träumst und was du in den verschiedenen Lebensbereichen erreichen möchtest, packst du auf dein Vision Board. Gestalte es bunt oder geradlinig, groß oder klein, klebe, male, zeichne – alles ist erlaubt. Beim Gestalten deines Vision Boards kannst du dir inspirierende Musik auflegen und jedes Bild, das du aufklebst oder malst, eingehend betrachten. Wie wirst du dich fühlen, wenn die Situation oder der Gegenstand in deinem Leben sein wird? Spüre die Freude, das Glück und die Zuversicht, die jedes Bild dir gibt.

Zu den Bildern kannst du dein Vision Board auch noch mit positiven Affirmationen ausschmücken, die du auf das Board schreibst oder klebst, wie beispielsweise:

- Ich bin eine Millionärin mit Herz.
- Ich lebe mein Traumleben.
- Ich bin gesund und fit.
- Ich lebe in einer glücklichen Beziehung.
- Ich habe Zeit für meine Familie.
- Ich habe genauso viele Kunden, wie ich möchte.
- Ich lebe ein großartiges Leben.
- Ich bin erfolgreich in meinem Job.
- Ich verdiene so viel Geld, wie ich möchte.

Wichtig ist, dass diese Affirmationen in der Gegenwartsform formuliert sind. Lies sie dir laut vor und spüre, ob du sie wirklich fühlst, denn nur dann passen sie zu dir.

Wenn du fertig bist, hänge dieses Vision Board an einer Stelle auf, an der du es täglich sehen kannst. Schau dir die Bilder regelmäßig an, spüre täglich hinein, wie es sich anfühlen wird, wenn du all das, was du dir wünschst, in deinem Leben haben wirst. Dieses Vision Board ist ein weiteres Puzzleteil deiner Vision und Manifestation, genauso wie das Lebensrad oder auch Netflix.

Handeln musst du nun trotzdem. Achte auf Zeichen, die dich erreichen, und handle inspiriert. Das Vision Board unterstützt dich dabei, deine Vision nicht zu vergessen und dein Handeln darauf auszurichten. Und es macht Spaß zu sehen, wie aus deinen Visionen Realität wird.

Ich sehe mir meine alten Vision Boards immer wieder gerne an und bin jedes Mal aufs Neue überrascht, wie viel von dem, was ich mir gewünscht habe, Realität geworden ist: das Haus, der Camper, die Urlaube, Kunden, mein Business, meine Familie.

Die Retrospektive ist enorm spannend. Manchmal erkennst du, dass du dir etwas gewünscht hast, das dann nicht exakt genau so eingetreten ist, aber doch zu einem großen Teil oder in einer etwas anderen Form. Sei offen für das, was in dein Leben kommen möchte, und vertraue. Mit jeder Manifestation, die du in deiner Realität erfährst, kannst du mehr vertrauen.

Eine meiner Kundinnen hat mir zu ihrem Vision Board eine verrückte Geschichte erzählt: Sie hatte sich schon viele Jahre gewünscht, auf eine Flusskreuzfahrt zu gehen. Also suchte sie sich irgendein Bild von einem Flusskreuzfahrtschiff im Internet, druckte es aus und klebte es auf ihr Vision Board. Jeden Abend sah sie das Bild des Schiffes und sie freute sich schon darauf, dass es irgendwann so weit sein würde, und ihr Traum würde in Erfüllung gehen. Doch die Wochen gingen ins Land und irgendwie ergab sich keine Gelegenheit, eine Kreuzfahrt zu buchen. Meine Kundin hatte viel mit dem Aufbau ihres Coaching-Business zu tun und daher wenig Zeit, sich um eine Auszeit zu kümmern. Eines Abends, während sie einen Coaching-Call abhielt, sagte eine der Teilnehmerinnen: »Ich bin so richtig im Flow.« Flow? Das passte doch zu »Fluss«! Durch diese Aussage fiel meiner Kundin ihr Traum wieder ein. Zufällig hatten ihr Partner und sie zwei Wochen später ein freies Wochenende geplant und wussten bislang noch nicht, wo sie hinfahren sollten. Meine Kundin recherchierte also direkt nach ihrem Coaching-Call im Internet nach Flusskreuzfahrten und fand eine Reise, die genau zu den Daten des freien Wochenendes passte. Kurzerhand buchte sie die Reise – endlich war es so weit!

Als sie am nächsten Morgen den Namen und ein Bild des Schiffes, mit dem sie reisen würde, auf ihrer Buchungsbestätigung sah, fiel ihr Blick auf ihr Vision Board. Dort hatte sie das Bild des gleichen Schiffes, das sie nun für ihre Reise gebucht hatte, bereits vor Monaten aufgeklebt.

Manchmal brauchst du einfach etwas Geduld. Gib deiner Manifestation Zeit, in dein Leben zu treten, und vor allem: Hör niemals auf, an deinen Träumen zu arbeiten.

Von der Vision in die Realität

Woraus besteht die Tasse auf deinem Tisch? Und wenn wir schon dabei sind: Woraus besteht der Tisch? Die Antwort darauf ist klar – beides besteht aus Materie. Wir können die Tasse anfassen, sie hochnehmen, eine Flüssigkeit hineingeben und sie auf den Tisch zurückstellen. Der Tisch ist fest, wir können darauf klopfen, uns sogar daraufsetzen – alles Eigenschaften von Materie. Diese Materie hat einen Aggregatzustand: Sie ist fest, flüssig, gas- oder plasmaförmig (wie beispielsweise die Sonne). Doch was genau ist dieser Aggregatzustand? Ist Gas noch Materie? Und wie können wir diese Materie beeinflussen, wenn sie doch fest ist? Um die Geheimnisse von Materie und Manifestation zu verstehen, müssen wir in die Welt der Quantenphysik einsteigen, also dorthin, wo der Ursprung aller Materie liegt. Mit den nun folgenden Zeilen werde ich dir handfeste und greifbare Beweise dafür liefern, dass Manifestation kein »Hirngespinst« ist.

Die Quantenphysik zeigt, dass auf subatomarer Ebene (also bei sehr kleinen Teilchen wie Elektronen und Quarks) Materie und Energie nicht getrennt, sondern verschiedene Ausdrucksformen desselben Grundphänomens sind. Diese Teilchen können nicht als feste »Dinge« betrachtet werden, sondern eher als »schwingende« Zustände eines zugrunde liegenden Feldes.

Diese Felder sind das, was wirklich existiert, und die Teilchen, die wir beobachten, sind Manifestationen dieser Felder. Wenn ein

Feld in einem bestimmten Bereich »schwingt«, erscheint uns das als Teilchen.

Lass mich das anhand einer Gitarrensaite erklären: Wenn die Saite (das »Feld«) nicht schwingt, gibt es kein Geräusch (kein »Teilchen«). Aber wenn sie gezupft wird und zu schwingen beginnt, hören wir einen Ton (wir »beobachten« dann ein »Teilchen«). Der Ton existiert nicht getrennt von der Saite – er ist eine Manifestation der schwingenden Saite.

Auf einer sehr tiefen quantenphysikalischen Ebene können wir also sagen, dass alle Materie aus energetischer Schwingung besteht. Genau deshalb können wir Materie beeinflussen (erinnere dich erneut an das Doppelspalt-Experiment). Denn alles um uns herum ist, genauso wie wir, Energie. Wenn du deine Körperenergie, deine Gedanken und Emotionen auf ein gewisses Niveau bringst, wirst du zu einem energetischen Match für etwas im Außen. Dein »Ton« erklingt auf eine besondere Art und außerhalb von dir gibt es Energien, die auf diesen Ton reagieren. So ziehst du das an, was du ausstrahlst, oder stößt das ab, was du nicht ausstrahlst.

Möchtest du manifestieren, musst du die Energie von dem annehmen, was du anziehen möchtest. Damit wirst du zu einem Magneten und ziehst das in dein Leben, was du haben möchtest. Folgendes Zitat, das häufig Albert Einstein zugeschrieben wird, verdeutlicht dieses Prinzip: »Du musst die Frequenz der Realität annehmen, die du anziehen möchtest. Dann wirst du keine andere Wahl haben, als diese gewünschte Realität anzuziehen. Das ist Physik.«

Ich möchte hier gar nicht zu sehr in wissenschaftliche Erläuterungen einsteigen. Wichtig ist zu verstehen, dass die Energiewelle deiner Gedanken und die Energiewellen dessen, was du haben möchtest, sich irgendwann zwangsläufig überlagern oder abstoßen.

Wünschst du dir Freude, Wohlstand und Fülle und denkst aber immer nur an Mangel und daran, dass du »Opfer« bist, dann werden sich die beiden Wellen niemals überlagern. Lebst du aber schon jetzt in Freude, Fülle und Wohlstand und denkst an noch mehr Freude, Fülle und Wohlstand, dann überlagern sich die

Wellen mehr und mehr und im Hier und Jetzt entsteht deine Realität – aus Freude, Fülle und Wohlstand.

Auf tiefster schöpferischer Ebene ist alles, was du wahrnimmst, Energie: Liebe, Geld, eine Karriere, dein Traumpartner, Besitztümer, Gedanken und Gefühle. Schaffst du es, die Energie der Dinge, die du dir wünschst, mit deiner Energie zu vereinen, dann wird all das, was du dir vorstellst, erlebbar und zu deiner manifestierten Realität.

Humbug? Nein – Wissenschaft!

Momentan strahlst du eine bestimmte Energie aus, die zu der Realität passt, die du gerade erfährst. Wenn du nun etwas anderes erleben möchtest, also einen klaren Wunsch hast, gibst du eine andere Energie in den Möglichkeitsraum, der bereits existiert. Alle Möglichkeiten, die es jemals geben wird, sind bereits in einer sogenannten Matrix vorhanden. Diese Matrix ist unser Bild der Wirklichkeit auf dieser Welt, sie ist alles, was wir wahrnehmen, also sehen, hören, riechen, schmecken und auch fühlen können. In dieser Matrix ist zudem bereits alles, was sein kann, hinterlegt.

Wir entscheiden jede Sekunde unseres Lebens neu, welche der vielen Realitäten, die in der Matrix bereits angelegt sind, wir in unser Leben ziehen. Stelle dir vor, du hast das Ziel, Spaghetti mit Tomatensauce zu kochen. Diese Spaghetti gibt es bereits in der Matrix. Genauso wie die vielen unterschiedlichen Möglichkeiten, die Zutaten einzukaufen und das Gericht zuzubereiten. Du entscheidest dich vielleicht dazu, beim Discounter um die Ecke einzukaufen. Statt mit dem Fahrrad fährst du mit dem Auto dorthin, weil du wenig Zeit hast. Auf dem Rückweg triffst du eine Bekannte, die dir den neuesten Klatsch erzählen möchte, doch du bist in Hektik und würgst das Gespräch ab. Sie ist sauer und du kommst durch die Verzögerung später als geplant heim. Während du in Hektik kochst, klingelt es an der Haustür. Es ist ein Lieferservice, der dir die schicken Schuhe bringt, die du bestellt hast. Voller Freude packst du sie aus, als dir ein komischer Duft in die Nase steigt. Fast hättest du deine Sauce vergessen. Du kochst zu Ende, setzt dich an den Tisch, die schicken neuen Schuhe an den Füßen, und genießt deine Spaghetti.

Hättest du dich statt des Autos für das Fahrrad entschieden, hättest du deine Bekannte vielleicht nicht getroffen. Sie wäre nicht sauer auf dich, dafür hättest du den Lieferservice verpasst, da du mit dem Fahrrad länger nach Hause gebraucht hättest als mit dem Auto. Auch dann hättest du Spaghetti gegessen, allerdings entspannter, ohne Ärger über deine Bekannte und ohne neue Schuhe an den Füßen, da der Lieferdienst sie in den Paketshop gebracht hätte – du warst nicht zu Hause.

Die Energie, die du ausstrahlst, zieht genau den Möglichkeitsraum an, der zu dir passt. Das bedeutet im Umkehrschluss, dass du deine Energie auf das ausrichten musst, was du in deinem Leben haben möchtest! Am einfachsten lässt es sich mit deiner Laune verdeutlichen. Stehst du morgens schon mies gelaunt auf, wird dein ganzer Tag dir diese miese Laune widerspiegeln. Du strahlst »mies gelaunte Energie« aus, und genau darauf reagiert der Möglichkeitsraum. Das ist wie bei einem Radio. Du stellst die Frequenz auf einen Sender ein und hörst auch nur die Lieder, die dieser Sender spielt. Trotzdem gibt es – genau in diesem Moment – noch Tausende anderer Sender und Tausende andere Lieder, die gespielt werden. Wechselst du die Frequenz, hörst du etwas anderes.

Bist du mies gelaunt, bekommst du mies gelaunte Menschen in dein Leben. Wechselst du die Frequenz auf »heute bin ich glücklich«, werden dir auch glücklich machende Dinge widerfahren und du wirst glücklichere Menschen treffen.

Deine Realität liefert dir alles, was du bestellst. Vielleicht bist du bislang nicht bereit dafür, es zu empfangen, oder siehst die Möglichkeit nicht, weil du sie noch nicht wahrnehmen kannst. Dein Empfänger ist noch auf den falschen Sender eingestellt.

Dann zieht sich die neue Realität für den Moment aus deinem Möglichkeitsraum zurück.

Vielleicht hast du es schon selbst erfahren: Wenn du mit offenen Augen und offenem Herzen durch die Welt gehst, gibt es überall Möglichkeiten und Menschen, die dir weiterhelfen können. Sie kommen vermeintlich aus dem Nichts. Manchmal arbeitest du Wochen oder gar Monate an einer bestimmten Aufgabe, hin auf dein Ziel, doch es fühlt sich an, als ob es keinen Fortschritt gebe. Und dann, von einem Moment auf den anderen, fallen plötzlich alle Puzzleteile an ihren Platz und alles geht leicht.

Alle Lebensbereiche greifen bei der Manifestation ineinander. Kannst du dich noch daran erinnern, als du das erste Mal verliebt warst? Du hast alles durch die rosa Brille der Verliebtheit betrachtet. Deine Umgebung kam dir plötzlich viel schöner vor als sonst. Dein Körper, an dem du sonst vielleicht das ein oder andere auszusetzen hattest, kam dir wunderschön vor und du hast ihn gehegt und gepflegt. Wenn es regnete, hast du dich auf gemeinsame Kuschelzeit auf dem Sofa oder einen Kinoabend gefreut. Schien die Sonne, hast du deine schönsten Kleider angezogen und bist mit deinem Schatz spazieren gegangen. Musstest du putzen, hast du das mit einem Lächeln auf den Lippen getan. Du hast innerlich – und vermutlich auch äußerlich – gestrahlt, ja vibriert. Dieses Vibrieren hat dein Umfeld wahrgenommen, nicht nur das Objekt deiner Begierde. Dein Umfeld hat entsprechend auf dich reagiert. Du wurdest häufiger als sonst angelächelt und konntest beschwingt durch deinen Tag gehen. War jemand unfreundlich zu dir, hat dich das nicht lange beschäftigt. Das Leben war schön.

Doch dann meldete sich dein Schwarm vielleicht drei Tage lang nicht bei dir und sofort war alles grau in grau. Im Supermarkt wurdest du angerempelt, dir wurde die Vorfahrt genommen und auch in deinem Job lief es zäh. Du warst traurig, enttäuscht und müde. Auch das hast du nach außen ausgestrahlt und darauf haben Menschen reagiert.

Du trägst jeden Tag eine Brille oder auch mehrere. Diese Brillen filtern deine Realität und lassen dich nur das erleben, was du zulässt. Deine Glaubenssätze, Prägungen und dein Wissen formen diese Filter und beschränken oder eröffnen dir Möglichkeiten. Du entscheidest, welche Brillen du trägst und welche nicht.

Energy, Baby!

Das Lebensrad, das Vision Board, das Netflixen, das Tagträumen – all das, was ich dir in den vorherigen Kapiteln mitgegeben habe, hat nur eine Aufgabe: dich in die richtige Energie, also in Schwingung zu bringen, um deine Manifestation im Außen zu unterstützen!

Und es gibt noch weitere Möglichkeiten.

Als Erstes denke an das, was du möchtest – das kennst du bereits! Male es dir in den schönsten Farben aus, stell dir vor, wie es sich anfühlen wird, wenn du es in deinem Leben hast. Träume dir dein Leben so, wie du es haben möchtest. Das habe ich dir schon ausführlich beschrieben – es ist die Grundlage für jede Manifestation.

1. Sei dankbar für das, was du bereits hast. Dafür musst du dich nicht jeden Morgen hinsetzen und ein Dankbarkeitstagebuch schreiben. Wenn du das tun möchtest, dann mach es gerne. Ich mag es gerne etwas praktischer. Daher halte ich mich täglich mehrfach zur Dankbarkeit an, nicht nur morgens, wenn ich ein Tagebuch schreibe. Sieh dich einmal um: Es gibt so vieles in unserem Leben, für das wir dankbar sein können. Das sind nicht nur die großen, besonderen Dinge oder Situationen, wie ein schönes Haus, Gesundheit, eine Reise. Nein, es sind auch kleine Dinge wie die Sonne, die scheint; der Regen, der fällt; die Tatsache, dass deine Kinder ihre Schuhe ordentlich weggeräumt haben; das leckere Essen, das du gekocht und mit deiner Familie oder deinem Partner genossen hast; die Tatsache, dass du genug Geld hast, um deine Tankfüllung zu bezahlen.

Je dankbarer du bist, umso mehr Dinge, Menschen und Situationen werden in dein Leben kommen, für die du dankbar sein kannst. Dich täglich in Dankbarkeit zu üben, hat etwas Heilsames. Du kannst auch Rituale einbauen, indem du dir beispielsweise immer beim Zähneputzen fünf Dinge sagst, für die du dankbar bist, oder immer beim Kochen daran denkst, wofür du an diesem Tag besonders dankbar sein kannst.

2. Musik! Tanze mal wieder und singe, wenn du Spaß daran hast. Indem du Musik auflegst, kannst du dich schnell in eine Energie der Freude oder Motivation bringen. Ich bin leider kein Sportfan, trotzdem weiß ich, dass Sport wichtig für meine körperliche und mentale Fitness ist. Also treibe ich Sport – mit Musik. So fällt es mir deutlich leichter, dranzubleiben und mich zu motivieren. Das gibt mir ein gutes Gefühl und das führt zu weiteren guten Gefühlen.

3. Körperübungen. Dein Körper ist ein riesiges Energiefeld und wirkt ständig auf deine Umgebung. Wenn du deinen Körper in eine gute Energie bringst, dann wirst du wie ein Magnet für gute Energie wirken.

4. Hier eine meiner Lieblingsübungen, die du sofort und jederzeit durchführen kannst. Schließ deine Augen und stell dir vor, jede deiner Körperzellen ist wie eine kleine Sonne kurz vor Sonnenaufgang. Jede Zelle ist mit positiver Sonnenenergie geladen. Alle diese Zellen warten auf den Sonnenaufgang und sind bereit loszulegen. Jetzt zählst du bis drei. Bei drei lässt du deine kleinen Sonnen-Körperzellen aufgehen und atmest dabei tief ein. Spürst du die positive, helle und warme Energie und wie dein Körper mit Kraft durchflutet wird? Atme nun einige Male tief ein und aus und fülle deine Lungen mit Sauerstoff, um alle Sonnen alias Körperzellen gut zu versorgen. Brauchst du eher eine quirlige Energie, dann stell dir vor, dass jede Zelle eine

Champagnerperle ist, die nur darauf wartet, dass die Flasche, in der sie sich befindet, geöffnet wird. Auch hier zählst du bis drei, dann »entkorkst« du die Flasche mit einem Knall und alle Champagnerperlen steigen nach oben, quirlig und »bubbly«.

5. Entspannung und Schlaf. Einfach, aber wirkungsvoll: Gönne dir ausreichend Schlaf und Entspannung. Stell dir deinen Geist vor wie einen großen Teich. In diesem Teich schwimmen viele Fische herum, manche sind groß, andere wiederum kleiner. Aus diesem Gedankenteich fischst du jeden Tag Ideen. Dein gut gefüllter Teich sorgt dafür, dass du kreativ arbeiten kannst und Manifestationskraft hast. Wenn du ihn nicht regelmäßig auflädst, ist dein Teich allerdings früher oder später leer gefischt. Dann musst du ihn wieder füllen, und das geschieht durch Schlaf und Entspannung. Lies ein gutes Buch, mach einen Spaziergang, spiel mit deinen Kindern oder setz dich hin und schau dir die Welt an. So bekommst du wieder neue »Fische«, also neue Energie, um dir dein Leben so zu gestalten, wie du es möchtest.

6. Neues Lernen. Auf dem Weg zu deinem Traumleben benötigst du reichlich Vorstellungsvermögen. Gedanken entstehen in deinem Gehirn, genauso wie dort auch die bereits festgefahrenen Bahnen vorhandener Prägungen liegen. Doch unser Gehirn kann jederzeit Neues lernen, nachgewiesenermaßen bis ins hohe Alter. Die sogenannte Neuroplastizität – die Anpassungsfähigkeit des Gehirns – ist ein faszinierendes Phänomen. Es gibt Studien, die zeigen, dass bestimmte Gehirnbereiche, je nachdem wie häufig sie genutzt werden, messbar größer oder kleiner werden. Also nutze diese wundervolle Fähigkeit deines Gehirns, um deinem Leben immer wieder neue Erfahrungen hinzuzufügen. Das gibt dir gute Energie und lässt dich Neues erfahren, dass du dann wiederum in deine Visionen einbauen kannst.

7. Freude. Erinnere dich daran, worauf du dich das letzte Mal wie ein kleines Kind so richtig gefreut hast. Sage dir: »Wow, ich freue mich so sehr darauf, wohlhabend zu sein.« Worauf kannst du dich heute schon freuen? Sei bereits glücklich, *bevor* die äußeren Umstände dies bestätigen. Du wirst die wirkliche Freude, die du haben wirst, wenn deine Manifestationen in die Realität kommen, wie ein Magnet anziehen. Hier ein Beispiel, wie ich Freude bereits zur Manifestation genutzt habe.

8. Als wir unser Haus suchten, lag der Schwerpunkt meiner Energie auf dem Gefühl der Freude, endlich angekommen zu sein. Ich begann mich so zu fühlen, als ob ich bereits uneingeschränkt in unserem idealen Haus wohnen würde. Ich spürte, wie gerne ich es betrat, und empfand es als unser perfektes Familienheim, nicht zu groß, nicht zu klein. Ich schloss die Augen und fühlte mich dort unglaublich wohl. Um dieses Gefühl zu untermauern, durchstöberte ich viele Immobilienanzeigen, sah mir Fotos von Möbeln und Wohnzimmern an. In meiner Vorstellung richtete ich das Wohnzimmer bereits im von mir gewünschten Stil ein, noch bevor wir das Haus überhaupt besaßen. Auf diese Weise entstand eine mentale Visualisierung, die mir half, das passende Haus in unser Leben zu ziehen – und jetzt rate einmal, wie mein Wohnzimmer heute aussieht. Genau so, wie ich es mir vorgestellt habe. Und ich freue mich täglich darüber.

Und es gibt noch eine weitere Zutat. Vertrauen.

Ungeduld bringt dich nicht zum Ziel

Hast du schon einmal einen Hefeteig zubereitet? Dafür rührst du alle Zutaten, also Mehl, Milch oder Wasser, Zucker, Fett, etwas Salz und Hefe zusammen. Dann muss der Teig Zeit haben, aufzugehen. Dafür stellst du ihn abgedeckt an einen warmen Ort und lässt ihn in Ruhe. Du schaust nicht alle drei Minuten nach, ob der Teig schon aufgegangen ist. Du hast Vertrauen, dass du die Zutaten richtig zusammengestellt hast, die Hefe ihre Arbeit leistet, der Teig nun reift und du bald etwas Schönes backen kannst. Schaust du ständig nach dem Teig, störst du die Hefekulturen bei der Arbeit, und es kann sein, dass der Teig nicht aufgeht.

Ein weiteres Beispiel für alle Gärtnerinnen und Gärtner. Wenn du eine Blumenzwiebel setzt, dann lässt du diese im Boden ruhen und gräbst sie nicht ständig wieder aus, um nachzusehen, ob sie schon Wurzeln gebildet hat und wo die Blume bleibt. Würdest du das tun, würde die Blumenzwiebel gar nicht austreiben.

Was das mit Mindset, Glaubenssätzen und Manifestieren zu tun hat? Ich vermute, du ahnst es schon: Auch beim Manifestieren musst du Geduld und Vertrauen haben.

Es nützt nichts, wenn du gedanklich immer wieder zweifelst. »Ich glaube doch ganz fest an meine Vision! Und das schon seit zwei Tagen! Und noch ist nichts passiert. Was mache ich falsch? Was muss ich ändern?« Habe Vertrauen und Geduld. Du hast deine Vision und deinen Traum, und dann gibst du diesen Wunsch an das Universum, Gott, die Quelle, das große Ganze, das Licht, wie auch immer du es nennen möchtest, ab.

Jetzt kommt eine große Herausforderung: Sei dankbar dafür, dass du das erhältst, was du möchtest, und vertraue, dass es in dein Leben kommt.

Wenn du etwas im Internet bestellst, schaust du ja auch nicht permanent in die Bestellhistorie, wo dein Paket ist. Du weißt, dass das Paket kurze Zeit später geliefert wird, auch ohne dein Zutun. Du freust dich auf die Lieferung und stellst dir in Gedanken vor, wie es sein wird, wenn du das Paket auspackst. In der Zeit, in der du wartest, beschäftigst du dich mit anderen Dingen und weißt, dass der Lieferservice seinen Job macht.

Geduld ist essenziell bei deiner Manifestation. Der Hefezopf geht nicht schneller auf, wenn du ständig auf die Uhr schaust.

Die Blumenzwiebel keimt nicht früher, wenn du danebenstehst, und die Online-Bestellung kommt dann, wenn das Paket verpackt wurde und der Lieferdienst es zu dir fährt.

Deine Universumsbestellung, also Manifestation, kommt, wenn sie dran ist. Dieses Loslassen deines Wunsches, das Vertrauen, dass die Lieferung kommt, dass dein Traum wahr wird, bedeutet nicht, dass du nicht weiter daran denken sollst. Es bedeutet vielmehr, dass du fest daran glauben musst, dass du das bekommst, was du möchtest. Wenn du an deiner Vision zweifelst, dann kreierst du dir eine neue Realität. Und diese Realität heißt: Ich glaube nicht daran, dass mein Traum wahr wird. Also tritt genau diese Realität ein.

Wer kontrolliert, vertraut nicht. Die Energie des Misstrauens manifestiert nicht, im Gegenteil, sie bestellt ab, Ungeduld ebenfalls. Manche Dinge brauchen einfach Zeit. Zwar nicht immer, denn manchmal wundere ich mich selbst über die Schnelligkeit, mit der Dinge passieren, dich ich mir wünsche. Doch oft genug will »gut Ding Weile haben«.

Wenn du manifestierst, gehören zur Erfüllung deiner Manifestation häufig mehrere Personen oder Situationen, die erst einmal in dein Leben treten müssen – und denk bitte daran, dass auch du durch deine aktive Tätigkeit im Außen zur Manifestation beitragen musst.

Lass uns als Beispiel deinen Traumpartner nehmen. Dieser lebt vielleicht momentan noch 500 Kilometer von dir entfernt (wenn du ihn bisher nicht gefunden hast). Deine Vision ist klar, du wünschst dir eine glückliche, wertschätzende Beziehung auf Augenhöhe mit einem zauberhaften Mann, der zu dir passt, der die gleiche Musik mag wie du und Fan der Serie *Game of Thrones* ist. Diesen Wunsch gibst du klar und deutlich ans Universum ab und freust dich darauf, dass dieser Mensch bald in dein Leben tritt. Du fühlst schon, wie es sein wird, wenn ihr Hand in Hand spazieren geht, beim gemeinsamen Essen eure Lieblingsmusik hört und euch darüber Gedanken macht, wie die Drachen in eurer Lieblingsserie animiert wurden.

Mit dieser Vision, die du »hinausgeschickt« hast, fangen nun diverse Zahnräder an, sich zu drehen. Ich stelle mir eine Manifestation gerne wie eine Maschine vor, die erst dann richtig funktioniert, wenn alle Zahnrädchen perfekt ineinandergreifen. Manche dieser Zahnräder sind klein, sie drehen sich schneller, andere sind groß, die brauchen einige Zeit, um in Schwung zu kommen. Vielleicht bekommt in dem Moment, in dem du dir deinen Traumpartner wünschst, genau diese Person über Social Media eine Stellenanzeige in deiner Nähe ausgespielt. Sie sieht sich diese Anzeige an, überlegt danach einige Wochen, ob sie ihren jetzigen Job kündigen soll, und wagt es schließlich. Sie sucht sich eine Wohnung in deiner Nähe, zieht dann irgendwann um und einige Monate später lauft ihr euch bei einer *Game of Thrones*-Convention über den Weg. Es ist Liebe auf den ersten Blick. Die Zahnräder dieser Manifestation drehten sich bereits, ohne dass du etwas davon mitbekommen hast.

Welche Wege deine Manifestation nimmt, kannst du nicht wissen, und manchmal passieren Dinge, die eigentlich gar nicht möglich sein dürften, so wie bei meinen Kunden Susann und Alexander. Die beiden lebten etwa 150 Kilometer entfernt voneinander und waren auf der Suche nach ihrem Traumpartner. Dafür nutzten sie eine Dating-App, in der sie allerdings eingestellt hatten, dass sie sich nur für potenzielle Partner im Umkreis von jeweils 20 Kilometern um ihren Wohnort interessierten. Doch eines Tages schlug das Schicksal – oder sollen wir es Manifestation nennen? – zu. Susann war auf dem Weg zu einem Termin in die Schweiz, während Alexander seinen Freund in der gleichen Richtung besuchen wollte. Die beiden fuhren mit ihren Autos also quasi aneinander vorbei. Nun kommt die »Magie« ins Spiel. Die Dating-App interpretierte anscheinend diesen gemeinsamen Moment auf der Autobahn als »Wohnort« und schlug beiden beim nächsten Öffnen der App den jeweils anderen als Partner vor. Die beiden trafen sich, verliebten sich und sind nun seit einigen Jahren ein glückliches Paar.

Manifestation komplett. Ist das nicht wunderbar?

Saboteure auf deinem Weg

Viele unterschiedliche Faktoren können dafür sorgen, dass deine Manifestationen nicht funktionieren. Dazu gehören deine Prägungen und Filter und damit deine Glaubenssätze. Sie sind die Basis für das, was dir möglich erscheint und was du zulässt. Wie du im vorigen Kapitel erfahren hast, brauchst du außerdem Geduld und Vertrauen. Doch es gibt weitere Ursachen, die bewirken können, dass du dich selbst sabotierst – bewusst und auch unbewusst. Welche weiteren Gründe es gibt und warum es den meisten von uns schwerfällt, ihren Money-Schuh zu stretchen, erfährst du nun.

Wir alle leben noch in der Steinzeit – zumindest ein Teil unseres Gehirns. Das »Reptiliengehirn«, der älteste Teil unseres Gehirns, ist verantwortlich für einige der grundlegendsten Überlebensmechanismen. Es steuert Funktionen wie Herzschlag, Atmung und Körpertemperatur und sorgt dafür, dass wir überleben. Dieser Teil des Gehirns ist darauf gepolt, dass wir unsere Vorräte gut bewachen und behalten. In der Steinzeit hatten wir als Vorrat 150 Äpfel, 50 getrocknete Mammutohren, 10 Schafkeulen und noch ein paar Kilo Nüsse, um während des Winters versorgt zu sein. Unser Reptiliengehirn wusste genau, dass wir diese Vorräte brauchen, um die kalte und dunkle Zeit zu überleben. Wenn damals der Steinzeitbuddy um die Höhlenecke kam und sagte: »Hey, du, kann ich mal fünf Mammutohren haben? Ich hab schon alle aufgegessen«, dann wussten wir genau, dass wir diese Menge nicht hergeben dürfen, sonst würden wir den Winter nicht überstehen.

Heute haben wir keine Äpfel und Mammutohren mehr als Vorrat, sondern dafür Geld. Jedes Mal, wenn wir Geld – also unsere Vorräte – hergeben, springt deshalb der Überlebensmechanismus in unserem Reptiliengehirn an und sagt uns: »Achtung! Nicht zu viel ausgeben! Sonst hast du nicht mehr genug und könntest sterben!«

Genau diese Sorge erleben wir dann in unserer Realität: Achtung! Nicht zu viel für den Kaffee bezahlen! Achtung! Nicht das teure Hotel buchen. Achtung! Nicht so viel Trinkgeld geben! Du könntest das nicht überleben! Steinzeit-Alarm!

Möchtest du deinen Money-Schuh stretchen, um dein Leben als Millionärin mit Herz zu leben, dann ist es deine Aufgabe im Heute als Homo sapiens, deinem Neandertaler-Reptiliengehirn klarzumachen, dass du nicht stirbst, wenn du dem Kellner etwas mehr Trinkgeld gibst oder dir spätabends ein Taxi nach Hause leistest, weil die Bahn erst in einer halben Stunde kommt und du keine Lust hast, zu warten und zu frieren. Aus jeder dieser Situationen lernt dein Reptiliengehirn: »Okay, es gibt jetzt 10 Euro weniger im Portemonnaie. Ich habe weniger Vorräte, aber ich bin nicht gestorben. Juhu! War gar nicht schlimm.«

Diese Vorgehensweise ist wie eine Mini-Verhaltenstherapie. Dein finanzieller Überlebensinstinkt sagt dir zwar, dass du auf die Bahn warten solltest, aber du möchtest es warm und gemütlich haben und schnell nach Hause kommen. Du bestellst das Taxi, bist vielleicht auch ein wenig aufgeregt und merkst am nächsten Tag, dass immer noch Essen im Kühlschrank ist – obwohl du dir ein Taxi für 20 Mammutohren, pardon, Euro – geleistet hast. Das Prinzip hierbei ist immer gleich, egal, ob es sich um das Trinkgeld, den Kaffee, das Taxi oder den Business-Class-Flug handelt. Du und dein Reptiliengehirn müsst die Erfahrung machen, dass nichts Schlimmes passiert, im Gegenteil. Von Erfahrung zu Erfahrung wird dein Gehirn entspannter damit umgehen. Du klinkst dich in ein neues Energiefeld ein und damit in eine andere Realität.

Doch was ist, wenn dein Vorrat wirklich knapp ist? Wenn du kaum ausreichend Geld zum Leben hast?

In dem Moment, in dem ich diese Zeilen schreibe, ist mir sehr wohl bewusst, dass es viele Menschen gibt, die gerade kämpfen müssen, um den Kopf über Wasser zu halten. Alles wird teurer. Miete, Lebensmittel, Strom, viele haben kaum noch Geld, um ihr Überleben zu sichern. Davor verschließe ich nicht die Augen. Doch ich bin der festen Überzeugung, dass es immer möglich ist, den eigenen Rahmen und damit die eigene Realität zu erweitern. Kannst du keine 3 Euro mehr Trinkgeld geben, kannst du vielleicht 30 Cent mehr geben. Und wenn es nur 5 Cent sind, es ist trotzdem ein Signal an dein Reptiliengehirn, dass mehr möglich ist, als deine derzeitige Realität hergibt. Fang mit dem an, was leicht geht. Akzeptiere, dass du zu 100 Prozent für deine Ergebnisse verantwortlich bist. Manifestieren ist hundertprozentige Selbstverantwortung.

Der Rahmen, in dem du dich heute bewegst, ist, wie er ist. Vielleicht hast du kein Geld, wurdest verlassen, lebst von Sozialhilfe. Dann übernimm für diese Situation Verantwortung und überlege, was dir trotzdem noch möglich ist. Was kannst du tun, um aus dieser Situation herauszukommen? Erforsche intensiv, was in der Situation, in der du steckst, machbar ist. Irgendetwas, von dem du bislang nicht dachtest, dass es möglich sein könnte. Jeder kann an seiner Situation etwas verändern. Davon bin ich felsenfest überzeugt, auch weil ich es immer wieder an meinen Kunden sehe. Es gibt Menschen, die die schlimmsten Schicksalsschläge erlebt haben, und es gelingt ihnen trotzdem, ihr Leben zu verändern. Ich kenne Menschen, die hoch verschuldet waren, und trotzdem haben sie es geschafft, ihr Leben wieder auf die Reihe zu bekommen. Natürlich sehe ich auch Menschen, die es nicht schaffen. Sie haben keine Träume, keine Ziele, sind nicht bereit, Verantwortung zu übernehmen.

Selbstverständlich ist es deutlich schwieriger, aus einer finanziell angespannten Situation heraus deinen Money-Schuh zu vergrößern, doch es ist nicht unmöglich. Vielleicht dauert es etwas länger als bei Menschen, die regelmäßig ein gutes Einkommen haben. Trotzdem ist es machbar. An diesem Glauben musst du festhalten! Du darfst nie aufgeben!

Wenn du etwas ändern möchtest, dann wirst du das auch schaffen. Sei felsenfest davon überzeugt, dass du dein Ziel erreichen wirst. Du wirst ankommen, wenn du losgehst, auch wenn es vielleicht etwas länger dauert. Jeder Schritt, und sei er noch so klein, führt dich ein Stück weiter in deine neue Realität – hin zu deinem Traumleben und raus aus der Höhle und dem Steinzeitdenken.

Gedanken = Realität

Aus meiner Sicht gibt es keine Ausreden mehr, wenn du dich entschlossen hast, dein Traumleben zu deiner Realität zu machen. Denn selbst dann, wenn du wirklich (!) und wahrhaftig (!) heute nichts tun kannst, um deinem Wunschleben entgegenzugehen, dann kannst du es dir zumindest vorstellen. Die Gedanken sind frei. Positiv denken geht immer. Auch wenn du kein Geld hast oder gar verschuldet bist, bleibt dir die Vorstellung, dass du genügend Geld für alles hast, was du dir leisten möchtest.

Unser Gehirn kennt keinen Unterschied zwischen Realität und Vorstellung. Wenn wir etwas erleben, senden unsere Sinnesorgane Informationen an unser Gehirn, das diese Informationen verarbeitet und interpretiert. Wenn wir uns etwas vorstellen oder daran denken, aktivieren wir viele der gleichen Bereiche im Gehirn, die auch aktiviert werden, wenn wir tatsächlich eine Erfahrung machen.

Hier ein Beispiel: Stell dir vor, dass du in deiner rechten Hand eine schöne gelbe Zitrone hältst. Langsam führst du diese Zitrone zum Mund und beißt herzhaft hinein. Denke intensiv an diese Zitrone und das Gefühl in deinem Mund. Sofort entsteht Speichel, vermutlich musst du sogar schlucken und verziehst ein wenig das Gesicht. (Das geht mir übrigens auch gerade so, als ich diese Zeilen schreibe.)

Das ist Manifestieren! Der bloße Gedanke an eine Zitrone manifestiert Speichel in deinem Mund. Ist das nicht verrückt? Nein, es ist Wissenschaft. Dieses Phänomen ist ein Beispiel für die sogenannte »bedingte Reaktion« oder »klassische Konditionierung«, ein Konzept, das von dem russischen Physiologen Ivan Pavlov entwickelt wurde. Wenn wir an das Beißen in eine Zitrone denken, erinnern wir uns an die Erfahrung, dass Zitronen sauer sind und unseren Speichelfluss anregen. Unser Gehirn verbindet diese Information mit der Vorstellung, in eine Zitrone zu beißen, und reagiert entsprechend, indem es den Speichelfluss anregt.

Jetzt könntest du einwenden: »Aber, Christina, ich habe noch nie richtigen Reichtum erlebt. Woher soll mein Gehirn denn wissen, wie sich das anfühlt, wohlhabend zu sein?« Hier kommen wieder Netflix, dein Vision Board oder auch die sozialen Medien ins Spiel. Tauche ein in die Gedankenwelt der Person, die du sein möchtest, und verbinde ein positives Gefühl damit. Falls du dir partout nicht vorstellen kannst, wie es ist, mit einer Yacht vor Monaco herumzuschippern, dann schau dir ein Bild einer Yacht an und verbinde dies mit einem guten Gefühl, das du schon einmal hattest. Oder denke daran, dass du an der Kasse des Designerladens stehst, dort deine Traumtasche kaufst und glücklich bist. Notfalls besuchst du den Online-Shop deines Lieblingsdesigners und legst alles in den Warenkorb, was du möchtest! Dann entscheidest du, dass der Kauf dieser Dinge gerade keine Priorität hat, du ihn aber nachholst. Die Aufregung, alles, was du gerne hättest, in den Warenkorb des Online-Shops zu legen, gibt dir ein Gefühl der Selbstermächtigung. Sei kreativ!

Das Gefühl des Glücks kannst du aus vielen Situationen ziehen. So verbindest du nach und nach deine Träume mit positiven Gefühlen, selbst dann, wenn du noch nie eine vergleichbare Situation erlebt hast. Wichtig dabei ist, dass du immer positiv denkst. Verbindest du Gefühle wie Frust, Scham oder Ärger mit deinen Wunschbildern, wird dein Gehirn nicht zögern, diese Emotionen mit deinen Wünschen zu verbinden. Achte auf deine Gedanken!

Um deine Gedanken in Richtung Wohlstand zu lenken, habe ich hier noch einen Top-Hack für dich, um dich stetig in eine Fülle-Energie zu bringen: Nutze selbst kleine Momente dafür, dir immer und immer wieder zu sagen, dass du Geld mit etwas Positivem verbindest. So beeinflusst du dein Unterbewusstsein positiv und programmierst es förmlich um. Ich nutze hierfür zum Beispiel gerne meine Passwörter. Anstatt kryptische Buchstaben-Zahlen-Kombinationen auszuwählen, verwende ich Sätze, die ich mit Fülle, Glück und Reichtum verbinde. Zum Beispiel:

Ich bin reich. Ich habe immer mehr als genug Geld. Geld kommt zu mir. Wohlstand ist einfach. Geld ist wundervoll. Ich bin täglich glücklich.

Diese Sätze, entweder ausgeschrieben oder abgekürzt und verbunden mit Zahlen und Sonderzeichen, sind zum einen gut merkbare Passwörter und zum anderen programmierst du damit dein Unterbewusstsein in Richtung Glück und Fülle – und das mehrmals täglich, nebenbei.

Deine Aufgabe ist es ab heute, deine Gedanken positiv zu nutzen und dorthin zu lenken, wo du sie gerade gerne hättest, völlig gleich, wo du gerade stehst. Lote aus, welche Möglichkeiten du hast, heute den ersten Schritt in Richtung deiner Vision zu gehen und diese dann wahrzunehmen, ohne etwas darauf zu geben, wie klein oder unbedeutend sie dir erscheinen mögen. Dafür musst du Verantwortung für dich und deine jetzige Situation übernehmen. Niemand außer dir ist für die Situation, in der du dich befindest, verantwortlich.

Viele Menschen suchen die Schuld im Außen. Der Chef hat sie entlassen, die Eltern konnten nicht mit Geld umgehen, der Mann hat sich getrennt, die Wirtschaftslage ist gerade ungünstig. Das mag alles stimmen und das alles spiegelt die Realität, in der sie sich befinden. Doch wir können selbst aus der aussichtslosesten Situation herausgelangen. Viele Menschen haben das bewiesen. Sie alle haben damit angefangen, Verantwortung für sich selbst zu übernehmen, und haben dann die entsprechenden Schritte gemacht, um ihre Situation hinter sich zu lassen, und wenn die Schritte noch so klein waren. Sie haben fest daran geglaubt, dass sie ihr Leben verändern können.

Doch halt! Es gibt noch eine weitere enorme Kraft, die du jederzeit bei dir trägst und die dich stetig sabotiert – wenn du sie lässt. Diese Kraft kannst du nutzen – *für* oder *gegen* deine Ziele. Du musst dir nur bewusst darüber werden, wie sie funktioniert. Diese Kraft liegt wiederum in deinem Gehirn – es ist der Teil, den wir als »Schweinehund« bezeichnen.

Der Saboteur in deinem Kopf

Hast du schon einmal versucht, dir die Zähne mit der anderen Hand als der gewohnten zu putzen oder mit dem anderen als dem üblichen Bein in deine Hose zu steigen? Falls nein, solltest du das unbedingt einmal ausprobieren. Doch wundere dich nicht, wenn du dir ungelenk vorkommst oder sogar umfällst, wenn du deine Hose anziehst. Vermutlich denkst du jetzt: Nun ja, ich putze mir die Zähne eben mit der Hand, mit der ich auch schreibe, ist doch klar, dass es mit der anderen Hand nicht so gut geht. Das mag stimmen, aber was ist mit deinen Beinen? Die müssten doch gleich gut funktionieren.

Unser Gehirn ist ein Gewohnheitstier und versucht, so gut es geht, Energie zu sparen. Obwohl es nur etwa 2 Prozent unseres Körpergewichts ausmacht, verbraucht es ungefähr 20 Prozent der Gesamtenergie unseres Körpers. Das macht es zum Organ mit dem höchsten Energieverbrauch. Diese Energie wird für diverse Funktionen benötigt, einschließlich des normalen Stoffwechsels und der Kommunikation zwischen den Neuronen – also für unser Denken. Aufgrund dieser hohen Energieanforderungen hat das Gehirn über Jahrtausende Mechanismen entwickelt, um Energie zu sparen. Energie ist eine begrenzte Ressource und unser Körper benötigt sie ständig, um alle Funktionen aufrechtzuerhalten, die für unser Leben wichtig sind; von der Atmung bis hin zur Verdauung und auch für alle weiteren körperlichen Aktivitäten. Um diese Funktionen stetig am Laufen zu halten, spart unser Gehirn an anderen Stellen Energie. Und das geht am leichtesten, indem immer die gleichen neuronalen Verknüpfungen genutzt werden. Unsere immer gleichen Routinen sparen Energie und vermindern außerdem Risiken. Deshalb liebt unser Gehirn diese Vorgänge. Sobald du versuchst, Routinen zu durchbrechen, indem du etwas anderes denkst oder machen möchtest als bisher, gerät dein Gehirn in Alarmbereitschaft. Es möchte keinen höheren Energieverbrauch – das bedeutet Gefahr –, es möchte dich lieber netflixend auf der Couch wissen. Dort bist du sicher und energiesparend aufgehoben. Versuchst du also, aus vorhandenen Routinen auszubrechen, macht dein Gehirn es dir erst einmal schwer.

Neue Gewohnheiten bedeuten Veränderung und Unbekanntes. Das nimmt dein Gehirn als potenzielles Risiko wahr. Vermutlich hast du die Macht der Routinen schon einmal kennengelernt, wenn du etwas in deinem Leben ändern wolltest. Zwar hast du den festen Willen, morgens zu joggen und dich gesünder zu ernähren, doch es erscheint dir fast unmöglich, früher aufzustehen oder statt der Schokolade die Karottensticks zu essen. Es fühlt sich schwer an, dich bei der Arbeit nicht vom Handy ablenken zu lassen, anstatt dich zu fokussieren. Abends spazieren zu gehen, obwohl die Couch und deine Lieblingsserie rufen, kostet dich enorme Überwindung, wenn du es überhaupt schaffst. Ganz gleich, ob du im Privaten oder deinem Business etwas verändern möchtest, dein Gehirn wird es dir schwer machen – und das mit guten Absichten.

Wenn du etwas verändern möchtest, dann darf dein Gehirn dich nicht aufhalten! Du bist der Boss und kannst ihm klarmachen, dass es sinnvoller ist, die neue Gewohnheit zu etablieren und durchzuhalten, als wieder in alte Routinen zurückzufallen.

Wenn du Kinder hast, kennst du vielleicht den Kampf um das tägliche Zähneputzen. Unsere Tochter putzt auch nicht gerne Zähne und trotzdem bleiben mein Mann und ich dran, indem wir sie täglich daran erinnern und schauen, ob sie auch wirklich geputzt hat. Irgendwann wird es ihr zu einer Gewohnheit werden, auch wenn sie jetzt noch starken Widerstand spürt (und diesen auch artikuliert). Noch ist es ihr nicht zur Routine geworden, so wie den meisten von uns. Oder verschwendest du heute noch einen Gedanken daran, deine Zähne eventuell nicht zu putzen? Vermutlich nicht, es ist dir zur Gewohnheit geworden.

Auch wenn dein Gehirn es dir schwer macht: Neue Gewohnheiten kannst du durch Geduld, Konsequenz und eine schrittweise Herangehensweise etablieren. Wichtig ist, dass du dich nicht überforderst. Die meisten Menschen scheitern an der Etablierung neuer Routinen, weil sie zu viel auf einmal wollen. Sie planen statt des kurzen Spaziergangs in der Mittagspause direkt einen Marathon, gehen auf kompletten Süßigkeitenentzug und melden ihr Auto ab, um mehr Fahrrad zu fahren. Das mag unser Gehirn nicht – es mag lieber kleine Schritte durchführen und sich nach und nach an eine neue Situation gewöhnen. Wobei, hier eine Ausnahme: Es gibt durchaus Menschen, die sehr diszipliniert sind und die auch mit einer radikalen Umstellung von Gewohnheiten zurechtkommen; für die meisten von uns ist das jedoch nichts.

Starte also sanft in die Änderung deiner Gewohnheiten. Möchtest du etwa dein Auto weniger oft benutzen, dann beginne damit, kleinere Strecken mit dem Fahrrad zu fahren oder zu Fuß zu gehen. Möchtest du weniger am Handy hängen, dann fange damit an, dieses für eine halbe Stunde am Tag wegzulegen. Möchtest du deinen Money-Schuh stretchen, um Millionärin mit Herz zu werden, fange mit etwas mehr Trinkgeld für den nächsten Kellner an, der dich bedient.

Gewohnheiten passieren nicht von heute auf morgen – du brauchst Zeit und Geduld, um dein Leben zu verändern. Wenn du auf kleine, erreichbare Ziele setzt, kommst du deinem Ziel schnell näher.

Eine gute Strategie für die Etablierung neuer Routinen ist es, positive Verstärkungen zu nutzen. Setzt du dir unter anderem das Ziel, jeden Morgen zuerst etwas Sport zu treiben, bevor du anfängst zu arbeiten, dann belohne dich jedes Mal, wenn es dir gelingt.

Hier sind ein paar Beispiele, was als positiver Verstärker dienen kann:

Belohnungen: Sie können materiell sein wie ein neues Buch, ein Kaffee oder ein schickes neues Outfit, oder auch immateriell wie Zeit für dich selbst, ein Nickerchen, ein Film oder eine Folge deiner Lieblingsserie.

Soziale Anerkennung: Teile deine Fortschritte mit Freunden, Familie oder auch auf Social Media. Positive Rückmeldungen und Unterstützung können motivierend wirken – doch Vorsicht, mache dich nicht davon abhängig! Schließlich ist es dein Ziel, neue Routinen zu etablieren, weil du etwas in deinem Leben – für dich – verändern möchtest. Tu es nicht für die »Likes«.

Positive Selbstgespräche: Lobe dich auch für kleine Fortschritte und erinnere dich daran, warum du eine neue Routine etablieren möchtest. Sage dir immer wieder, was du erreichen möchtest und warum: »Ich möchte weniger Zeit am Handy verbringen, um fokussierter an meinem Business zu arbeiten. Dadurch schaffe ich mehr in weniger Zeit und in besserer Qualität. Je früher ich abends mit meiner Arbeit fertig bin, umso mehr Zeit habe ich für meine Kinder.« Denke an dein Ziel und daran, dass auch der Weg dazugehört. Jeder Schritt in die richtige Richtung ist ein guter Schritt, auch wenn er noch so klein ist.

Visualisiere deinen Erfolg: Stelle dir vor, wie es sich anfühlt, wenn du deine neue Routine erfolgreich etabliert hast. Denke daran, wie es sein wird, wenn du fitter bist, wenn du mit deiner Arbeit schneller vorankommst, dein Business stetig wächst, du mehr Zeit für dich oder deine Familie hast oder du in deiner Traumvilla lebst. Nutze Traumreisen, Netflix und auch dein Vision Board und das Lebensrad.

Und hier noch ein Tipp für alle Liebhaber von Listen: Messe deinen Fortschritt, zum Beispiel, indem du eine Tabelle führst und einträgst, wie häufig du deiner neuen Routine gefolgt bist. Oder schaff dir einen Fitnesstracker an und versuche jeden Tag ein Stückchen weiter zu spazieren oder zu laufen. Wenn du dein eigenes Business etablierst, schau dir regelmäßig deine Zahlen an. Wie viele Kunden hast du gewonnen? Wie viel Umsatz generiert? Wie viele Menschen hast du erreicht und inspiriert? Nicht jede Maßnahme schlägt sich sofort in Umsatz nieder. Es dauert einige Zeit, bis aus Followern Interessenten und aus Interessenten Kunden werden. Gib dir Zeit.

Und – ganz wichtig: Vergleiche dich bitte nie mit anderen! Vergleiche dich nur mit dir selbst. Immer wenn du zweifelst, wenn du denkst, es geht nicht mehr voran, dann schau zurück, wo du noch vor einem Jahr warst, und du wirst erkennen, was du bereits alles geschafft hast.

Erfolg ist das, was erfolgt, wenn du jeden Tag deinen Weg gehst und dein Ziel verfolgst. Auf deinem Weg wird es gute und schlechte Tage geben. Manchmal wird es Zeiten geben, da möchtest du alles hinwerfen. Erfolgreich wirst du aber nur dann, wenn du trotzdem dranbleibst und jeden Tag weitermachst, so lange, bis du dort bist, wo du hinmöchtest.

Wenn du deinem Gehirn klarmachst, dass du der Chef bist und über dein Leben bestimmst und nicht irgendwelche energiesparenden Routinen, die im Autopilot ablaufen, dann hast du die Grundlage für die Etablierung neuer Routinen gelegt.

Nutze die Kraft deines Gehirns *für* dich – und nicht *gegen* dich – und achte auf dein Bauchgefühl! Das hat zwar meistens recht, aber nicht immer …

Trau bloß nicht deinem Bauchgefühl!

Jetzt komme ich zu einem sehr kontroversen Thema: Unserer Intuition, dem Bauchgefühl, und warum du ihm nicht immer trauen solltest. Lass uns als Grundlage genauer hinschauen, wo dieses Bauchgefühl herkommt.

Unsere Intuition greift in Momenten, in denen sie gefragt ist – also beispielsweise immer dann, wenn eine Situation unbekannt ist oder du eine Entscheidung treffen musst –, auf einen unbewussten Speicher an Erinnerungen und Erfahrungen zurück. Sie hat Zugriff auf alles, was dir je in deinem Leben widerfahren ist. Dadurch unterstützt die Intuition dich dabei, eine aktuelle Situation mit einer vergangenen abzugleichen. So kannst du Entscheidungen schneller treffen und entwickelst ein Gefühl für die Situation, in der du dich befindest. Das alles geschieht unbewusst und schnell, denn wenn wir für jede Entscheidung, die wir treffen, erst einmal eine halbe Stunde nachdenken müssten, würde das viel zu lange dauern.

Die Intuition jedes Menschen ist einzigartig. Müsste ich für eine Businessidee Geld investieren, würde ich beispielsweise intuitiv eine völlig andere Entscheidung treffen als du. Und ich entscheide heute intuitiv anders als noch vor fünf Jahren, da ich in diesem Zeitraum reichlich Erfahrungen gemacht habe, auf die meine Intuition jetzt zugreifen kann.

Deine Intuition bedient sich also bei zurückliegenden Erfahrungen. Doch was bedeutet das, wenn es um neue Entscheidungen, neue Menschen, neue Visionen geht? Dein Bauchgefühl hat hierfür keine Referenzerfahrung und deshalb fühlt sich etwas Neues in vielen Fällen nicht gut an. Dein Bauchgefühl wird dir suggerieren: Fühlt sich nicht sicher an, fühlt sich unangenehm an, habe Angst.

Bitte sei dir unbedingt bewusst darüber, dass deine Intuition prima ist, wenn es um bekannte Dinge geht. Wenn du neue Dinge in deinem Leben etablieren möchtest, dann wird deine Intuition dich in den meisten Fällen erst einmal warnen. Das bedeutet jedoch nicht, dass alles Neue schlecht ist und deine Intuition immer richtig liegt! In solchen Momenten ist es wichtig, die Situation zu hinterfragen. Kann es sein, dass du etwas ablehnst, weil es neu und unbekannt ist? Was sagt dein Verstand dazu?

Bei meiner ersten Investition von 15 000 Euro hat mein Bauch komplett rebelliert: »Was für eine Summe! Gefahr! Fühlt sich nicht gut an! Mach das nicht, Christina!« Doch mein Verstand, mein visionäres Großhirn, wusste, dass diese Investition richtig ist. Trotzdem hatte ich große Angst, als ich investierte. Glücklicherweise stellte sich die Investition als erfolgreich heraus. Mit dieser Erfahrung hinterlegte ich eine neue Referenz für meine Intuition: Hat sich zwar blöd angefühlt, war aber gut.

Hinterfrage mit diesem Wissen bitte IMMER deine Intuition, insbesondere wenn es um Entscheidungen für etwas Neues geht. Die Kunst guter Entscheidungen liegt darin, Bauchgefühl und Verstand gemeinsam zu nutzen. Wenn mir an einem Geschäft etwas komisch vorkommt, frage ich mich: Wo ist hier der Haken? Dann lasse ich Verstand und Bauchgefühl zusammenarbeiten und wir kommen zu einem hervorragenden Ergebnis. (Natürlich nicht immer, auch ich liege manchmal daneben, doch wie heißt es so schön: Entweder du gewinnst oder du lernst!) Je mehr du lernst, deine Intuition und deinen Verstand gemeinsam zu nutzen, umso besser werden sie dir dienen.

Wachstum, Persönlichkeitsentwicklung und der Weg zur Millionärin mit Herz sind nicht immer »Friede, Freude, Eierkuchen«. Es fühlt sich einfach schlecht an, dein erstes Live-Video für Social Media zu drehen, und dein Bauchgefühl wird vermutlich rotieren, solltest du dich entscheiden, deinen Job zu kündigen, um dich selbstständig zu machen. Auch die Entscheidung *gegen* die Couch und *für* das Fitnessstudio ist nicht leicht. Eine toxische Beziehung zu verlassen, fühlt sich nicht gut an, ist aber richtig. Große Entscheidungen zu treffen und in dich und dein Business zu investieren, ist anfangs schwierig.

Hier noch meine Praxistipps für dich, wenn mal gar nichts mehr geht: Mir hilft in Momenten, in denen ich zweifle und in denen mein Bauchgefühl und mein Kopf nicht unbedingt gleicher Meinung sind, die klassische Logik weiter. Ich stelle mir folgende Fragen:

- Was kann schlimmstenfalls passieren, wenn ich es mache/nicht mache?
- Was kann bestenfalls passieren, wenn ich es mache?
- Geht die Entscheidung in die richtige Richtung, folgt sie meinem Weg?

Stell dir einmal vor, du lebst in einer Partnerschaft, die gerade nicht optimal läuft. Dann weißt du, dass du etwas ändern musst. Doch der Gedanke an ein Paar-Coaching fühlt sich definitiv schlecht an. Folgst du nun diesem Bauchgefühl? Oder beantwortest du dir die oben stehenden Fragen und erkennst, dass dieses Coaching der richtige Weg ist?

Immer, wenn du nicht weiterweißt, darfst du deine Gefühle wahrnehmen und dann trotzdem entscheiden, etwas zu tun, was außerhalb deiner Komfortzone liegt und dir deshalb ein schlechtes Bauchgefühl verschafft. Spannend ist, dass du langfristig fast mit jeder auf diese Art getroffenen Entscheidung positive Erfahrungen machen wirst.

Es liegt in unserer menschlichen Natur verankert, zu glauben, dass nur das, was sich gut anfühlt, richtig ist. Aber oft führt der richtige Pfad, derjenige, der dich deinen Zielen näher bringt, durch Ängste, Unbehagen und Unsicherheiten.

Sei vorsichtig mit dem, was du dir selbst und somit deiner Intuition glaubst. Traue dich, dir zu widersprechen und den Weg zu gehen, der dich weiterbringt, auch wenn er sich anfangs noch komisch anfühlt.

Und jetzt? Do the work!

Wenn du 20 Kilo abnehmen möchtest, reicht es nicht aus, daran zu denken, dass du abnehmen möchtest. Du musst weniger essen, mehr Sport treiben, Stress abbauen. Wenn du einen Marathon laufen möchtest, musst du anfangen, zu trainieren. Dich nur im Fitnesscenter einzuschreiben, bringt nichts, du musst auch hingehen. Viele Menschen buchen zwar ein Coaching-Programm, werden aber trotzdem nicht erfolgreich. Ein Coaching-Programm zeigt dir ausschließlich auf, wie es geht, handeln musst du selbst. Wenn du Millionärin mit Herz werden möchtest, musst du anfangen, Geld zu verdienen! Das ist dir vermutlich klar. Im Fitnessstudio musst du auch die Maschine mit Gewichten bestücken und die Übungen selbst durchführen. Wenn du dem (Fitness-)Coach nur zuschaust, wie er das macht, wirst du nicht fit werden – oder dein Business erfolgreich.

Und da kommen wir wieder zurück zum Gehirn. Der Schweinehund und die alten Routinen sind enorm mächtig. Dein Gehirn will die Energie für den Aufwand, etwas Neues zu tun, nicht bereitstellen. Es will lieber den Status quo halten, dein Überleben sichern, und sucht daher ständig nach Wegen, dies so energieeffizient und bequem wie möglich zu erledigen. Deshalb springt es auch so gerne auf die vermeintlich einfachen Wege an, die häufig auf Social Media propagiert werden. Ein leichter Weg ohne Stress und Aufwand? Das hört sich gut an! So etwas klingt energiesparend und damit großartig für dein Gehirn, und schon hast du etwas gebucht, das mit großer Wahrscheinlichkeit wieder nicht funktionieren wird. Machst du das ein paarmal, denkt dein innerer Schweinehund: Klappt nicht. Nie. Dann kann ich es auch direkt lassen!

Du musst lernen, aus diesem Energiesparmodus auszubrechen. Dein Überleben ist – zumindest hier in Europa – nicht in Gefahr. Du hast vermutlich genug zu essen und ein Dach über dem Kopf. Du lebst nicht mehr in der Steinzeit, in der du jedes Quäntchen Energie gebraucht hast, um für Nahrung, Wärme und Sicherheit zu sorgen. Unsere Steinzeit-Vorfahren mussten mit ihrer knappen Energie haushalten. Sie konnten nicht einfach den Berg hochsteigen, weil sie Lust dazu hatten und die schöne Aussicht genießen wollten, nein, sie brauchten ihre Energie für die Mammutjagd und das Sammeln von Beeren. Gab es einmal kein Mammut zu jagen, lagen sie in der Höhle und haben sich erholt. Sie haben Energie gespart, um diese bei der nächsten Mammutjagd wieder freizusetzen. Gab es etwas zu essen, wurde es gegessen – sofort.

Das kurzfristige Überleben, der Moment, war deutlich wichtiger als eine langfristige Überlebensstrategie. Unser Gehirn lebt immer noch in dieser Steinzeit, das habe ich dir bereits erläutert, und weil es so wichtig ist, dass du dieses Konzept verstehst, vertiefe ich es hier noch einmal.

Die Schokolade im Jetzt ist viel verlockender, als langfristig darüber nachzudenken, dass der Verzehr der ganzen Tafel nicht gesund ist. Die Joggingschuhe vor der Tür wirken nicht ansprechend, denn: »Wer weiß, wann ich die Energie wieder brauche, die ich durch das Joggen verschwende?« Couch, Netflix, Essen, Energie sparen – das findet unser Steinzeit-Gehirn prima. Im Jetzt Energie bereitzustellen für etwas, das erst in der Zukunft passiert, dessen Belohnung es erst in einigen Tagen, Wochen oder Monaten gibt, ist für unser Steinzeit-Gehirn nicht erstrebenswert.

Doch die gute Nachricht ist: Wir haben noch weitere Gehirnteile, die uns dabei unterstützen, langfristige Ziele zu erreichen. Unser Großhirn, das sich erst später als der Hirnstamm (das Steinzeithirn) voll entwickelt hat, ist der Teil, der sich entfalten will, der langfristig denken kann, der Fülle möchte. Leider befinden sich diese beiden Gehirnteile im stetigen Konflikt. Dein Großhirn möchte die Traumfigur, fit sein und ein erfolgreiches Leben. Doch das Steinzeit-Gehirn sagt: »Och nö, wir haben doch heute schon gearbeitet, jetzt auch noch Fitnesscenter? Lass mal, das machen wir morgen.«

Du hast es in der Hand, wem du die Macht gibst: Deinem Schweinehund und damit deinem Steinzeit-Gehirn, die beide wollen, dass du die Schokolade isst und sicher auf der Couch netflixt? Oder deiner Vision, deinem Großhirn, das dein bestes und coolstes Leben für dich möchte? Dem Teil deines Gehirns, mit dem du visionierst, dein Vision Board betrachtest, tagträumst und die Netflix-Serie in dich aufsaugst?

Du kannst in jedem Moment deinem Steinzeit-Gehirn sagen: »Stopp! Ich mache es trotzdem!« Auch dann, wenn es sich nicht gut anfühlt, auch dann, wenn du merkst, dass es dir schwerfällt. Sei dir bewusst, dass das Zögern nur dein Steinzeit-Gehirn ist – oder vielleicht dein Bauchgefühl, das noch keine Referenzerfahrung hat. (Dein Steinzeit-Gehirn und dein Bauchgefühl sind übrigens ein prima Team, um dich von deinen langfristigen Zielen abzuhalten.) Natürlich sollst du dich nicht in Gefahr begeben, denn davor schützt dein Steinzeit-Gehirn dich auch, doch es ist sicher keine Gefahr, die Schokolade nicht zu essen, ins Fitnessstudio zu gehen oder an deinem Business zu arbeiten. Leg dir flotte Musik auf, denk an deine Vision – und los geht's!

Auch ich gerate immer wieder in Situationen, in denen mein Schweinehund die Kontrolle gewinnen will. Wenn du das auch bei dir merkst, dann halte kurz inne. Sag dir innerlich »Stopp« und nimm einige tiefe Atemzüge. Dann überlegst du, was du wirklich willst. Willst du jetzt diese Chips essen und dich vor den Fernseher hocken? Oder möchtest du dich lieber in einem halben Jahr über einige Kilos weniger auf der Waage und ein funktionierendes Business freuen? Bist du bereit, im Sinne einer nachhaltigen Entwicklung und Visionserfüllung auf die unmittelbare Befriedigung zu verzichten? Kannst du vielleicht eine andere kurzfristige Befriedigung finden, die dein Steinzeit-Gehirn akzeptiert? Vielleicht reicht auch ein Stückchen Schokolade statt der ganzen Tafel? Vielleicht arbeitest du zuerst eine halbe Stunde an deinem Business und danach gibt es noch eine Folge deiner Lieblingsserie?

Grundsätzlich bedeuten kurzfristige Belohnungen einen Dopamin-Schub für dein Gehirn. Darauf fährt dein Steinzeit-Gehirn ab. Dopamin ist ein Botenstoff, der Signale zwischen deinen Gehirnzellen weiterleitet. Es sorgt außerdem dafür, dass wir uns gut fühlen. Wenn wir etwas tun, das wir mögen oder das uns Freude bereitet – wie zum Beispiel sicher am Feuer in der Höhle zu sitzen, Schokolade zu essen oder Zeit mit Freunden zu verbringen –, dann schüttet unser Gehirn Dopamin aus. Das gibt uns ein angenehmes Gefühl und motiviert uns, diese Dinge wieder zu tun. Social Media ist (leider) eine riesige Dopamin-Quelle, zumindest dann, wenn du positive Kommentare und Likes bekommst. Deshalb ist es so schwierig, nicht ständig auf Social Media unterwegs zu sein, denn du wirst süchtig danach und jeder »Like«, jede positive Interaktion gibt dir einen neuen Dopamin-Schub.

Ähnlich ist es bei der Schokolade oder beim Alkohol. Ein Stück oder ein Gläschen sind nicht das Problem, genauso wenig das gelegentliche Checken deiner Social-Media-Accounts. Doch es bleibt meist nicht bei einem Stück Schokolade, einem Glas oder einigen Minuten auf Facebook, Instagram oder TikTok. Denn leider will dein Gehirn immer mehr Dopamin, um sich zufrieden zu fühlen. Wenn du merkst, dass dein Gehirn immer öfter nach dieser kurzfristigen Befriedigung verlangt, dann solltest du innehalten und überlegen, ob dieses Verhalten dem entspricht, wo du wirklich hinwillst. Ist es dein Ziel, ständig auf Social Media herumzuhängen und damit massig Zeit zu verbrennen, die du anders produktiver einsetzen könntest? Ist es dein Ziel, jeden Samstagabend alkoholisiert nicht mehr zu wissen, wie du heimgekommen bist?

Wenn ich in meinen Mentorings die Zusammenhänge zwischen Dopamin und kurz- und langfristiger Befriedigung erläutere, dann wenden viele Menschen ein, dass sie gar keinen Genuss mehr in ihrem Leben haben werden, wenn sie nur noch auf die langfristigen Ziele schauen. Das stimmt definitiv nicht. Du sollst und darfst dir etwas gönnen! Es geht nur um das Maß. Du brauchst nicht täglich mehrere Gläser Wein oder eine ganze Tafel Schokolade für deinen Dopamin-Kick. Anstatt jeden Abend einen ganzen Film oder mehrere Folgen einer Serie zu schauen, reicht auch eine Folge aus. Gewöhne dir an, nur ein Stück Schokolade zu essen, dich daran zu erfreuen (dir deinen Dopamin-Kick zu holen) und die Tafel dann wieder wegzulegen.

Übrigens gibt es einige Möglichkeiten für vernünftige Dopamin-Kicks.

- Genieße leckeres Essen: Eine gute, gesunde und in Ruhe genossene Mahlzeit kann die Ausschüttung von Dopamin fördern.
- Musik hören & tanzen: Ein guter Song kann ebenfalls für einen Dopamin-Kick sorgen.
- Erledige Aufgaben: Auch das Abhaken eines To-dos kann Dopamin freisetzen und das Gefühl von Erfolg und Zufriedenheit hervorrufen.
- Und für die ganz Harten unter euch: Nehmt ein Eisbad! Forschungen haben gezeigt, dass das Eintauchen des Körpers in kaltes Wasser die Dopamin-Konzentrationen um bis zu 250 Prozent steigern kann. Bevor du nun allerdings deine Tiefkühltruhe umfunktionierst, konsultiere bitte deinen Arzt oder Therapeuten.

Wenn du gesund und fit sein möchtest und dein Business voranbringen willst, dann musst du langfristig durch dein Verhalten auf dein sogenanntes »Visions-Konto« einzahlen. Du hast es in der Hand, ob du die Münzen, die du zur Verfügung hast (also dein Verhalten), auf dein kurzfristiges Dopamin-Konto oder lieber auf dein langfristig ausgerichtetes Visions-Konto legst. Du hast es in der Hand, entweder eine Serie zu schauen oder abends vielleicht noch ein Video für dein Business zu machen, Kunden anzuschreiben, einen Social-Media-Post zu entwerfen.

Unser Schicksal liegt in unserer eigenen Hand, wie auch die folgende Geschichte zeigt:

Es war einmal ein großer König, dessen Königreich angegriffen wurde. Die Armee des Königs hatte keine Chance, zu gewinnen, denn die Armee des Feindes war zehnmal größer – so zumindest dachte der Truppenführer. »Wir werden sicher verlieren«, sagte der Truppenführer des Königs traurig und bereitete sich bereits auf die Kapitulation vor. Auf dem Weg zum Schlachtfeld machten die Truppen an einem Kloster halt, um zu beten. Einer der Mönche, der die Truppen in ihrer Verzweiflung sah, sagte: »Diese Klostermauern sind heilig. Wenn eine Girlande auf euch fällt, während ihr betet, bedeutet das, dass ihr die Schlacht gewinnen werdet.« Also beugten sich die Soldaten und auch ihr Truppenführer noch tiefer im Gebet. Eine der Girlanden, die über die Klostermauern gespannt waren, fiel kurze Zeit später tatsächlich auf die betenden Menschen herab. Die Armee sah das als Zeichen, war begeistert und stürzte sich mit Mut und voller Hoffnung in die Schlacht, die sie schließlich gewann. Dankbar und erschöpft rief einer der Soldaten: »Die Girlande ist auf uns gefallen, die Götter haben uns gerettet!« Doch der König lachte und sagte: »Nein, nicht die Götter haben uns gerettet. Ich habe auf Anraten eines Mönchs einen Diener auf das Dach des Klosters klettern lassen, der eine der Girlanden durchgeschnitten hat, sodass sie auf euch gefallen ist. Nicht die Götter haben euch gerettet, nein, euer Vertrauen und eure Tapferkeit haben uns alle gerettet!«

Unser Handeln und unsere Routinen entscheiden über unser Schicksal, und du entscheidest, welche Routinen du in deinem Leben akzeptierst. Du entscheidest, wohin dein Leben sich entwickelt. Du entscheidest, ob du deinen Weg in Richtung Millionärin mit Herz gehst – oder nicht.

Das Leben ist immer für dich

Einer meiner Grundsätze für ein inspiriertes Leben ist der Satz: »Das Leben ist immer für mich!« – Selbst dann, wenn es mal nicht so läuft, wie ich das gerne hätte.

Wir alle erleben Tage, die wir gerne streichen würden. Wir alle erleben Momente, Situationen und Herausforderungen, die blöder nicht sein könnten. Und trotzdem sind auch diese Momente Teil unseres Lebens und tragen einen Schatz in sich, den wir bislang nur noch nicht erkennen konnten. Natürlich ist es schwierig, einen solchen Schatz zu erkennen, wenn wir mitten im Sumpf stecken, es schlecht läuft, unsere Kinder krank sind, der Umsatz wegbricht oder unsere Chefin uns anbrüllt. Trotzdem können wir auch im Sumpf entscheiden, wie wir die Situation bewerten.

Wenn du mit der Grundeinstellung »Auch wenn ich bislang nicht weiß, wozu es gut ist, ich nehme die Situation an, wie sie ist« durch dein Leben gehst, dann wirst du gestärkt aus jeder »Sumpf-Situation« hervortreten. Du lernst daraus, machst eine neue Erfahrung und wirst stärker. Du erkennst, dass du an einer Weggabelung stehst, die dich in eine neue und vielleicht sogar bessere Richtung führt. Mit einer solchen positiven Lebenseinstellung kannst du aus jeder Situation das Beste herausholen. Denn nicht die Situation ist das Problem, sondern unsere Reaktion darauf und wie wir damit unser Leben gestalten und manifestieren. Lass mich dir eine meiner »Sumpf-Geschichten« erzählen.

Vor einiger Zeit machten mein Mann und ich einen riesigen Fehler, der uns 45 000 Euro kostete. Wir wohnen in der Schweiz an der Grenze zu Deutschland und wollten unseren Wagen bei einem Spezialbetrieb mit einer besonderen Folie versehen lassen. Also fuhren wir mit dem Auto, das wir in der Schweiz gekauft hatten, in eine Spezialwerkstatt in Deutschland und ließen es dort folieren. Auf dem Rückweg in die Schweiz gingen wir dann ins Zollbüro, um die Mehrwertsteuer für die Ausgabe in Deutschland mit unseren Freibeträgen abzurechnen (das ist ein ganz normaler Prozess im grenzüberschreitenden Warenverkehr). Doch leider gibt es eine Spezialregelung bei Autoveredelungen, die uns nicht bewusst gewesen war, und wir hatten unwissentlich einen groben formalen Fehler begangen, den die Zollbeamten vor Ort feststellten. Nach einigem Hin und Her und mehr als drei Stunden im Zollbüro stand fest, dass wir aufgrund dieses Fehlers eine Strafe von 45 000 Euro zahlen mussten. Wir hatten zwar vorab mit der deutschen Werkstatt über unser Vorhaben gesprochen, doch offenbar war der Werkstatt auch nicht bewusst gewesen, dass es strenge formale Vorgaben seitens des Zolls für solche Fälle gab. Wir diskutierten noch etwas mit den Zollbeamten herum, doch alles Ärgern half nichts – wir mussten die 45 000 Euro bezahlen.

Ich erinnere mich noch gut daran, wie ich mit meinem Mann Chris im Zollbüro saß. Wir sahen uns an und waren wütend und enttäuscht. Dass wir 45 000 Euro nur wegen eines falschen Kreuzes auf einem Dokument zahlen mussten, fühlte sich für mich an wie ein Schlag in die Magengrube. Ich wurde von Minute zu Minute wütender, während die Zollbeamten alle Dokumente final prüften und die Rechnung für die Strafe vorbereiteten, doch es half nichts, ich musste mich zusammenreißen. Ich sah, dass es meinem Mann genauso ging. Wir kochten beide innerlich, konnten unsere Gefühle jedoch nicht herauslassen, denn es wäre kontraproduktiv gewesen, die Zollbeamten anzuschreien, die auch nur ihren Job machten. Also ballte ich die Faust in der Tasche, und als die Beamten fertig waren mit der Prozedur und uns die

Rechnung präsentierten, versuchten wir irgendwie, mit unseren Kreditkarten die fälligen 45 000 Euro zu bezahlen. Das gestaltete sich als schwierig, denn Kreditkarten haben Limits und so dauerte es einige Zeit, bis wir mit allen Karten, die wir hatten, die Summe bezahlt hatten. Die Gesetzgebung sieht vor, dass man vor Ort am Zoll direkt bezahlt. Hätten wir nicht bezahlt, hätten wir vielleicht sogar ein Strafverfahren bekommen und das Auto wäre auf jeden Fall stehen geblieben. Was für eine Vorstellung!

Als wir dann ins Auto stiegen und nach Hause fuhren, hatten mein Mann und ich einen riesigen Streit. Ich war überzeugt, Chris hätte sich besser informieren müssen. Er wies die Schuld von sich, schließlich war es auch mein Auto, und als wir zu Hause ankamen, brauchten wir etwas Zeit, um uns wieder zu beruhigen. Abends setzten wir uns dann mit abgekühlten Gemütern zusammen, um erneut über die Situation zu sprechen, und schnell kamen wir zu dem Schluss, dass wir ein sehr privilegiertes Leben führten. Wir führten uns vor Augen, dass wir in der Lage gewesen waren, »einfach so« 45 000 Euro Strafe zu bezahlen. Zum einen hatten wir das Geld auf dem Konto gehabt, zum anderen kostete uns die Zahlung zwar Nerven und das Geld war weg, doch sonst hatte es keine weiteren Auswirkungen auf unser Leben. Weder war unsere Existenz gefährdet noch unser Leben noch mussten wir in den Knast.

Wir drehten also die Situation und erkannten für uns den Schatz darin, nämlich dass Wohlstand nicht nur bedeutet, einen Tesla zu kaufen und ihn folieren zu lassen, eine Tasche von Yves Saint Laurent zu besitzen oder Urlaub in schicken Hotels zu machen, sondern jederzeit die Möglichkeit zu haben, eine solche Situation, wie wir sie erfahren hatten, zu bewältigen.

Wohlstand bedeutet, dass Geld kein Problem mehr darstellt. Uns allen passieren blöde Dinge im Leben, doch Geld unterstützt uns dabei, diese zu lösen. Natürlich lässt sich nicht jede Herausforderung im Leben mit Geld lösen – aber die meisten. Uns wurde an diesem Abend erneut bewusst, dass wir uns einen solchen

Wohlstand aufgebaut hatten, der es uns ermöglichte, mit einer solchen Situation, wie wir sie erfahren hatten, souverän umgehen zu können. Für andere wäre ein solches Vorkommnis existenzbedrohend gewesen. Uns aber war nichts passiert.

Wohlstand hat seitdem für mich zwei Facetten. Es gibt den »Ich-will-haben-Wohlstand«, bei dem du dir teure Dinge kaufst, durch deren Besitz du anderen zeigen willst, was du hast. Und es gibt den »Geld-ist-nicht-das-Problem-Wohlstand«. Stell dir vor, du oder einer deiner Lieben braucht eine Spezialoperation in den USA. Bist du wohlhabend, ist Geld nicht das Problem. Oder du findest dein Traumhaus, das aber saniert werden muss. Geld ist nicht das Problem.

So hat dieses Intermezzo mit dem Zoll dazu geführt, dass ich meine Definition von Wohlstand noch einmal verändert habe, und, auch wenn sich das komisch anhört, ich bin tatsächlich heute dankbar für dieses Erlebnis. Das Geld ist ohnehin weg, also nützt es mir nichts, mich darüber zu ärgern, stattdessen empfinde ich lieber Dankbarkeit. Und schon habe ich mir eine andere Realität und ein anderes Leben geschaffen und das trotz eines Verlustes von 45 000 Euro.

Geld ist nicht alles

Doch nicht immer geht es bei neuen Erfahrungen um Geld. Manchmal liegen Learnings auch in anderen Begebenheiten. Dazu möchte ich dir eine sehr private Geschichte erzählen und dich ermutigen, auch bei dir einmal genauer hinzuschauen. Gibt es Situationen in deinem Leben, mit denen du bis heute haderst? Vielleicht verbirgt sich darin ja ein Schatz oder ein Learning, genau wie in meiner folgenden Geschichte.

Im Jahr 2015 zog ich gemeinsam mit Chris und meiner Ursprungsfamilie von Deutschland nach Österreich. Wir hatten vor, unser ehemaliges Elternhaus zu sanieren. Es war ein großes Haus mit drei Wohnungen, perfekt für meine Eltern, meinen Bruder und mich. Wir träumten von einem Mehrgenerationenhaus, also legten wir alle voller Enthusiasmus los und sanierten das Gebäude. Im Rahmen dieser Kernsanierung kam es allerdings recht schnell zu zahlreichen Differenzen, die auch nicht aufhörten, als die Sanierung vorbei war. Vier Jahre lang wohnte ich gemeinsam mit meinem Bruder und meinen Eltern in diesem Haus, doch irgendwann wurden die Konflikte so groß, dass ich beschloss, auszuziehen. Das war ein harter Schlag für mich, ich war am Boden zerstört. Schließlich handelte es sich um den Traum von meiner Familie und mir und viele Jahre lang hatten wir versucht, gemeinsam in diesem Haus zu leben. Doch es hatte nicht funktioniert. Ich musste meinen Traum vom gemeinsamen Leben aufgeben.

Zusammen mit Chris zog ich wieder zurück nach Konstanz, wo wir vorher gewohnt hatten. Dort konnten wir anknüpfen, hatten noch Freunde und Bekannte und fassten langsam, aber sicher wieder Fuß.

Heute bin ich sehr dankbar dafür, dass wir diesen Schritt damals gegangen sind, denn wir konnten uns in Konstanz einiges aufbauen, was vermutlich in Österreich nicht möglich gewesen wäre. Dort machten wir unser Unternehmen groß, intensivierten unsere Freundschaften und fanden eine prima Schule für unsere Töchter. Die gesamten Möglichkeiten, das Umfeld und die Beziehungen waren in Konstanz deutlich besser, als sie das in Österreich je gewesen waren.

Doch das war nicht der einzige Vorteil. Für mich persönlich ermöglichte dieses Vorkommnis, meine Familiengeschichte noch einmal aufzurollen. Ich schaute genauer hin, warum ich familiäre Situationen immer wieder so erlebte, wie ich sie erlebte.

Bei der Kunst des Manifestierens spielt Reflexion eine entscheidende Rolle, sie ist fast wie ein Schlüssel, der verborgene Türen öffnet. Wir haben schon über Prägungen und Glaubenssätze rund um die Themen Geld und Reichtum gesprochen. Doch hast du jemals innegehalten und dich gefragt, ob es unsichtbare

Filter gibt, die deine Sicht auf die Welt oder deine Beziehungen beeinflussen?

Warum hast du immer wieder Streit mit gewissen Menschen? Warum lässt du dich immer wieder mit Menschen ein, die dich entwerten? Was in dir bewirkt, dass du Situationen so erlebst, wie du sie erlebst? Um diese Fragen zu beantworten, musst du tief in deine eigene Geschichte und Familiengeschichte eintauchen.

Als systemische Familientherapeutin konnte ich gemeinsam mit einer Supervisorin vieles für mich aufarbeiten und dadurch verborgene Schätze in meinem Verhalten und dem Verhalten anderer entdecken. Dadurch gelang es mir, den Konflikt im Nachhinein zu lösen, und heute ist die Beziehung zu meiner Familie harmonisch und liebevoll. Wir haben unsere Differenzen beigelegt und uns ausgesöhnt.

Die Gründe, warum wir Situationen so erleben, wie wir sie erleben, liegen oft in unserer eigenen Biografie. Wenn du bemerkst, dass du in bestimmten Situationen immer wieder Ähnliches erfährst, dann lohnt es sich, das Thema gemeinsam mit einem Spezialisten zu bearbeiten. Wichtig ist, dass du begreifst, dass du nicht »schuld« an deiner Vergangenheit bist, sondern dich jederzeit entscheiden kannst, an deiner Sicht auf die Geschehnisse zu arbeiten und in deine Selbstwirksamkeit zu gelangen.

Selbstwirksam oder schuldig?

Warum schieben so viele Menschen die Schuld an ihrer Situation auf andere? Warum schaffen sie es nicht, selbstwirksam zu handeln?

Wie du schon erfahren hast, bin ich der festen Überzeugung, dass jede Person es schaffen kann, ihr Leben zu verändern. Trotzdem gibt es zahlreiche Menschen, denen dies nicht gelingt. Sie bleiben in ihrer Komfortzone (in der sie sich nicht wirklich wohlfühlen), geben sich mit dem zufrieden, was sie haben, und jammern und meckern aber wiederholt über die Lage, in der sie sich befinden. Sie schieben die Schuld für ihre Situation gern auf andere. Schließlich ist das deutlich einfacher, als sich an der eigenen Nase zu packen.

Viele Menschen haben ein falsches Verständnis von Schuld oder Unschuld und manche verwechseln auch Selbstwirksamkeit mit Schuld. Das Gefühl der Schuld ist mit Scham und Machtlosigkeit verbunden. Wenn jemand selbstwirksam handelt, dann bedeutet das für diese Person, dass sie Verantwortung übernimmt, anstatt sich im Elend der Schuld zu suhlen.

Du bist nicht schuld, wenn jemand dich schlecht behandelt oder du eine blöde Kindheit hattest. Das, was vorgefallen ist, ist nicht deine Schuld. Die Vergangenheit kannst du nicht ändern. Das Schuldkonzept ist schon sehr alt, und es dient dazu, uns kontrollierbar zu machen. Denke nur einmal an die Kirche mit ihren Ablassbriefen oder ihren Schuldbekenntnissen, die heute noch in den Gottesdiensten und Gebeten gesprochen werden. Schuld an etwas zu sein oder die Schuld für etwas zugesprochen zu bekommen bedeutet, machtlos zu sein. Sagt jemand zu einer anderen Person: »Du bist schuld!«, macht dieser Mensch sich selbst zum Opfer. Als Opfer kann man nichts mehr machen, ist man völlig hilflos, raus aus der Selbstverantwortung.

Doch dieses Muster kannst du durchbrechen, ganz egal, wie lange es schon in dir wirkt. Es geht bei deiner Weiterentwicklung nicht um Schuld oder Unschuld, es geht immer um die Situation, die so ist, wie sie ist. Bemerkst du, dass du dich für etwas schuldig fühlst oder von jemandem für eine Situation die Schuld zugesprochen bekommst, dann solltest du das in einem ersten Schritt akzeptieren – so, wie es ist. Du musst zuerst aus dem Widerstand heraus, in dem du dich befindest, wenn du als schuldig befunden wirst.

Vielleicht kannst du nichts dafür, dass du gerade kein Geld oder keinen Job hast, dass dein Partner dich verlassen hat, dass die Firma, in der du gearbeitet hast, dich entlassen hat. Wenn du dir allerdings sagst, dass du nichts dafür kannst, suggerierst du dir damit gleichzeitig auch, dass du nichts an der Situation ändern kannst. Der Satz »Ich kann nichts dafür« bedeutet für viele Menschen »Ich kann nichts ändern«.

Selbst wenn es Tatsache ist, dass du nichts für die Gegebenheiten kannst – für deine Zukunft kannst du sehr wohl etwas. Du gestaltest mit jeder Entscheidung, die du im Hier und Jetzt triffst, deine Zukunft. Wenn du dich für die »Ich kann nichts dafür«-Opferrolle entscheidest, dann ist auch das eine Weiche, die du für deine Zukunft stellst.

Die Fragen, die du dir beantworten solltest, wenn du gerade in einer schwierigen Situation bist, sind:

- Wie will ich es in Zukunft haben?
- Will ich weiter in der Opferrolle verbleiben oder möchte ich mein Leben selbstwirksam in die Hand nehmen und etwas verändern?
- Möchte ich weiter in Opfern und Tätern und in Schuld oder Unschuld denken oder übernehme ich Verantwortung, wie ich mit der Situation umgehe?

Manifestieren kannst du nur aus der Akzeptanz heraus. Wenn du im Widerstand bist gegen Situationen oder Menschen, dann bist du nicht selbstwirksam. Du kannst selbstverständlich erst einmal fluchen, schimpfen, dich ärgern oder bedauern und mit allem und jedem hadern, doch dann ist es Zeit, zu akzeptieren und das Beste daraus zu machen. Aus dieser Annahme heraus kannst du etwas Neues beginnen. Du kannst herausgehen aus dem Schuld-, Jammer- und Opfermodus und dich in eine neue Richtung bewegen.

Viele große Leute haben, salopp gesagt, die Scheiße, die sie erlebt haben, zu Gold gemacht. Warum gibt es eine Vielzahl erfolgreicher Menschen mit einer sehr düsteren Vergangenheit und andere, die immer noch im Jammermodus verharren?

Die einen haben es geschafft, aus der Opferrolle hinauszugelangen. Sie haben erkannt, dass das, was sie erlebt haben, nicht schön war, sie ihre Vergangenheit nicht ändern können, sehr wohl aber ihre Zukunft. Andere sind in der Opferrolle verblieben. Dort ist es im Moment vielleicht gemütlich, sie werden bedauert, alle sagen: »Ach, du kannst ja nichts dafür.« Einem Täter kannst du immer einen Vorwurf machen – er ist schuld, er ist böse. Doch einem Opfer? Nein, ein Opfer hat keine Vorwürfe verdient. Opfer haben an sich eine große Macht, allerdings eine umgedrehte Macht, denn die Opferrolle hat eine große Wirkung auf andere Menschen. Vermeintlich ist es vorteilhaft und gemütlich, wenn du bedauert wirst. Doch dauerhaft ist die Opferrolle ungemütlich, sie bringt niemanden weiter.

Ein Opfer wird keine gute Zukunft kreieren. Natürlich steht es jedem Opfer frei, in dieser Entmachtung zu bleiben. Jeder so, wie er möchte. Doch jedes Opfer kann zu jedem Zeitpunkt aus der Opferrolle aussteigen. Merke dir einen Satz: Es gibt keine erfolgreichen Opfer.

Die Zukunft beginnt jetzt. Deine neue Realität beginnt jetzt. Entscheide, wie du es haben willst. Triff deine Wahl.

Lass uns über Liebe sprechen ...

Geld regiert zwar die Welt (übrigens: auch ein schöner Glaubenssatz, oder?), doch ist für die meisten Menschen längst nicht das Wichtigste. Die meisten Menschen wünschen sich jemanden an ihrer Seite, mit dem sie ihr Leben teilen können. Beziehungen zu unseren Mitmenschen, und hiermit meine ich sowohl romantischer als auch freundschaftlicher Natur, sind ein wichtiger Teil unseres Lebens, und auch in diesem Bereich kannst du die Kunst der Manifestation für dich nutzen.

Dein Umfeld, Partnerschaften und auch die Liebe zu dem, was du tust, sind ein wichtiger Teil deines Lebens. Deshalb möchte ich jetzt darauf eingehen, wie deine Beziehungen deine Manifestationen unterstützen oder auch sabotieren können. Zudem möchte ich dir aufzeigen, wie du dir ein wertschätzendes und unterstützendes Umfeld erschaffen kannst und was passieren kann, wenn du dich zu einer Millionärin mit Herz entwickelst.

Partnerschaften funktionieren nach dem Schlüssel-Schloss-Prinzip. Wir suchen uns in der Regel einen Partner, der zu der Beziehungsprägung passt, die wir seit unserer Kindheit in uns tragen. Potenzielle Partner reagieren auf die Energie, die du aussendest, und fühlen sich davon angezogen oder abgestoßen. Du manifestierst dir damit genau den Partner, der zu deiner Prägung passt. Wenn du nun anfängst, an dir zu arbeiten, alteingesessene Prägungen erkennst und darauf aufbauende negative Glaubenssätze auflöst oder drehst, dann veränderst du dich. Hast du viele Jahre lang die Prägung »Ich bin nicht gut genug« in dir getragen, hat dein jetziger Partner genau auf diese Energie reagiert, als ihr euch kennengelernt habt. Entweder weil er selbst diesen Glaubenssatz in sich trägt und ihr euch deshalb immer wieder gegenseitig bedauern konntet oder weil er erkannt hat, dass da jemand ist, den er unterdrücken kann. Beides kann gut funktionieren, solange beide Partner damit einverstanden sind, so zu leben. Beginnst du allerdings, diesen Glaubenssatz für dich zu drehen, dann stellst du damit bisherige Verhaltensweisen auf den Kopf. Entweder du jammerst nicht mehr mit oder lässt dich nicht mehr kleinmachen und unterdrücken. Du veränderst dich und damit auch dein Umfeld.

Genauso, wie du beim Thema Geld entscheiden musst, was du denken und fühlen willst, musst du dies auch bei den Themen Partnerschaft und Beziehungen. Finde heraus, was in dir dazu führt, dass du das erlebst, was du erlebst. Und dann überlege, was in dir gelebt, gedacht oder gefühlt werden müsste, damit du eine Beziehung erlebst, die dein neues Ich ohne hinderliche Prägungen widerspiegelt.

Deine Weiterentwicklung kann und wird Folgen für deine Beziehungen haben. Manche Menschen kommen mit deinem neuen »Ich« und damit deiner neuen Ausrichtung nicht mehr zurecht. Sie sind dein altes »Ich« gewohnt, das mit den alten Glaubenssätzen und Prägungen durchs Leben gegangen ist. So mögen und kennen sie dich. Veränderst du dich nun, folgen manche dieser Menschen dir auf deinem neuen Weg. Sie ermutigen dich, feuern dich an und freuen sich mit dir. Andere wiederum kommen mit der Veränderung nicht klar. Manche verschwinden einfach still und leise aus deinem Leben, andere willst du nicht ziehen lassen oder sie wollen nicht gehen. Merkst du, dass sich eine Beziehung nicht mehr stimmig anfühlt, musst du entscheiden, was du willst. Möchtest du dieser Person und Beziehung zuliebe weiter deine alten Muster und Prägungen leben? Oder möchtest du dein neues Leben entdecken, dich weiterentwickeln und deinen Träumen folgen?

Mir ist bewusst, dass persönliche Weiterentwicklung sehr hart sein kann, denn nicht alle Menschen, die sich gerade in deinem Umfeld befinden, werden weiter bei dir bleiben, wenn du dich veränderst. Doch hab bitte keine Angst davor, Menschen zu verlieren. Es ist besser, eine Beziehung aufzugeben, die nicht mehr zu dir passt, als dich selbst zu verleugnen!

Die, denen du wichtig bist, werden bei dir bleiben und sich sogar mit dir weiterentwickeln. Die Bremser, also diejenigen, die an dir zweifeln und lieber im Drama bleiben wollen, werden nach und nach aus deinem Leben verschwinden. Du darfst trauern, dich ärgern oder wütend sein – danach öffnest du dich für die wundervollen neuen Möglichkeiten und Menschen, die in dein Leben treten werden.

Du und dein Umfeld

Möchtest du Millionärin mit Herz werden, brauchst du ein Umfeld, das dich unterstützt. Du brauchst Menschen, die dir zujubeln, die dich dafür feiern, was du tust, die stolz auf dich sind und klatschen, wenn du deine Ziele erreicht hast.

Das meine ich genau so, wie ich es schreibe! Du brauchst Fans!

Es ist einfach wundervoll, wenn du Menschen an deiner Seite hast, die dich uneingeschränkt unterstützen. Auf meinen Seminaren lasse ich die Teilnehmenden gerne ein Spalier bilden. Sie stehen dann rechts und links von einem langen roten Teppich und jeweils eine Person läuft durch diesen Tunnel von Menschen hindurch, die alle klatschen, jubeln und feiern. Ich liebe es, in die Gesichter der Menschen zu schauen, die auf dem Teppich entlanglaufen, und auch auf diejenigen, die am Rande stehen, denn ich sehe Liebe, Unterstützung, Freude und auch Aufgeregtheit.

Viele Teilnehmerinnen meiner Seminare haben kein unterstützendes Umfeld an der Seite. Für viele ist es das erste Mal, dass ihnen applaudiert wird, und häufig kommen bei diesem »Walk of fame« reichlich Emotionen bei allen Beteiligten hoch.

Wenn du dein Leben änderst, ändert sich dein Umfeld. Das ist ein völlig normaler Prozess, denn wenn du anfängst, andere Schwingungen als bisher auszusenden, weil du an deinen Träumen arbeitest und deshalb nicht mehr jedes Wochenende Zeit dafür hast, mit deinen Freunden durch die Bars zu ziehen, dann werden diese Menschen das bemerken – bewusst oder unbewusst – und sich zurückziehen. Sei nicht traurig darüber! Es ist wichtig, dass du darauf vorbereitet bist und diesen Prozess aktiv gestaltest, anstatt ihn geschehen zu lassen. Du darfst dir darüber klar werden, welche Beziehungen und welche Menschen du in deinem Leben haben möchtest. Und jede Person, die nicht mehr zu dir passt und dein Umfeld verlässt, macht Platz für jemand Neuen.

Du kannst ebenso aktiv entscheiden, ob du Beziehungen in deinem Leben haben möchtest, die dich in deiner Persönlichkeit und mit deinen Plänen unterstützen, oder solche, die neidisch sind, dich nicht supporten und dich in deinem alten Leben halten wollen. Ich habe für mich beschlossen, dass ich keine Beziehungen zu Menschen in meinem Leben haben möchte, bei denen ich mich dafür entschuldigen muss, wer ich bin und was ich mache. Mir ist völlig klar, dass ich richtig bin, so wie ich bin. Ich weiß, dass mein Weg der richtige ist. Alle, die das infrage stellen, passen nicht zu mir.

Auf meinem letzten Vision Board hatte ich ein Bild von einer großen Menge Menschen an einem Tisch in einem Garten. Der Tisch war schön gedeckt, überall hingen Lampions und es gab eine große Party. Meine Sehnsucht nach einer solchen Party hatte sich über die Coronazeit hinweg aufgebaut, in der viele von uns isoliert gelebt haben. Doch irgendwann, als ich dieses Bild noch einmal anschaute, erkannte ich, dass es nicht mehr stimmig für mich war. Ich bemerkte, dass es mir gar nicht mehr darum ging, eine große Menge Menschen um mich herum zu haben, von denen sehr viele nur neidisch auf das schauen würden, was ich erreicht hatte. Deshalb entfernte ich dieses Bild von meinem Vision Board, es passte nicht mehr zu mir.

Ich möchte nicht von Personen umgeben sein, die mich infrage stellen, die an meinem Haus, meinem Business oder der Art, wie ich lebe, herumnörgeln. Nein, ich möchte ein soziales Netz haben, das mir hilft, mich unterstützt, wenn es nötig ist, und in dem ich mich wohlfühle. Mir ist klar geworden, dass ich keine große Tafel mit vielen Menschen brauche, sondern dass einige wenige Menschen dafür ausreichen, bei denen ich so sein darf, wie ich bin. Genauso wie sie bei mir so sein dürfen, wie sie sind.

Auch du brauchst keine fünfzig oder hundert Freunde in deinem Leben. Was du brauchst, sind Menschen, die für dich da sind, die dich mögen und supporten. Wie viele das sind, ist unerheblich. Hauptsache, es sind die richtigen.

Viele meiner alten Freunde sind in den vergangenen Monaten und Jahren aus meinem Umfeld verschwunden, weil sie meinen Erfolg nicht mittragen konnten oder wollten. Noch vor einigen Jahren wünschte ich mir primär zahlreiche Freunde und ich wollte viele Menschen kennen, um mit ihnen etwas zu unternehmen, doch heute sehe ich das anders. Heute ist mir die Qualität der Beziehungen zu anderen wichtiger als die Quantität. Das bedeutet nicht, dass du gar keine Freunde mehr haben sollst. Du musst dich nicht zwischen Erfolg und Freundschaft entscheiden – du musst dir einfach nur die richtigen Menschen in dein Leben ziehen, die sich mit dir über deinen Erfolg freuen oder denen es völlig egal ist, was du machst. Freunde, die dich als Mensch mögen.

Ich habe im Zuge meiner persönlichen Weiterentwicklung einige Menschen bewusst aus meinem Leben entlassen und mich dann dafür entschieden, neue in mein Leben zu holen. Ich habe mich mit Menschen verbunden, die ähnlich ticken wie ich, und so sind neue, unterstützende Freundschaften entstanden, die mich und auch mein Gegenüber nähren und supporten.

Stell dir vor, du bist wie eine Rakete auf dem Weg ins All. In den ersten Phasen deiner Reise sind es bestimmte Menschen und Erfahrungen, die dir wie Raketentriebwerke Schub geben. Aber auf deinem Weg nach oben, in die noch unbekannten Höhen des Erfolgs, wirst du bemerken, dass einige dieser Triebwerke zurückbleiben müssen. Sie passen nicht mehr zu deiner neuen Reiseetappe, sie haben ihren Dienst getan. Dieses Zurücklassen ist kein Zeichen des Scheiterns, sondern ein natürlicher Prozess des Wachstums. Du lässt los – nicht, weil du undankbar bist, sondern weil du neue Höhen erreichst, die andere Perspektiven und Begleiter erfordern. Dieses Loslassen ist ein Akt der Stärke, ein Schritt in Richtung deiner wahren Bestimmung.

Überlege gut, welche Beziehungen du in deinem Leben haben möchtest, und dann handle danach, die entsprechenden Menschen zu finden. Neue Freunde klingeln nicht einfach an deiner Tür. Wie immer musst du deine Vision festlegen und dann danach handeln. Wenn du mit offenem Herzen auf andere Menschen zugehst, sei es on- oder offline, dann wirst du die richtigen Personen für dich finden.

Wenn du dir neue Freunde wünschst, dann musst du Kontakte knüpfen, Türen öffnen, Einladungen aussprechen oder dich einladen lassen. Überprüfe die Priorität, die du dem Thema Freundschaften in deinem Leben gibst. Wenn du viel arbeitest und dein Fokus darauf liegt, ist das okay, dann ist eben keine Zeit für Freunde. Doch dann wundere dich nicht, wenn sie nach und nach aus deinem Leben verschwinden.

Für alles, worauf du deinen Fokus legst, für jeden Bereich in deinem Leben, der wachsen soll, benötigst du Zeit und Commitment. Denke an dein Lebensrad. Du kannst eine »10« nur dann schaffen, wenn du dem Bereich, den es betrifft, die volle Aufmerksamkeit gibst. Überprüfe immer wieder dein Verhalten – nicht nur im Bereich Beziehungen. Lebst du deine Vision so, wie sie sein soll? Handelst du entsprechend und manifestierst du dein Leben so, wie du es dir wünschst, oder träumst du nur davon? Träumst du dein Leben oder lebst du deinen Traum? Was darf gehen und was darf bleiben? Woran hältst du fest, was schon längst nicht mehr zu dir passt – so wie in folgender Geschichte?

Eines Tages saß der Buddha mit seinen Schülern zusammen, als ein trauriger Bauer vorbeikam. Einer der Schüler fragte ihn, warum er so traurig aussehe. Der Bauer erwiderte: »Ich hatte 12 Kühe, aber sie sind alle weggelaufen. Ich hatte einige Hektar Boden mit Sesam eingesät, aber die Insekten haben alles aufgefressen. Ich möchte nicht mehr leben.« Da sagte Buddha dem Bauern, er solle seine Kühe in einer anderen Richtung als der bisher eingeschlagenen suchen. Dann wandte er sich an seine Schüler und sagte: »Ihr seid am glücklichsten, wenn ihr nichts zu verlieren habt. Um glücklich zu sein, muss man die Kunst erlernen, alle Kühe, also alle ›Wünsche‹, loszulassen. Wenn wir damit beginnen, unsere Wünsche loszulassen, denken wir, dass all das, was wir uns wünschen, für unser Glück unerlässlich ist. Wir versuchen, mehr und mehr davon zu bekommen und können es nur schlecht loslassen. Doch wenn wir erkennen, dass all das, von dem wir denken, dass wir es brauchen, gar nicht notwendig ist und zu viele Wünsche uns nur unglücklich machen, dann können wir uns von allen Sorgen befreien!«

Business-Beziehung

Nun möchte ich ein weiteres Beziehungsthema anschneiden, bei dem es häufig Stress gibt. Wenn du dich entscheidest, dein eigenes Business zu gründen, dann wird das dazu führen, dass sich einiges in deinem Umfeld verändert – sogar deine Beziehung, denn ein Business kann zu Spannungen führen. Entscheidet sich in einer Partnerschaft einer der Partner dazu, sich selbstständig zu machen, ein Business zu gründen und aus dem bisherigen Hamsterrad auszubrechen, dann stellt das eine Beziehung auf die Probe. Auf einmal sitzt der Partner oder die Partnerin nicht mehr abends gemütlich mit vor dem Fernseher, sondern sieht sich Mentoring-Videos an. Vielleicht lernt er oder sie völlig andere Menschen kennen, tauscht sich mit ihnen über andere Themen aus als diejenigen, die bislang in der Partnerschaft vorherrschend waren. Eventuell fängt der Partner oder die Partnerin an, zu reisen, liest andere Bücher als bisher, beginnt, sich mit dem Thema Geld auf eine andere Weise als bisher zu beschäftigen, entwickelt sich weiter.

Oftmals geht eine solche Entwicklung gut vonstatten. Derjenige Partner, der sich entschließt, voranzugehen, zieht den anderen mit. Da ich sehr viel mit Frauen arbeite, erlebe ich das immer wieder: Die Frau geht los und zieht den Mann mit. Nicht in jeder Beziehung knallt es.

Wenn du als Frau diese Zeilen liest, möchte ich dich ermutigen, für dich loszugehen und anzufangen, deinen Träumen zu folgen. Verwirrungen, die dabei entstehen, dass du aus deiner bisherigen Rolle – egal, wie diese ausgesehen hat – aussteigst, musst du aushalten. Eine solide Partnerschaft kann und muss Spannungen bis zu einem gewissen Grad widerstehen.

Als Mann lade ich dich ein, dein »Standard-Rollenverhalten« zu überprüfen. Natürlich ist es in unserer Gesellschaft immer noch so, dass meist die Männer die finanzielle Verantwortung für die Familie tragen oder im besten Fall beide Partner sich diese teilen. Doch im Zuge der Gründung eines neuen Business und den damit einhergehenden Herausforderungen sind alle Beteiligten aufgerufen, sich weiterzuentwickeln. Ich lade alle Männer ein, selbstbewusst zu ihren Frauen zu stehen, anstatt sich an alten Rollenbildern festzukrallen. Du machst dich als Mann nicht kleiner oder weniger bedeutend, wenn du deiner Frau Mut zusprichst und für sie da bist, wenn es mal nicht so läuft wie geplant oder auch – und insbesondere dann – wenn sie einmal mehr verdient als du.

Und dich, liebe Frau, ermutige ich, die Verantwortung, die dein Mann viele Jahre getragen hat, anzuerkennen. Das Gefühl, Alleinverdiener oder Hauptverdiener zu sein, Karriere zu machen und damit einen Großteil der Verantwortung zu tragen, kann bedrückend sein. Ich kenne dieses Gefühl auch, seitdem mein Business erfolgreich ist: Was ist, wenn ich krank werde? Was ist, wenn ich irgendwann einmal mein Business nicht mehr führen kann oder will? Diese Gedanken lasse ich zu und bespreche sie mit Chris, meinem Mann. Nicht immer sind wir einer Meinung, doch unsere Beziehung und wir wachsen an unseren Herausforderungen.

Wenn du dein Leben so manifestieren möchtest, wie du es dir wünschst, dann gehört deine Beziehung unbedingt dazu. Möchtest du eine neue Realität erleben und gestalten, dann muss dein Partner mitziehen und sich weiterentwickeln. Gelingt dies nicht, dann ist es nötig, dass du für dich gut prüfst, ob du dein Leben deinem Partner und dessen Vorstellungen unterordnen kannst.

Bitte sei dir immer darüber bewusst: Du entscheidest, wie du dir dein Leben manifestieren möchtest. Und auch, wenn dies schmerzhaft ist: Manchmal gehört dein bisheriger Partner nicht mehr zu deiner neuen Vision oder deinem neuen Leben und eine Trennung ist nötig.

Das muss selbstverständlich nicht passieren. Vielen Paaren gelingt es, ihr Leben gemeinsam zu verändern, sich anzupassen und ihre Beziehung auf ein neues Level zu heben. Doch manchen gelingt es leider nicht. Wenn einer von beiden eine neue Realität erleben und gestalten möchte, dann muss der andere sich zwangsläufig weiterentwickeln und mitziehen.

Ich bin überzeugt, dass niemand sein Leben einer Beziehung oder Person unterordnen sollte. Du bist der wichtigste Mensch in deinem Leben, also ist es unabdingbar, dass du dir selbst treu bleibst. Manche Menschen sind Lebensbegleiter, andere sind Lebensphasenbegleiter, doch du selbst bist immer da.

Habe unbedingt den Mut und das Selbstvertrauen, deinen Weg zu gehen. Verlasse dich darauf, dass die richtigen Menschen mit dir kommen und diesen Weg gemeinsam mit dir gehen. Lass dich nicht von fehlendem Geld oder Abhängigkeiten aufhalten. Viele Frauen haben sich – aus meiner Sicht viel zu lange – in Abhängigkeiten von Männern begeben. Ich finde, es ist Zeit, das zu hinterfragen und zu ändern.

Natürlich ist eine solche Abhängigkeit auch bequem. Du darfst für dich herausfinden, egal, ob du eine Frau oder ein Mann bist, von wem oder was du noch abhängig bist oder dich abhängig machen möchtest. Doch sei dir bewusst darüber: Abhängigkeiten sind nie bedingungslos. Deshalb habe ich für mich beschlossen, dass ich nie wieder finanziell von einer anderen Person abhängig sein möchte. Ich bestimme mein Leben selbst und bin wertvoll so, wie ich bin.

Der Wert einer Person hängt nicht davon ab, wie viel Geld sie nach Hause bringt! Gerade Männer dürfen ihren Selbstwert nicht von ihrem Gehalt abhängig machen. Insbesondere sie haben allerdings häufig ein Problem damit, wenn sie finanziell nicht mehr im Vordergrund einer Beziehung stehen. Sollten solche Gedanken auftauchen, dann ist es für diese Person nötig, am eigenen Selbstwert zu arbeiten. Was macht einen Menschen aus? Doch bitte nicht der Kontostand! Auch wenn das Finanzielle, Materielle in unserer Gesellschaft sehr präsent ist, darf dieser Aspekt niemals über den »Wert« einer Person entscheiden. Solltest du in deiner Beziehung bemerken, dass das Thema »Selbstwert« hochkommt, dann suche dir Unterstützung. Das machen mein Mann und ich auch – immer wieder. Je nachdem, auf welchem Level wir beide uns befinden, kommen stets neue Herausforderungen.

Als ich begann, mein Business aufzubauen, war Chris nicht mit allem einverstanden, was ich gemacht habe. Ich erinnere mich noch gut an das erste Coaching, das ich unbedingt buchen wollte: Ich hatte an einem kostenfreien Webinar einer Coach teilgenommen und wusste sofort – das ist es! Mir war klar: Ich buche dieses Coaching, das ist genau das, was ich brauche! Doch mein Mann war nicht überzeugt. Er sah nur die enorme Investition, die dieses Coaching bedeuten würde, und hatte zudem das Haus, das wir gerade renovierten, im Hinterkopf. Er erinnerte mich wieder und wieder daran, dass wir das Geld für das Coaching nicht hatten! Eines Abends, als wir wieder einmal die Zahlen hin- und herschoben, sagte er ziemlich säuerlich zu mir: »Christina, du spinnst vollkommen. Das geht einfach nicht! Wir haben das Geld nicht. Willst du uns in den Ruin treiben?« Doch ich ließ mich nicht abbringen und überlegte, wie wir es doch schaffen könnten.

Schließlich fand ich eine Möglichkeit und buchte das Coaching, obwohl Chris dagegen war. Natürlich sprach ich meine Entscheidung mit ihm ab und er sicherte mir zähneknirschend zu, mich zu unterstützen, nachdem er mir abermals alle Einwände aufgezählt hatte. Glücklich war er allerdings nicht mit dieser Entscheidung und ich schwitzte Blut und Wasser, als ich den Vertrag unterschrieb.

Dieses Coaching erwies sich im Nachhinein als goldrichtig. Meine Intuition hatte mich nicht getäuscht. Auch heute sind Chris und ich nicht immer einer Meinung, doch wir hören einander zu und nehmen die Bedenken des anderen ernst. Trotzdem entscheiden wir so, wie unsere (hinterfragte) Intuition und unser Herz es uns sagen. Das ist uns beiden wichtig. Ich möchte nicht irgendwann einmal auf eine Entscheidung zurückschauen und mir selbst und vielleicht auch Chris vorwerfen, dass ich nicht auf mein tiefstes Innerstes gehört und nicht das getan habe, was ich unbedingt wollte, nur um ihm nicht wehzutun.

Dazu gehört Mut. Mut, »ja« zu sich selbst zu sagen und seinen Weg zu gehen. Und noch viel mehr Mut, »nein« zu einem Partner zu sagen, sollte es nötig sein.

Jede Herausforderung in einer Beziehung ist ein Schritt zu tieferer Verbundenheit. Das gemeinsame Wachsen macht selbst den unkonventionellsten Weg wertvoll.

Letztlich besteht dein Leben aus deinen Entscheidungen. Musst du eine Entscheidung treffen und dein Partner ist nicht deiner Meinung, dann musst du dich fragen, ob du bereit bist, dein Leben und deine Entscheidung hinter der Beziehung zurückzustellen. Was ist dir wichtiger? Den Status quo einer Beziehung aufrechtzuerhalten und dafür eventuell dein Traumleben zu verlieren? Und auch, wenn es hart ist, aber denke in solchen Fällen unbedingt weiter: Wie wirst du in zehn oder zwanzig Jahren auf diese Entscheidung schauen?

Als Millionärin mit Herz achtest du auf deine Beziehungen – zu dir selbst und zu anderen. Du gehst Kompromisse ein, wenn du dies für nötig hältst, doch du lässt dich niemals zu etwas drängen, das nicht auf dein Ziel einzahlt.

Geht wirklich alles?

Oft werde ich gefragt, ob es Grenzen der Manifestation gibt. Ich möchte gerne glauben, dass es keine gibt, weder zeitlich, körperlich noch auf sonstigen Ebenen. Doch mir ist bewusst, dass manche Manifestationen sehr lange dauern könnten, sodass ich sie in diesem Leben eventuell nicht mehr erleben würde. Auch auf der körperlichen Ebene gibt es, zumindest in dieser Realität, einige Grenzen. Trotzdem liest man immer wieder Berichte von Wunderheilungen, von Menschen, die unheilbar krank und von einem Tag auf den anderen wieder gesund waren.

Vermutlich existieren die meisten Grenzen daher nur in unseren Köpfen. Wir erlauben uns nicht, manche Dinge zu glauben, sie befinden sich nicht in unserem vorstellbaren Möglichkeitsrahmen. Doch im Grunde gibt es keine Einschränkungen. Viele Menschen vor uns haben das bewiesen. Sieh dir nur einmal die Wolkenkratzer in Dubai an. Hätte irgendjemand vor 100 Jahren geglaubt, dass es ein Gebäude geben kann, das fast einen Kilometer hoch ist? Heute gibt es dieses Gebäude: Das Burj Khalifa in Dubai, in den Vereinigten Arabischen Emiraten, ist mit einer Höhe von 828 Metern derzeit das höchste Gebäude der Welt. Eventuell hast du auch schon vom Projekt »The Line« gehört, die geplante Megastadt in Saudi-Arabien, die sich über eine Strecke von 170 Kilometern erstrecken soll und durch Gebirge und Wüsten führt. Diese futuristische Stadt soll bis 2045 auf einer Fläche von

34 Quadratkilometern errichtet werden und wird darauf ausgelegt sein, 9 Millionen Menschen zu beherbergen. Die Planung dieser Megacity enthält keine Autos oder Straßen, was zu einer erheblichen Reduzierung der CO-Emissionen führen soll. Das Projekt heißt »The Line«, weil die Stadt von einer 500 Meter hohen verspiegelten Mauer umgeben sein wird, jedoch nur 200 Meter breit ist und deshalb von oben aussehen wird wie eine Linie, die durch die Wüste schneidet. Die geplanten Kosten belaufen sich auf rund 500 Milliarden US-Dollar. Kannst du dir eine solche Summe vorstellen? Ich mir nicht, doch die Planer dieses Riesenprojektes anscheinend schon – die Bauarbeiten haben bereits begonnen.

Manche Ideen erscheinen verrückt und ich möchte hier gar nicht über die ökologische Nachhaltigkeit mancher Projekte diskutieren, ich möchte dir nur aufzeigen, dass wir häufig dazu tendieren, zu klein zu denken.

Denke bitte auch an künstliche Intelligenz. Gerade sehen wir die Anfänge von Text-KIs, die schon in der Lage sind, in kürzester Zeit Beiträge aller Art zu schreiben. Noch ist es nicht möglich, damit ein Buch wie dieses hier zu verfassen, doch wer weiß, wie die Entwicklung in fünf oder zehn Jahren aussehen wird.

Hatte ich schon erwähnt, dass du groß denken sollst? Ja? Dann hier erneut deine Erinnerung daran, dass du dir selbst keine Grenzen auferlegen solltest. Du kannst nie wissen, was alles für dich möglich ist! Sicher ist nur, dass etwas niemals möglich wird, wenn du es nicht versuchst.

Auf meinem Vision Board steht, dass ich Milliardärin werden möchte. Ich weiß bisher nicht, wie mir das gelingen soll, und dieses Ziel erscheint mir derzeit auch noch völlig verrückt. Doch ich stelle es mir vor und arbeite daran. Es gibt Menschen, die genau das geschafft haben. Ich lese deren Biografien, schaue mir an, wie sie ihr Business aufgestellt haben, und erkenne dadurch, dass es möglich ist. Ach, übrigens, es gibt nicht nur einige wenige Milliardäre auf dieser Welt, derzeit gibt es laut Schätzungen etwa 3000! Diese Zahl ist nicht offiziell und ob sie korrekt ist, ist auch egal, denn allein die große Anzahl zeigt mir: Es gibt zahlreiche Milliardäre. Das ist unumstritten und damit ist es absolut möglich, Milliardär zu werden. Oder Milliardärin – mit Herz.

Stell dir einmal vor: Hättest du 2010, kurz nach Einführung von Bitcoin, für rund 100 000 Dollar Bitcoins gekauft, wärst du heute reich. Der Preis für einen Bitcoin lag im Jahr 2010 bei etwa 0,08 Dollar (Quelle: Coinmonks). Hättest du damals Bitcoins im Wert von 100 000 Dollar gekauft, wären das etwa 1,25 Milliarden Bitcoins. Angenommen, der heutige Preis für Bitcoin liegt bei etwa 47 000 Dollar (der Wert schwankt und ist nur eine Schätzung für diese Berechnung basierend auf aktuellen Marktpreisen), dann hätte dein Bitcoin-Vermögen Stand jetzt einen Wert von etwa 59 Billionen Dollar. Natürlich ist das alles hypothetisch, denn vermutlich hättest du gar nicht so viele Bitcoins kaufen können, doch ich möchte dir mit dieser Berechnung aufzeigen, dass vieles möglich ist, was uns im ersten Moment unmöglich erscheint. 59 Billionen Dollar! Was für eine Summe.

Immer wenn wir uns einreden, dass etwas nicht möglich ist, ist es wichtig, dafür Beweise zu sammeln. Ich verspreche dir: Du wirst keine finden. Es gibt immer Menschen, die das, was du dir vorstellst, schon geschafft haben. Orientiere dich an diesen Menschen. Suche dir Vorbilder. Vielleicht magst du Elon Musk nicht, dann suche dir eine andere Person, die dich inspiriert. Bei rund 3000 Milliardären wirst du jemanden finden, den du gut findest. Ach ja, und wenn du erst einmal »kleiner« anfangen möchtest: Es gibt auch eine Menge Millionäre (die Zahlen, die ich dazu gefunden habe, schwanken zwischen 22,5 und 62,5 Millionen – auf jeden Fall reichlich).

Ist es also verrückt, Millionärin mit Herz werden zu wollen? Nein, ist es nicht. Es ist möglich. Es ist auch für dich möglich. Viele haben es schon geschafft.

Denke an dein Ziel und gehe los. Achte auf die Zeichen, die du erhältst, dass du auf dem richtigen Weg bist. Gib nicht auf. Der Weg wird sich unter deinen Füßen zeigen, wenn du eine Vision hast, fest an sie glaubst und daran arbeitest, sie zu erreichen.

Du musst jetzt noch nicht wissen, wie du dein Ziel erreichen kannst. Vielleicht erscheint es dir noch sehr weit weg oder enorm abstrakt. Doch mit jedem kleinen Schritt kommst du ihm näher, es erscheint dir weniger verrückt. Mir geht es häufig so, dass ich nicht weiß, wie ich etwas erreichen soll. Ich klebe Bilder auf mein Vision Board und habe keinen blassen Schimmer davon, wie ich das, was ich mir wünsche, schaffen soll. Und dann schaue ich manchmal auf alte Vision Boards und bin überrascht, was ich alles erreicht habe.

Es ist völlig normal, auf deinem Weg Ängste und Zweifel zu haben. Manchmal musst du über deinen Schatten springen und etwa eine hohe Investition tätigen – für ein Coaching, eine Unterstützung oder etwas anderes. Dabei entsteht Kopfkino. Du fragst dich, ob du auf dem richtigen Weg bist, ob die Entscheidung, die du triffst, die richtige ist. In solchen Momenten darfst du genau hinschauen. Was sagt dein Bauch, was sagt dein Kopf? Denk daran, dass deine Intuition dich trügen kann. Gibt es kleine Zeichen? Wirst du schon in die richtige Richtung »gepusht«?

Ein Teil meiner Vision ist es, dass ich so viel passives Einkommen generieren möchte, um theoretisch davon leben zu können – und zwar sehr gut. Lange Zeit habe ich überlegt, wie ich ein solches Einkommen generieren kann. Ich habe in Aktien investiert und Daytrading versucht, doch irgendwie war das alles nichts für mich. Dann habe ich Immobilien und Unternehmensbeteiligungen für mich entdeckt. Daran habe ich Freude, das ist mein Weg.

Manchmal musst du Dinge ausprobieren, um zu wissen, ob sie zu dir passen. Ich wusste nach dem Trading-Kurs sofort: Das wird nichts. Ich hatte keine Freude daran, jeden Tag meine Aktienkurse zu prüfen. Andere gehen völlig darin auf. Probiere aus, was zu dir passt. Und bitte gib nicht auf, denn auch wenn du etwas ausprobiert und festgestellt hast, dass es nicht zu dir passt, ist das ein brauchbares Ergebnis. Dieser Weg hat nicht funktioniert. Dann gehe einen anderen Weg.

Du musst bereit sein, Fehler zu machen. Es gibt weder ein fehlerfreies Leben noch ein fehlerfreies Business. Erfolg ohne Fehler gibt es nicht. Die erfolgreichsten Menschen haben sehr viele Fehler gemacht. Ein Fehler ist nur eine Entwicklungsstufe, nicht mehr. Du bist gefordert, auf deinem Weg vieles auszuprobieren. Du musst probieren, verwerfen, neu denken, planen, merken, was zu dir passt und was nicht. Du darfst jederzeit neue Wege gehen, wenn du feststellst, dass etwas nicht funktioniert. Glaube mir, ich habe auf meinem Weg schon so viel ausprobiert, was nicht zu mir gepasst hat. Genau das hat mich dorthin gebracht, wo ich heute stehe.

Wunder oder Physik?

Ich habe in meinem Leben schon so viele Dinge erreicht, von denen ich niemals gedacht hätte, dass sie möglich sind, deshalb denke ich, dass wir so viel mächtiger sind, als wir glauben. Trotzdem mag es physikalische Grenzen geben und auch meine Logik sagt mir manchmal: Das geht nicht. Doch ist Manifestieren wirklich Logik? Ist es Physik? Lässt sich das Universelle, das Göttliche mit Logik erklären? Oder gibt es tatsächlich noch mehr zwischen Himmel und Erde als das, was unser Verstand erfassen kann? Gibt es Wunder?

Meine Lieblingsausrichtung, um Wunder möglich zu machen, ist, die folgende Frage zu stellen: »Welches Wunder kann ich heute erleben?«

Die Theorie der Manifestation und die Wirkung von Energien und Teilchen habe ich dir bereits beschrieben. Doch ist das alles, was eine Rolle spielt?

Für mich ist die Vorstellung, dass es eine Energie oder Kraft gibt, die wir nicht erklären oder messen können, eine wundervolle Vorstellung – eine Vorstellung voller Wunder. Es gibt so viele Wunder auf der Welt und Dinge, die wir nicht erklären können. Warum können manche Menschen mit Tieren sprechen? Warum können andere mit Verstorbenen kommunizieren? Wenn das möglich ist, was ist dann noch alles möglich? Wenn es eine universelle, grenzenlose Energie gibt, deren Teil ich bin, warum sollte ich dann nicht auch alles manifestieren können?

Doch halt! Sollte ich überhaupt »alles« manifestieren? Was ist, wenn andere Menschen ein Teil meiner Manifestation sind? Was ist, wenn ich mir meinen Traumpartner manifestieren oder in meiner Familie etwas ändern möchte? Ist das dann noch Manifestation – oder schon Manipulation?

Manifestation oder Manipulation?

Menschen können manipuliert werden. Manipulation ist allgegenwärtig.

Manipulationen geschehen durch Sprache und/oder Verhalten und sind überall zu finden. Schau dir nur einmal Werbung an oder auch die Nachrichten. Vermutlich wirst du einige Manipulationen entdecken, wenn du aufmerksam hinsiehst.

Manchmal wollen wir sogar manipuliert werden. Wir wollen die bearbeiteten Bilder der Models sehen, um unseren Hintern vom Sofa hochzubekommen und anzufangen, Sport zu treiben. Oder wir sehen die Videos erfolgreicher Coaches auf Social Media und erkennen dadurch, dass wir unter unserem Potenzial leben. Solange Manipulation uns nicht schadet, sondern vorwärtsbringt, ist nichts dagegen einzuwenden.

Neben diesen alltäglichen Manipulationen gibt es allerdings bestimmte Menschentypen, die sehr manipulativ sind und nicht zu unserem Wohle handeln. Dazu gehören insbesondere Narzissten. Narzissmus, eine Persönlichkeitsstörung, ist durch Selbstbewunderung und mangelndes Einfühlungsvermögen gekennzeichnet. Narzissten neigen dazu, sich selbst als überlegen zu sehen, und haben Schwierigkeiten, gesunde Beziehungen aufrechtzuerhalten. Sie manipulieren andere etwa durch Gaslighting, bei dem sie die Realität des Opfers infrage stellen, durch Liebesbombardierung, bei der sie anfänglich übermäßige Liebe und Aufmerksamkeit zeigen, durch Projektionen ihrer eigenen negativen Eigenschaften auf andere, durch Schuldzuweisung für ihre Fehler und weitere manipulative Techniken.

Wir befinden uns also ständig in Gefahr, manipuliert zu werden. Das muss, wie bereits erwähnt, nicht immer negativ sein, denn manchmal geschieht Manipulation zu unserem Vorteil. Vom Grunde her besagt dieses Wort, das seinen Ursprung im Lateinischen hat, dass es sich bei Manipulation um etwas handelt, das »mit der Hand bearbeitet oder behandelt wird«. In bestimmten Kontexten kann »manipulare« also bedeuten, etwas geschickt oder mit großer Fähigkeit zu handhaben.

Insbesondere in Bereichen wie Physiotherapie, Chiropraktik und anderen manuellen Therapien, »manipulieren« Fachleute unseren Körper, um Schmerzen zu lindern und die Gesundheit zu verbessern. Wenn du Kinder hast und ihnen erzählst, dass sie ihr Gemüse essen sollen, um groß und stark zu werden, ist auch das im Grunde Manipulation. Wenn ich meinem Hund sage: »Holly, sitz, Leckerchen!«, ist auch das Manipulation. Wenn Coaches auf Social Media nur ihre Schokoladenseite zeigen, ist das ebenfalls in gewissem Sinne Manipulation, denn sie wollen, dass die Leserinnen und Leser sie mögen, sie gut finden und ihnen folgen. Deshalb zeigen sie oft nicht die ganze Wahrheit. Manipulation geschieht durch unterschiedlichste Vorgehensweisen und Personen. Hier einige davon kurz erklärt, damit du dich zukünftig davor schützen kannst:

1. Reziprozität: Wenn jemand etwas für dich tut, neigst du dazu, es zu erwidern. Manipulatoren nutzen dies aus.

2. Um Hilfe bitten: Wenn du jemandem hilfst, bist du eher bereit, ihm in der Zukunft wieder zu helfen. Manipulatoren können dies ausnutzen.

3. Halo-Effekt: Wenn du eine Person in einem positiven Licht siehst, neigst du dazu, alles an ihr positiv zu sehen. Manipulatoren nutzen dies, um Vertrauen zu gewinnen.

4. Vergleiche: Manipulatoren verwenden Vergleiche, um andere zu beeinflussen und das zu bekommen, was sie haben wollen.

5. Kontrolle: Manipulatoren versuchen oft, die Gedanken und Gefühle anderer zu kontrollieren.

Und wo genau liegen nun die Grenzen zwischen Manipulation und Manifestation?

Manipulation geschieht in der Regel nicht zum Wohle aller (auch die vorher genannten »gut gemeinten« Beispiele können durchaus Schaden anrichten). Natürlich kannst du Leuten Geld aus der Tasche ziehen, indem du sie davon überzeugst, dass sie unbedingt deine Dienstleistung und dein Produkt kaufen müssen. Damit hast du dir Geld manifestiert, doch ist das wirklich zum Wohle aller?

Um Manipulation von Manifestation zu unterscheiden, sind wir aufgefordert, unsere Werte zu überprüfen und darauf zu achten, ob das, was wir tagtäglich tun, zum Wohle anderer ist. Sobald das, was du dir manifestieren möchtest, anderen schadet, solltest du innehalten, auch wenn deine Gedanken und Energien frei sind.

Frage dich bitte immer, ob du ehrlich bist, aus dem Herzen handelst oder sogar Liebe die treibende Kraft deines Tuns ist. Frage dich, ob du aus Liebe zu deiner Vision und Liebe zum Leben handelst, und zwar nicht nur aufgrund deiner Vision und deiner Liebe zum Leben, sondern auch, was andere Menschen betrifft.

Ich bin der festen Überzeugung, dass wir gar nichts Schlechtes manifestieren können, wenn wir alle aus tiefstem Herzen und in Liebe handeln. Wenn ich Milliardärin wäre, würde ich so viele geniale Dinge auf der Welt manifestieren, dafür müsste ich niemanden manipulieren.

Wenn ich für andere spürbar ehrlich und authentisch agiere, dann ist daran nichts Manipulatives. Mit einer klaren Absicht, die dem Wohle aller dient, ist Manifestation nichts Verwerfliches. Ich versuche daher immer, im Herzen zu sein, wenn ich manifestiere.

Trotzdem gibt es Menschen, die manipulieren, um erfolgreich zu sein. Sie wollen die Rolex am Arm, den Porsche vor der Tür, an der Börse möglichst viel Geld in kurzer Zeit machen und das alles ohne Rücksicht auf Verluste. Dafür schrecken sie auch vor Manipulation nicht zurück. Doch ist das Erfolg? Ist Erfolg eine Zahl auf dem Konto?

Ich strebe eine andere Art von Erfolg an. Ich möchte abends ins Bett gehen und das Gefühl haben, dass mein Tag gut für die Welt und für mich war. Mein Erfolg findet im Herzen statt – und nicht durch Manipulation.

Wir alle sind hier auf der Erde, um zu lernen. Wir sind hier, um Erfolg und Misserfolg zu erfahren, um Liebe zu geben und zu empfangen und unser großartigstes Leben zu leben. Das zumindest ist meine Meinung.

Hast du dir schon einmal Gedanken darüber gemacht, warum wir Menschen hier auf der Erde sind?

Warum wir hier sind

Völlig gleich, ob du an Gott, das Universum, die Quelle, die Matrix oder etwas anderes glaubst, viele Menschen haben mittlerweile verstanden, dass wir nicht nur Körper und Verstand, also Geist, sind, sondern auch noch eine Seele besitzen.

Wir sind auf dieser Erde Reisende, sammeln Erfahrungen und wachsen über unsere Zeit hinaus. Unsere wahre Natur ist unendlich, weit über das Jetzt hinaus.

Manchmal geschehen uns auf dieser Welt Dinge, von denen wir uns fragen, warum sie uns passiert sind. Positive Dinge genauso wie negative. Oder wir begegnen einem Menschen, den wir schon ewig zu kennen glauben. Andere wiederum können wir vom ersten Moment an nicht leiden. Erklärbar ist das meist nicht. Deshalb möchte ich dich an meinen Gedanken dazu teilhaben lassen und erzähle dir die Geschichte von den zwei Seelen.

Dafür musst du dir vorstellen, dass unsere Seelen unendlich sind (wenn du nicht sowieso schon daran glaubst). Sie können nicht sterben, sondern befinden sich in einem ewigen Zyklus der Unendlichkeit aus allem, was ist, immer schon war und noch ewig sein wird. Um dir meine Geschichte verständlich und nachvollziehbar zu erzählen, gebe ich unseren Seelen im Folgenden menschliche Züge.

Nun sitzt also deine Seele im himmlischen Café und langweilt sich so langsam in dieser Unendlichkeit. Sie ist schon gefühlte Ewigkeiten hier und möchte sich weiterentwickeln. Denn genau das ist ihr Job, zu lernen, zu erfahren und so dem großen Ganzen, von dem sie ein Teil ist, neue Erfahrungen hinzuzufügen. Und obwohl alles Freude, Licht und Liebe in dieser Unendlichkeit ist, wäre etwas Abwechslung schön. Wie sie also herumsitzt und sich ein wenig langweilt, kommt eine Seelenfreundin vorbei.

»Hey, liebe Seele, wie geht's, wie steht's? Hast du schon gehört? Da gibt es eine neue Erfahrung, sie heißt ›Erde‹. Meine Seelencousine war gerade dort. Es muss komplett krass sein dort auf dieser ›Erde‹. Da bekommst du etwas, das heißt ›Körper‹, und der kann fühlen und krank werden.«

Völlig verdattert fragst du nach: »Was? Was ist denn ›krank‹? Das habe ich noch nie gehört. Und dieser Körper? Was soll das denn sein?« – »Ich weiß es auch nicht, aber wir können mal beim kosmischen Reisebüro vorbeischauen, da gibt es Informationen dazu.«

Und die beiden ziehen los ins Reisebüro. »Also, ich hätte wirklich gerne ein bisschen Aufregung. Mal für einen Augenblick raus aus dieser Unendlichkeit in irgendein Abenteuerland. Das wäre was«, sagt deine Seele. »Ja, absolut«, stimmt die andere Seele zu. »Ich möchte auch etwas erleben.«

Im kosmischen Reisebüro angekommen, sind beide Seelen völlig begeistert, als sie mehr über diese »Erde« erfahren und alles, was damit zusammenhängt. Die Reiseberater erklären einige Details und empfehlen besonders die Erfahrungen »Entwertung durch die Familie« und »Finde deine Berufung durch einige Umwege«. Du kannst es kaum fassen: »Wow, das hört sich alles wirklich spannend an. Endlich mal Action!« Die Beraterin fährt fort: »Und dann können wir noch schwere Krankheiten einstreuen. Oder auch die große Liebe, aber erst ganz spät im irdischen Leben, das dauert nämlich nicht ewig, sondern nur einige Jahre. Für dich als Seele ist es wie ein kleiner Fingerschnips.« Die beiden Seelen sind ganz aufgeregt. Sie nicken. Diese Erfahrung hört sich prima an. Sie ist zwar nur kurz, aber immerhin – eine Abwechslung!

Sie wählen auf dem Fragebogen, den sie für die Erderfahrung ausfüllen müssen, noch weitere Dinge aus wie »Freude durch Kinder«, »einen narzisstischen Chef«, »Trauer« und auch »fehlende Selbstbeherrschung«. Eine der beiden Seelen möchte »Opfer – emotionaler Missbrauch« dazuhaben, das hört sich spannend an. Doch die Reiseberaterin zögert und sagt: »Moment, hier steht, dass das eine Zwei-Seelen-Erfahrung ist. Dafür brauchst du jemanden, der mit dir auf die Erde geht, um diese Erfahrung zu machen. Diese andere Seele muss dann hier ›Täter – emotionaler Missbrauch‹ wählen.«

Die beiden Seelen schauen sich an, brauchen nur einen Moment, nicken und wählen dann die entsprechenden Felder für Täter und Opfer aus. »Danke, dass du mit mir kommst«, sagt deine Seele zur anderen. »Sehr gerne, das wird bestimmt spannend!«

Die beiden Seelen sind aufgeregt: »Wann geht es los? Können wir sofort auf diese Erde?« – »Ja, sobald ihr die AGB unterschrieben habt«, sagt die kosmische Reiseberaterin. »Bitte noch mal genau lesen, dort steht nämlich, dass ihr, wenn ihr auf diese Erde inkarniert, nichts mehr von all dem wisst, was ihr hier oben beschlossen habt. Ihr kennt euch nicht mehr und könnt euch an nichts erinnern. Ihr wisst auch nicht mehr, dass ihr unendliche Seelen seid. Ihr könnt, wenn ihr wollt, hier noch ankreuzen, dass ihr euch irgendwann wieder erinnern wollt und auf der Erde entdeckt, wer ihr wirklich seid.« – »Okay, nehme ich«, sagt deine Seele. »Nö, ich nicht«, die andere. Beide unterschreiben die AGB und schon geht es los: Sie inkarnieren als Menschen auf die Erde, wissen nichts mehr von ihrem Seelenplan und leben ihr gebuchtes Leben.

Die Vorstellung, dass wir alle unendliche Seelen sind, die eine Erfahrung auf dieser Erde machen, bereitet mir Freude. Natürlich kann ich nicht wissen, ob unsere Seelen wirklich eine solche Vereinbarung getroffen haben, doch die Vorstellung, dass wir hier als Menschen auf der Erde sind, um uns in diesem Körper mit allen Hochs und Tiefs zu erleben, finde ich genial. Mit diesem Bild im Kopf überstehe ich auch schwierige Situationen besser, denn dann denke ich immer: Ach so, das habe ich oben angekreuzt. Kann ich das stornieren? Hallo? Reisebüro? Tja, geht wohl nicht, dann mache ich das Beste daraus.

Bitte versteh mich nicht falsch an dieser Stelle. Ich möchte niemanden aus der Verantwortung für sein Tun entlassen oder das Verhalten mancher Personen verniedlichen. Niemand wählt hier auf dieser Erde bewusst, als unschuldiges Kind missbraucht zu werden, niemand wählt, ein Täter oder Opfer zu werden. Keiner weiß, warum zwei Menschen mit den gleichen Fähigkeiten auf diese Welt kommen, und eine Person schafft es, ein Multimillionen-Unternehmen aufzubauen, während eine andere in Syrien jeden Tag um ihr Leben fürchten muss.

Diese Welt ist so, wie wir sie gestalten. Das Seelen-Unendlichkeits-Modell hilft mir, mit der Frage »Warum ist die Welt so ungerecht?« etwas besser umzugehen. Die Vorstellung, dass meine Seele etwas mit meinem Leben vorhatte, treibt mich an, mein Bestes zu geben, nicht aufzugeben, wenn es hart wird, und andere Menschen, so weit es geht, nicht so sehr zu bewerten.

Ja, manche Menschen sind schlecht und tun schlimme Dinge. Ja, die Welt ist nicht fair. Doch ist das alles Zufall? Oder gibt es einen Plan dahinter?

Wir alle wissen nicht, ob wir schon einmal auf dieser Welt gelebt haben. Beschäftigst du dich mit dem Thema Rückführungen, beispielsweise durch Hypnose, wirst du vermutlich, genauso wie ich, erkennen, dass du schon mehrmals auf dieser »Erfahrung Erde« inkarniert warst. Manchmal als Opfer, manchmal auch als Täter. Wir alle sind vermutlich mal Täter und mal Opfer. In diesem Leben habe ich Glück. In anderen Leben lief es vielleicht nicht so gut.

Aus meiner Sicht sind wir alle hier, um zu lernen. Und das Bild der Seelen, die vor unserer Inkarnation auswählen, was es in diesem Leben zu lernen gibt, hilft mir, mein Leben als wertvoll und wichtig zu betrachten, genauso wie die Leben anderer Menschen, selbst dann, wenn sie vielleicht nicht nur in Liebe handeln. Wir können nicht wissen, wie wir in vergangenen Leben agiert haben, und wir wissen nicht, was in zukünftigen Leben noch auf uns zukommt. Nenne es »Karma« oder »Seelenplan« oder auch nur »Zufall« oder »Schicksal«, je nachdem, was du glauben möchtest.

Ich habe mir geschworen, dass dieses Leben, das ich jetzt lebe, ein Meisterstück wird. Vermutlich sitzt meine Seele jetzt oben im Café und lacht sich kaputt, während ich das hier schreibe. Wer weiß, was noch auf mich, Dr. Christina Sternbauer, auf dieser Erderfahrung wartet?

Mit meiner Vorstellung unserer Seelen auf Reise komme ich auf dieser Erde gut zurecht. Denn nur Logik bringt uns an dieser Stelle nicht zu einer Antwort, ob das, was wir hier (er)leben, Sinn ergibt. Ein Mensch zu sein, ist unlogisch. Vieles, was auf dieser Welt passiert, ist unlogisch. Warum werden Menschen getötet, Kinder gefangen gehalten, warum gibt es Kriege? Ich weiß es nicht.

Vielleicht möchtest du meine Vorstellung übernehmen, eventuell findest du für dich eine andere, mit der du dein Leben gut leben kannst. Vielleicht glaubst du nicht an die Seele oder Inkarnationen, sondern an Zufall oder eine andere Geschichte. Du entscheidest selbst, was deine Wahrheit ist. Denn die tatsächliche Wahrheit kennen wir nicht und wir wissen auch nicht, warum wir sie nicht kennen.

Meine Erd-Wahrheit hilft mir dabei, mein Traumleben zu manifestieren. Denn ich bin mir mittlerweile sehr sicher, dass meine Seele genau dafür auf dieser Welt ist – übrigens wie alle Seelen, das ist meine feste Überzeugung. Ich ziehe mich deshalb bei Schwierigkeiten nicht in eine passive Haltung zurück, so nach dem Motto: »Ach, das lohnt sich nicht, habe ich nicht angekreuzt«, nein, ich gehe in meine Selbstermächtigung und handle als Mensch im besten Sinne aller. Wer weiß, vielleicht habe ich auch angekreuzt: »Ich möchte das Bestmögliche aus mir herausholen und sehr erfolgreich sein«, dann ist es mein Job, genau das jetzt zu tun.

Erfolg

Oft fragen Menschen mich: »Christina, fühlst du dich erfolgreich?« Ja, ich bin erfolgreich und fühle mich auch so. Doch wenn ich mich heute entschließen würde, nichts mehr zu tun, einfach nur noch auf der Couch herumzuliegen, wäre dieser Erfolg weg, vermutlich schneller, als ich schauen könnte. Wenn ich jetzt aufhören würde, dieses Buch zu schreiben, würde es niemals veröffentlicht. Deshalb bleibe ich dran. Irgendwann wird der Zeitpunkt kommen, an dem ich so viel Energie, Zeit und auch Geld in mein Business investiert habe, dass ich von meinem passiven Einkommen leben kann. Doch noch ist dieser Zeitpunkt nicht gekommen und deshalb verfolge ich weiterhin meine Lebensaufgabe.

Dort anzukommen, wo ich hinwill, ist meine Lebensaufgabe. Das Gestalten meines Lebens und damit gleichzeitig Menschen weiterzuhelfen, bereitet mir Freude und ich habe gar keinen Grund, damit aufzuhören – auch wenn einmal nicht alles perfekt läuft. Dann gönne ich mir eine Auszeit, um mich neu zu justieren. Ich orientiere mich an meinen Werten und den Ergebnissen, die ich erziele, und schaue, ob ich noch auf dem richtigen Weg bin. Manchmal halte ich inne, um mein Krönchen zu richten, wenn mal wieder Hater-Kommentare auf Social Media hereingeflattert kommen. Doch Aufgeben? Niemals. Ich bin eine Millionärin mit Herz und mein Weg ist noch lange nicht zu Ende.

Als ich vor einigen Jahren durchstartete und meine ersten Erfolge verbuchen konnte, hatte ich ein Gespräch mit einer lieben

Bekannten. Sie sagte mir offen: »Wow, Christina, ich bewundere das, was du tust.« Ich freute mich sehr über dieses Kompliment und wollte gerade ansetzen, ihr zu sagen, dass sie das auch erreichen könne, wenn sie wolle, da fuhr sie fort: »Doch für meinen Mann und mich ist das nichts. Wir wollen es bequem haben, wir haben unsere sicheren Jobs, unsere Kinder, einen großen Freundeskreis. Wir wollen abends und am Wochenende unsere Ruhe, um gemütlich Freunde zu treffen und zu grillen. Wir brauchen kein großes Haus oder gar Millionen auf dem Konto. Wir sind zufrieden mit dem, was wir haben.« Diese ehrliche Aussage machte mir damals bewusst, was Erfolg im Kern ausmacht.

Erfolg bedeutet, dass du auch innerlich bereit sein musst, loszugehen, dass du Bequemlichkeit loslassen musst, bereit sein musst, Neues zu lernen und zu erfahren. Erfolg hat seine Grundlage im Innen. Erst dann, wenn du innerlich erfolgreich bist, kann sich das auch im Außen manifestieren. Erst wenn du deine Energie und deine Vision darauf ausrichtest, das zu erreichen, was für dich Erfolg bedeutet, erst dann kann es in dein Leben treten.

Es ist nichts verkehrt daran, sich für ein bequemes Leben zu entscheiden, und jeder von uns trifft seine Wahl, was für ihn oder sie Erfolg bedeutet. Wenn du dich für ein bequemes Leben entscheidest, ist das absolut okay. Dann sei aber auch damit zufrieden und jammere nicht herum, wenn du dir keinen Urlaub im Fünf-Sterne-Hotel leisten kannst.

Ich für meinen Teil habe entschieden, dass ich das Beste aus meinem Leben machen möchte. Das Streben nach Luxus, Wohlstand und erweiterten finanziellen Möglichkeiten gehört für mich dazu. Durch meine Tätigkeiten möchte ich einen bedeutenden Beitrag für mich und andere leisten. Deshalb habe ich große Träume. Und deshalb arbeite ich täglich an diesen Träumen.

Mein Leben ist erfüllt und glücklich. Heute, da ich diese Zeilen für dich schreibe, wird mir das noch einmal sehr bewusst. Ich habe in den vergangenen Jahren viel erreicht, konnte mein Leben von der überarbeiteten und frustrierten Ärztin hin zur erfolgreichen Unternehmerin drehen. Das war nicht immer leicht, nein, es gab viele Tage und Nächte, ja sogar Wochen und Monate, in denen ich gezweifelt und geflucht habe. Es gab Momente, da wollte ich alles hinwerfen, und oft genug fragte ich mich, warum ich mir das antue. Schließlich wäre es ein Leichtes gewesen, weiter als Ärztin zu arbeiten, mir Nachtschicht um Nachtschicht um die Ohren zu hauen und irgendwann vermutlich mit einem Burn-out selbst in einer Klinik zu landen.

Doch das wollte ich nicht. Ich erkannte für mich, dass ich Menschen auf eine andere, bessere Weise viel mehr dienen kann, als die gestresste Frau im Arztkittel das je könnte. Ich machte mir klar, dass ich für meine Familie da sein und meine Kinder nicht nur »nebenbei« aufwachsen sehen wollte. Zudem wollte ich ein freies, wohlhabendes und außergewöhnliches Leben. Ein solches Leben habe ich heute und trotzdem noch Träume. Ich will die Welt bereisen, schöne Urlaube machen, meine Unternehmen weiter nach vorne bringen und meinen Nachfahren etwas hinterlassen. Das ist ein Teil meiner Vision.

Der andere Teil jedoch ist deutlich größer. Denn ich möchte noch mehr Menschen inspirieren und ihnen klarmachen, dass sie ihr Leben selbst in die Hand nehmen können, so wie ich es auch getan habe. Menschen in ihre Selbstermächtigung zu bringen, sie zu inspirieren, genauso an sich selbst zu glauben, wie ich an mich glaube, ist mir wichtig. Sie sollen erkennen, dass sie ein Leben in Freiheit und Zufriedenheit leben können – jederzeit.

Der Weg dahin ist noch lang. Denn aus meiner Erfahrung heraus lebt nur etwa eine von zehn Personen schon in ihrer vollen Selbstermächtigung. Nur einer von zehn Menschen hat erkannt, dass er sein Leben mit jedem Gedanken und Atemzug erschafft. Stelle dir vor, wie es wäre, wenn es neun von zehn wären? Wie sähe unsere Welt dann aus? Es wäre eine Welt, in der wir alle frei wären, in der jeder Mensch sich entfalten könnte; eine Welt, in der Kinder schon von klein auf lernen würden, für sich selbst einzustehen und sich ihr Leben eigenverantwortlich zu gestalten, ohne Angst vor Strafen oder Repressalien. Eventuell würde es in einer solchen Welt keine Coaches mehr brauchen, weil alle Menschen sich selbst steuern und führen könnten. Uns allen wäre bewusst, wie wir Ziele erreichen können. Wir wüssten um die Macht der Gewohnheiten und Routinen, die unser Leben verändern können. Wir hätten unser Leben selbst in der Hand und würden uns nicht mehr von hinderlichen Glaubenssätzen aufhalten lassen.

Auch kleine Schritte führen zum Ziel

Wenn du dein Leben ändern möchtest, aber derzeit noch großen Respekt vor der unendlichen Macht deiner Gedanken hast, dann beginne im Kleinen: Verändere deine täglichen Gewohnheiten und verändere damit dein Leben!

Nimm dir ab heute jeden Tag fünf Minuten Zeit, um etwas anders zu machen als bisher. Vielleicht treibst du gerade keinen Sport. Dann reserviere dir ab sofort fünf Minuten täglich für ein paar Kniebeugen, Hampelmänner oder gehe einfach auf der Stelle. Fünf Minuten Zeit hast du, egal, wie voll dein Tag ist.

Oder vielleicht möchtest du deinen Social-Media-Auftritt intensivieren. In diesem Fall nimm dir täglich fünf Minuten, schreibe in dieser Zeit einen Post oder drehe ein Video.

Eventuell möchtest du dich selbstständig machen. Dann überlege jeden Tag fünf Minuten lang, was deine nächsten Schritte sein könnten. Womit kannst du dich selbstständig machen? Welches Wissen brauchst du dafür? – Und dann handle.

Egal, woran du arbeiten möchtest: Schon fünf Minuten können den Unterschied machen und dein Leben verändern.

Es sind nur fünf Minuten – jeden Tag. Das macht pro Woche 35 Minuten. Nach einiger Zeit, sagen wir zwei Wochen, erhöhst du langsam den Umfang. Erst auf sechs Minuten, dann auf sieben Minuten, und schon bist du bei einer Dreiviertelstunde Sport pro Woche angelangt, ohne es wirklich zu bemerken.

Vielleicht wünschst du dir auch, positiver zu denken. Dann nimm dir vor, jeden zehnten Satz in deinem Kopf zu verändern.

Statt zu grübeln, warum irgendetwas nicht läuft, und wieder und wieder negative Gedanken in deinem Kopf zu produzieren, sage dir gelegentlich innerlich bewusst: »Stopp!« Und bei jedem »Stopp« denkst du einen positiven Gedanken. Falls dir gerade nichts einfällt, hier einige Beispiele:

Ich bin wertvoll. Ich bin erfolgreich. Ich bin frei. Ich bin heil. Ich bin gesund. Ich bin glücklich. Ich bin dankbar. Ich bin stark. Ich bin wundervoll. Ich lebe mein bestes Leben. Ich lebe in Fülle und Wohlstand. Ich bin großartig. Ich bin eine Millionärin mit Herz.

Sei heute schon die Person, die du in der Zukunft sein möchtest. Fühle dich so, wie du dich fühlen möchtest. Denke nur noch die Gedanken, die du denken möchtest, und sei in der Energie der Person, die du sein möchtest. Das ist das eigentliche Geheimnis der Manifestation.

Nutze die Macht deiner Gedanken.

Deine Gedanken sind frei. Du bist jederzeit frei, das zu denken, was dir beliebt. Niemand kann dich zwingen, etwas zu denken, was du nicht denken willst. Bitte lies das abermals, denn es ist essenziell, dass du das verstehst! Niemand, wirklich niemand kann dich zwingen, schlecht von dir selbst oder über dein Leben zu denken! Deine Gedanken gehören nur dir!

Deine Gedanken sind unabhängig von äußeren Umständen. Durch jeden deiner Gedanken veränderst du deine Energie, und wie ich dir schon beschrieben habe, veränderst du damit nach und nach dein Umfeld und damit dein Leben. Du entscheidest, ob du positive oder negative Gedanken denkst – du allein, niemand sonst.

Warum sollst du also nicht heute schon das denken, was du denken würdest, wenn du eine Yacht hättest? Und warum solltest du dich nicht für fünf Minuten jeden Tag so fühlen, als ob du ein Haus in den Bergen oder am Meer hättest? Warum solltest du heute nicht an deinem Schreibtisch sitzen und dir sagen: »Ich bin erfolgreich!«

Deinen Gedanken werden Handlungen folgen – denn du kannst nicht positiv denken und negativ handeln. Diese Handlungen können dir heute noch klein und unbedeutend erscheinen, so wie der Euro mehr an Trinkgeld, den du für die Bedienung im Restaurant erübrigst, oder die teurere Kaffeesorte, die du kaufst. Diese kleinen Handlungen und deine Gedanken führen zu einem anderen Ergebnis – und zwar sofort. Du fühlst dich anders, durch dieses Gefühl sendest du eine andere Energie aus und ziehst damit andere Dinge, Situationen und Menschen in dein Leben. Das wiederum lässt dich anders denken und handeln, und gleichzeitig setzt du andere, positive Prioritäten.

Prioritäten setzen

Lass uns hier noch einmal einhaken: Wenn du sagst oder denkst, dass du dir derzeit noch keine Yacht, kein Haus am Meer oder keine Selbstständigkeit leisten kannst, ist das im Grunde nur eine Frage deiner Priorität. Du hast momentan keinen Fokus auf die Yacht. Andere Dinge gehen vor. Vermutlich benötigst du dein Geld, um deinen Lebensunterhalt zu bestreiten, deine Miete, die Raten für dein Haus, Lebensmittel, Bekleidung, deine Altersvorsorge.

Doch jetzt mal Hand aufs Herz: Wenn du wirklich – und damit meine ich aus deinem tiefsten Herzen – eine Yacht haben wolltest, dann könntest du dir diese, zumindest für einen Tag, leisten. Vielleicht hättest du einen Monat lang nur Pasta mit Tomatensauce im Topf, müsstest dein Auto verkaufen oder fünf Jahre lang bei deinem Nachbarn Rasen mähen. Aber wenn du es wirklich wolltest, könntest du die Yacht vermutlich mieten, oder nicht?

Eventuell triggert dich das jetzt enorm und du bist erbost: »Christina, so etwas kannst doch nicht behaupten! Es gibt so viele Menschen, die haben kaum ausreichend Geld zum Leben!« Ja, es gibt Menschen, die haben wirklich kaum Geld, um zu überleben. Klar ist auch, dass wir etwas essen müssen und ein Dach über dem Kopf brauchen. Doch ich bleibe dabei: Für die meisten Menschen in Deutschland, Österreich oder der Schweiz wäre es möglich, eine Yacht zu mieten, und sei es nur für einen Tag. Hier am Bodensee kannst du ein kleines Boot schon für 250 Euro pro Tag mieten. Das ist zwar keine Yacht, aber zumindest ein Anfang. Du wärst auf einem Boot und könntest dich fühlen wie ein Yachtbesitzer.

Und wenn du wirklich keine Yacht mieten kannst oder willst, weil deine Prioritäten woanders liegen, du dich aber unbedingt wie ein Yachtbesitzer fühlen möchtest, dann geh in einen Hafen und schau dir Yachten an! Sprich mit den Besitzern, frage sie, wie es sich anfühlt, mit der Yacht hinauszufahren, und wie sie an die Yacht gekommen sind.

Reiche Menschen sind keine schlechten Menschen, viele von ihnen bringen zahlreiche Angestellte in Lohn und Brot und arbeiten viel, um sich eine Yacht leisten zu können. Wenn du den Glaubenssatz »Vermögende Menschen sind Halsabschneider« immer noch in dir trägst, dann solltest du diesen jetzt dringend drehen. Wie dir das gelingt, hast du bereits erfahren.

Geh zu einem Yachthafen. Sauge die Energie auf, die dort herrscht. Trinke einen Kaffee im Yachthafen und gib reichlich Trinkgeld. Fühl dich so, als ob du das, was du möchtest, schon in deinem Leben hättest. Lass einen Film in deinem Kopf ablaufen, der dein Traumleben zeigt. Das mache ich auch – immer noch – jeden Tag. Denn auch wenn ich schon viel von dem erreicht habe, was ich in meinem Leben haben wollte, bin ich noch nicht dort, wo ich sein will.

Vor einiger Zeit habe ich mir eine Serie angeschaut, die wohlhabende Menschen dabei zeigte, wie sie Partys auf gecharterten Yachten feiern. Eigentlich war es eine Schrottserie, trotzdem habe ich mir jede Episode angeschaut und anfangs gedacht: Wie krass ist es, dass jemand 250 000 Euro für drei Tage Party auf einer Yacht bezahlen kann! Je länger ich mir die Serie angesehen habe, umso mehr konnte ich fühlen, dass so etwas auch für mich möglich wäre. Wenn ich es wirklich wollte, könnte ich dieses Geld bezahlen. Derzeit ist das nicht meine Priorität, doch ich weiß, es wäre möglich. Ich kann bereits fühlen, wie es sein wird, sollte ich mich eines Tages entscheiden, eine Party auf einer Yacht zu feiern. Und eines weiß ich schon jetzt – ich werde das völlig ohne schlechtes Gewissen machen. Denn ich habe es verdient. Genauso wie du all das verdient hast, was du dir wünschst.

Trainiere ab sofort jeden Tag, dich heute schon so zu fühlen und im Rahmen deiner Möglichkeiten so zu handeln, als ob du bereits dort wärst, wo du hinmöchtest. Passe die Handlungen und deine Routinen deinem Ist-Zustand an und stretche diese, so gut du kannst. Vergrößere Euro um Euro deinen Money-Schuh.

Als Kind warst du Prinzessin, Cowboy, Clown, Detektivin, bist in Gedanken in ferne Länder gereist, hast dort wilde Tiere entdeckt und davon geträumt, wie es sein wird, ein eigenes Pony zu haben. Du warst völlig im Moment, absolut davon überzeugt, dass du alles werden kannst, was du dir vorstellst, wenn du groß bist.

Hole dir diesen tiefen Glauben zurück! Lass dir nicht von anderen einreden, was du alles nicht kannst. Sei tief in dir überzeugt davon, dass alles für dich möglich ist. Auch und insbesondere dann, wenn deine Vergangenheit nicht rosig war. Sie ist vergangen. Du lebst im Heute und nicht in der Vergangenheit. Deine Zukunft gestaltest du jetzt.

Was willst du?

Nach mehr als sechs Jahren im Unternehmertum und nach über fünfzehn Jahren, in denen ich mich bereits mit Geld, Business und Mindset beschäftige, möchte ich dir Folgendes mitgeben: Keine Erfolgsgeschichte und erst recht keine Geldgeschichte ist immer nur einseitig. Jede Geschichte hat zwei Seiten. Viel Geld bedeutet nicht immer nur ein leichtes und schönes Leben. Nein, es bedeutet hohe Steuern, Hate, Neider und völlig andere Herausforderungen als bei einem Leben mit wenig Geld. Würde ich deshalb aus heutiger Sicht auf das Geld, das ich mittlerweile verdiene, verzichten? Auf keinen Fall.

Wenn ich in all diesen Jahren eines gelernt habe, dann, dass wir an unseren Herausforderungen wachsen. Das betrifft Geldthemen genauso wie Beziehungs- oder Persönlichkeitsthemen. In einer Partnerschaft entwickelt sich eine Person weiter, sie geht voran, entdeckt Neues, trifft unbequeme Entscheidungen. Es kommt zu Spannungen, unangenehmen Gefühlen, die Komfortzone wird gesprengt. Wenn beide Partner an einem Strang ziehen, dann lernen sie, mit dieser Situation umzugehen. Einer geht vor, der andere geht hinterher. Wenn nicht, knallt es häufig.

Hast du ein Business, jonglierst du immer. Es gibt kein Happy End. Das, was uns viele Coaches in den sozialen Medien suggerieren wollen, dieses »Angekommen-Sein«, halte ich für ein Märchen. Es gibt stattdessen verschiedene Stationen im Leben. Wann wir unsere »letzte« erreicht haben, wissen wir nicht. Jede Station hat zwei Aspekte, es ist nicht alles nur »gut« oder »schlecht«.

Gut zu reisen ist besser, als anzukommen.[13]

Auch Wohlstand hat zwei Seiten. Zwar bist du vermögend geworden, dafür haben dich aber Menschen verlassen. Menschen, die dir ins Gesicht sagen, dass sie mit dir nichts mehr zu tun haben wollen, weil du »komisch bist, seit du Geld hast«. Menschen, die hinterrücks verbreiten, dass es dir nur noch ums Geld ginge. Menschen, die dich nicht mehr als Mensch sehen, sondern nur noch als ihre Projektionsfläche. Das tut weh. Doch am Ende bleibt dir nichts anderes übrig, als trotzdem deiner Wahrheit zu folgen, das zumindest ist meine absolute Überzeugung.

Lass dich nicht blenden! Insbesondere in der Coaching-Szene wird gerne suggeriert, dass alles easy-peasy laufen würde. Du siehst fast ausschließlich Menschen auf Yachten, die lächelnd ein Glas Champagner in die Kamera halten, neben sich der glückliche Partner, die Designertasche im Hintergrund, die Rolex am Arm. Ja, das ist die eine Seite der Medaille. Geld und Erfolg sind wunderbar, bringen jedoch auch andere Dinge mit sich. Diese Dualität zwischen reich und schön, gehasst und entwertet, musst du verarbeiten können. Denke nicht, dass du von heute auf morgen glück-

13 Siddhartha Gautama – Buddha (563 v. Chr.–483 v. Chr.)

lich bist, wenn du reich bist. Geld oder Wohlstand allein machen nicht glücklich. Hast du kein Thema mehr mit Geld, dann kommen andere Themen auf und du darfst lernen, mit den Herausforderungen des Lebens auf einem anderen Level umzugehen.

Lass dir nicht vormachen, dass alles immer perfekt läuft, auch wenn du auf Social Media die entsprechenden Bilder, Videos und Texte präsentiert bekommst. Mach dir bewusst, dass das Marketing ist! Sei achtsam und schau genau hin, wie authentisch die Person auf dem Bild wirkt. Niemand erarbeitet seinen Wohlstand und sein Business über Nacht und niemand hat es aufgebaut, indem er nur am Pool oder Strand herumliegt und täglich eine Stunde ein paar Bildchen postet.

Bei dieser Gelegenheit: Was willst du auch mit dem Laptop am Strand? Das ist viel zu hell, zu laut und du hast Sand in der Tastatur – also meins ist das nicht. Außerdem, wenn ich am Strand liege, dann möchte ich nicht arbeiten. Und du?

Die Glitzerwelt ist verlockend. Es klingt großartig, wenn jemand zeigt, dass er reichlich Umsätze erzielt, dass er oder sie den perfekten Body hat und glücklich mit dem Partner ist. Ich poste auch kein Bild, wenn ich mich gerade mit Chris zoffe. Oder mache ein Bild im Bikini, wenn ich gerade eine dicke Pizza gegessen und dazu einen leckeren Wein getrunken habe. Wir alle zeigen uns von unseren besten Seiten. Ist das schon fake? Solange du das Bewusstsein dafür hast, dass das, was auf Social Media gezeigt wird, nur eine Seite der Medaille ist, ist alles gut. Jeder Mensch hat gute und schlechte Tage. Die schlechten sehen wir nur meist nicht in der Öffentlichkeit.

Lass dich durch diese Dualität, diese zwei Seiten der Medaille, nicht aufhalten, dein Leben als Millionärin mit Herz zu manifestieren! Doch sei vorbereitet darauf, dass du dein Glück und deine Lebenszufriedenheit immer mitmanifestieren musst! Es reicht nicht aus, nur »Fülle und Wohlstand« zu manifestieren. Du musst wissen, was du vom Leben möchtest, und du darfst dich darauf vorbereiten, dass sich deine Herausforderungen ändern werden, wenn du dir erlaubst, dein genialstes Leben zu leben.

Stelle jeden Tag die Weichen in die Richtung, in die du fahren möchtest. Denke daran: Du manifestierst dir dein Leben durch deinen Fokus. Welche Realität darf für dich entstehen? Denkst du positiv oder negativ? Du entscheidest, jeden Tag und jeden Moment aufs Neue.

Der Schluss

Du hast nun zahlreiche Strategien und Inspirationen an die Hand bekommen, wie du zu deinem Traumleben gelangen kannst. Manche erscheinen dir sicher logisch, gegen andere wehrt sich dein Verstand noch und einiges lehnst du vermutlich ab. Das ist menschlich und es ist deine Entscheidung, welche Tipps und Inspirationen aus diesem Buch du umsetzen möchtest. Du liest hier nur meine Worte, ich bin nicht persönlich an deiner Seite, um mit dir an deinem Traumleben zu arbeiten. Daher habe ich auch nur begrenzt Einfluss darauf, ob du erfolgreich wirst oder nicht, schließlich kannst du dieses Buch einfach nach dem Lesen in die Ecke stellen und nie mehr daran denken. Doch das fände ich schade, denn dann wird es dir so gehen wie vielen anderen Menschen auf dieser Welt: Du bleibst dort, wo du bist.

Zahlreiche Menschen schaffen es nicht, erfolgreich zu werden. Das hat unterschiedliche Gründe. Sie lehnen Hinweise ab, nehmen keine Ratschläge an, können aus den Informationen und Hinweisen, die sie bekommen, nichts machen. Vermutlich betrifft uns alle diese »Beratungsresistenz« in gewisser Weise. Theoretisch wissen wir alle, dass Sport gesund ist. Wir alle wissen, dass Gemüse besser ist als Chips, und uns ist bewusst, dass wir, um ein Business aufzubauen, aus unserer Komfortzone heraustreten müssen. Trotzdem finden viele von uns sich abends mit Chips, Bier oder Cola vor dem Fernseher wieder.

Wir setzen dieses Wissen, das wir erhalten, nicht um, und selbst wenn der beste Trainer der Welt uns allen seine Weisheiten mitgeben würde – wenn wir nicht handeln, passiert gar nichts.

Du hast dieses Buch nun gelesen – das ist ein Anfang. Wenn du die Tipps daraus allerdings nicht umsetzt, dann ist dieses Buch, oder auch ich als Autorin, nicht schuld daran, wenn bei dir alles beim Alten bleibt.

Leider sehe ich das Phänomen des »Nicht-Umsetzens« auch immer wieder in meinen Mentorings. Diejenigen Kunden, die dranbleiben, die die Inhalte der Programme umsetzen und an sich und ihrem Business arbeiten, sind häufig innerhalb eines Jahres sechsstellig. Die anderen wundern sich, warum es bei ihnen nicht funktioniert. Wenn ich dann nachfrage, ob sie sich Videos angesehen haben oder warum sie nicht in die Calls kommen, dann ergießt sich eine Flut an Ausreden über mich. »Ich konnte nicht, weil …« Schuld sind diese Menschen niemals selbst daran, dass sie nicht erfolgreich werden. Schuld sind immer die anderen.

In welchem deiner Lebensbereiche setzt du bisher nicht um? Sei ehrlich zu dir. Meist hast du gar nicht zu wenig Wissen, stattdessen hakt es bei der Umsetzung.

Umsetzen ist unbequem. Umsetzen ist Arbeit. Es gibt kein gut laufendes Business, das ohne Arbeit funktioniert. Du bekommst keinen schlanken, fitten und gesunden Körper, ohne Sport zu treiben und auf deine Ernährung zu achten. Du hast keine Millionen auf dem Konto, ohne dich um dein Geld-Mindset zu kümmern und dann an deinen Zielen zu arbeiten.

Ich kenne zumindest niemanden, der gar nicht arbeitet, top aussieht, nur in der Hängematte herumliegt, Chips isst und damit erfolgreich ist. Alle, die dir das weismachen wollen, belügen dich.

Erfolg ist etwas, das erfolgt. Kein erfolgreicher Mensch ist wie von Zauberhand oder durch Nichtstun erfolgreich geworden. Kein Sportler kommt ohne Training auf das Siegertreppchen. Erfolgreiche Sportler sind deshalb erfolgreich, weil sie jeden Tag trainieren, körperlich und mental. Genauso ist es auch bei erfolgreicher Manifestation. Du musst dranbleiben, nur visualisieren reicht nicht aus. Es unterstützt dich zwar enorm dabei, deine Ziele zu erreichen, doch du musst handeln! Ich hoffe, das konnte ich dir in den vergangenen Kapiteln verdeutlichen.

Wenn es sich lohnt, etwas zu tun,
dann tu es von ganzem Herzen.[14]

Nun bist du am Ende dieses Buches angekommen. Und jetzt? Was sind die nächsten Schritte? Um dir zu zeigen, was du alles erreichen kannst und wie du es schaffen kannst, zur Millionärin mit Herz zu werden, habe ich dieses Buch geschrieben. Mit jedem Wort, jeder Zeile und jeder Seite habe ich meine Energie, mein Wissen und meine Inspirationen in dieses Buch gesteckt, um dir den Weg zu erleichtern, dein Leben zu einem Meisterstück zu machen. Jetzt heißt es für dich, in die Umsetzung zu kommen.

Es ist so viel mehr möglich für uns, als wir denken. Um zu deinem Traumleben zu gelangen, musst du loslegen. Auch wenn du bis jetzt nicht genau weißt, wohin du gehen möchtest oder wo das Ende ist. Wichtig ist, dass du startest. Indem du dieses Buch gelesen hast, bist du schon losgelaufen. Nun heißt es, den Weg zu genießen und mit jedem Schritt mehr Klarheit zu gewinnen, wohin du gehst. Fange an zu handeln und zu glauben. An dich und daran, dass Manifestation wirklich funktioniert.

Du hast nichts zu verlieren, du kannst nur gewinnen.

Riskiere es, daran zu glauben, dass alles für dich möglich ist.

Werde zu einer Millionärin mit Herz.

---

14 Siddhartha Gautama – Buddha (563 v. Chr.–483 v. Chr.)

Das Millionärin-mit-Herz Money Mindset-Workbook

Wie denkt die Millionärin mit Herz? – Das Workbook für Deine persönliche Geldkreation

Dein Weg vom Mangeldenken zur finanziellen Freiheit beginnt hier…

Fühlst Du Dich oft…

- **unsicher**, weil Du denkst: »Es ist nie genug da« oder »Geld zu wollen ist gierig.«
- **blockiert**, durch tief verwurzelte Glaubenssätze wie »Geld ist negativ« oder »Ich verdiene keinen Erfolg.«
- **überfordert**, weil Dir ein klarer Plan fehlt, wie Du Deine finanzielle Situation nachhaltig verändern kannst.

Mit meinem **Millionärin-mit-Herz Money Mindset-Workbook** kannst Du das ändern!

Darin zeige ich Dir, wie Du Deine blockierenden Muster erkennst und durchbrichst, wie Du Frieden mit Deiner finanziellen Vergangenheit findest und eine liebevolle, kraftvolle Beziehung zu Geld aufbaust, die Dein Business auf eine neue Ebene bringen wird.

Was Dich konkret erwartet:

- **Transformative Übungen**, mit denen Du Deine Geldblockaden lösen und Dein Money Mindset stärken kannst.
- **Reflexionen und Praxis-Tipps**, durch die Du Deine Denkweise verändern und Fülle in Dein Leben einladen kannst.
- **Kreative Tools** von Dankbarkeitsritualen bis zu Visionen für Deine finanzielle Zukunft.

Deine ersten Schritte in die Fülle:
Hol Dir jetzt das **Millionärin-mit-Herz Money Mindset-Workbook** über diesen QR-Code und starte gleich mit der ersten Übung, um deine Realität zu Geld zu verändern:

Kundenstimmen zur Transformation:

»Christinas Coaching hat mich vom ›armen Künstler-Mindset‹ zur finanziellen Fülle geführt – 100k Umsatz sind der Beweis!«
Natalie Eichenberger, Coach für Mamas der Neuen Zeit

»Ich dachte immer ›Scheiß aufs Geld!‹ Mein größter Game Changer war mein Money Mindset anzusehen. Jetzt werde ich die Welt verändern.«
Sandra Meyer, Systemischer Coach

»Ich lebe endlich finanzielle Fülle und meinen Wert von Hilfsbereitschaft.«
Kristin Becker, Resilienz-Coach

Über die Autorin

Dr. Christina Sternbauer ist Unternehmerin, Speakerin und Mentorin für finanzielle Selbstverwirklichung.

Nach ihrem Abschluss des Medizinstudiums 2007 arbeitete sie viele Jahre als Ärztin und Psychotherapeutin, bevor sie 2019 ihrer wahren Berufung folgte: Frauen zu helfen, sich ein selbstbestimmtes, freies und finanziell unabhängiges Leben aufzubauen.

Mit großem Herz und klarem Verstand begleitet sie heute Unternehmerinnen auf ihrem Weg in den Wohlstand.

Als Gründerin eines eigenen Millionenbusiness lebt sie vor, was sie lehrt: dass finanzielle Freiheit für Frauen möglich ist – mit Herz, Verstand und Mut zur Größe.